関西

北陸

[その他の岩場]

＊白崎は現在のところ、入山禁止の状況ですが、再開の願いを込めて100岩場にカウントさせていただきます。また、柏木は初期開拓者の意向により、掲載を見合わせました。小赤壁も掲載をひかえました。

クライミング上の注意点

人工壁の増加によって、クライミングはよりポピュラーなものになり、そのイメージも大きく変わりました。しかし人工壁で行われているクライミングがそのまま自然の岩場で通用するわけではありません。最も大きな問題がプロテクションで、岩に打たれたボルト等は気象状況により日々劣化していきます。また人気ルートにおいては多くのダメージがボルト（周辺の岩にも）に対して与えられています。特にそれが核心部が1箇所のルートであれば、1本のボルトに対して、まるで実験のように数限りない墜落が日々行われているのです。

見るからにやばそうなボルト（古い、錆びている、ネジがゆるんでいる、変型している、位置が適切でない、そもそもの強度が低い）があるのなら、そんなルートには取り付かないことです。また、取り付いてみてそれが分かったら、すみやかにクライミングを中止するべきです。これはむろん人気ルートで、今すでに誰かが登り終えたルートであってもです。

本チャンでのクライミングがそうであるように、フリークライミング（むろんスポートクライミングもしかり）のルートであっても、残置プロテクションのチェックは自分で行わなければなりませんし、それができないクライマーは自然の岩場を登るべきではありません。またクラックなどナチュラルプロテクション（チョック類）を使用するルートの場合は、そのセットの技術を十分に身につけた後にリードするようにしてください。

初登者は、基本的に自分がそのラインを登りたいから、そこにルートを拓くのであって、他人に登ってもらうために拓いているわけではありません。雑誌等にそれを発表するのは自己の記録として、また同好のクライマーへの礼儀として行っているのです。

ほかにも落石、落雷、降雪、毒蛇、蜂、熊など、人工壁ではおよそ遭遇することのないさまざまな危険が自然の岩場には待ち受けています。これらの危険から自分をまもるのは、あくまでも自分自身であることを常に忘れないでください。

岩場周辺での注意

多くの岩場がさまざまな理由により、使用禁止となってきました。以下にあげる事柄は、ほぼどの岩場においても当てはまることと思われますので、ここに一括して記載し、それぞれの岩場の注意事項ではいちいち取り上げません。自然の岩場を利用するクライマーの常識としてください。

- ●事故をおこさない。
- ●キャンプ指定地以外でテントを張らない。
- ●駐車スペースがない（少ない）岩場には、車で行かない（特に休日。工事などの関係上、まれに逆の場合もある）。
- ●用便は岩場に出かける前にトイレで行う。
- ●岩場および周辺の樹木を切らない。
- ●焚き火をしない。
- ●すべてのゴミは持ち帰る。
- ●基本的にロープ、ヌンチャクなどを残置しない（壁にも取り付きにも）。
- ●地元の人に出会ったら挨拶する。
- ●地元の施設、商店などを積極的に利用する。

凡例

Tr. ………… トップロープ
NP ………… ナチュラル・プロテクション（フレンズ、ナッツなどのチョック類を使用）
B …………… ボルト。数字が続く場合はその数。
★ …………… ルートの質、おもしろさ、人気。（基本的に★★★まで。特にその地域を代表するようなルートに★★★★）
× …………… 致命的な事故が起きる可能性が高い危険なルート。または、再開拓が必要。
R …………… ランナウト。当書ではプロテクションが悪いことも含めている。
△ …………… 岩がきたない、岩が脆いなど、なにかしらのマイナス要素。
OW ……… オフ・ウィドウス
SD ………… シットダウン・スタート
Sq. ………… スクイーズ・チムニー
CS ………… チョック・ストーン
LB ………… レイバック
F.R.C. …… フレンズ、ロックス、キャメロット
(人名) …… 初登者名。複数の場合は前者が初登者、後者が設定者。まれに協力者名もあり。
P(プロジェクト)…試登中のライン。基本的に登攀不可。図中ではPと省略されている場合が多い。
P(ピッチ) …………文章中の（3P）は3ピッチのルートであることを示す。
公開プロジェクト……… トライ可能な未登のライン。

※ルート図中のボルト(×)の数は、実際と違っている場合がありますのでご注意ください。また、オンサイトの場合はつねに多めのヌンチャク(プロテクション全般)を持つようにしてください。
※岩場の情報は最新のものではありません。現状と違っている場合もありますので、ご注意ください。

延長戦

長谷川麟

濃密な余白　染野太朗

だらしなく生きているけど、悪くない　石川美南

延長された課題を　瀬戸夏子

濃密な余白　　染野太朗

好きだった？と聞き返される　自転車を押して登ってゆく跨線橋

自分が「好きだった」と言ったら「今なんて言った？聞こえなかった」といった調子で聞き返されたのか。あるいは好きということについての程度や真偽を問われたのか。全貌が明らかではないにせよ、この二句だけで、そこにいる誰かとのコミュニケーションの機微と時間と、その背景にある物語が、奥行きをもって展開しているのは確かだろう。そして「自転車を」以下で、それらを包み込むように〈今ここ〉がシーンとして示される。「押して登ってゆく」そのあいだに、思考や感情が動いている。

長谷川麟の歌を読むとき私はいつもそのような、機微と時間と物語と、それを支える巧みな場面構成に、ぐっと胸をつかまれる。

セットしていかれますか、と美容師が鏡越しにもう準備をしてる

エンジンを切ると静かになる　とても　岬を離れてゆくカモメたち

恋人とふたり卵を溶いている夏の日の暮れ　細長い窓

唇を重ねて笑うこともある　段々畑が広がっている

美容師とのシーンを鏡越しの映像とともに簡潔に構成しながら、「もう」という語で時間やコミュニケーションの機微をさりげなく示す。一字空けに挟まれた「とても」は、エンジン音と静寂の対比を強調し、そこに流れる浮遊するような時間を感じさせ、さらにその先にはカモメの飛ぶ広い視野が用意される。恋人と卵と夏が、ぶっきらぼうかつ繊細に据えられた結句「細長い窓」によって、そこから差し込む日暮れの光とともにきらめきを増す。段々畑は実景か、それとも体感や心情の喩か。下の句のとても静かな、しかし何らかの音がクレッシェンドするかのような空間の広がり方に、唇を重ねる二人がより親密さを増す。

長谷川の歌は修辞も内容もごくシンプルであるように見えるのだが、その印象とは裏腹に、

時間や物語が一首のなかで複数の層をなしている場合が多い。そしてそこにはおそらく韻律も影響している。長谷川の歌の韻律は急がない。ここまで引いた歌のわかりやすいところで言えば、「登ってゆく」「溶いている」「広がっている」の補助動詞「ゆく」「いる」などは、情報はほぼ付加しないまま一首の旋律を引きのばすし、各歌の動詞の終止形や体言止めは、そのあとに仮想の間（ま）を生じさせ、それが内容上の余韻のほかに、韻律の余白をも生み出している。

もう一度、父さんの遺書を読みたいと告げてそれから数日が経つ

振り向けば父の姿が今もある　勝ちきってこそ延長戦は

父親を早くに亡くしている事も思えば君に話さなかった

私はこの歌集の何もかもを父親にかかわる物語に集約して読もうとは思わない。しかしこの「数日」「振り向けば」「思えば」は気になる。過去へ向く思いと、それが引き連れてくる時間や心情に、韻律に感じるのと近い何らかの長い余白がある。

私は長谷川の「延長戦」の、その時間や物語に、いつも濃密な余白を感じている。

だらしなく生きているけど、悪くない

石川美南

『延長戦』の中で存在感のある人ランキング第一位は、間違いなく妹だ。

出て行くと言う妹がどたばたと出て行く準備をしている二階
兄ちゃんは泣いてないからあの頃のままなんだよ。と妹は言う
次はパグを飼いたいと言う妹が開けっ放しにしてゆく扉

家族と喧嘩するたびに「出て行く」と大騒ぎする妹。悲しいときには泣ける妹。今飼っている犬の次は……なんてことをケロッと言ってのける妹。どの歌の妹も、生命感に満ちて逞しい。一方、妹の個性が強調されるほど、そうしたタフさを持ち合わせていない兄＝語り手の姿も浮かび上がってくる。「あの頃」――父の死の頃、悲しみを表出できないままやり過ごしてしまった彼は、その後もぼんやり生きる癖がついているようだ。祖父（存在感ランキング第二

位）は父代わりのような存在として描かれているが、その祖父も亡くなって久しい。この歌集の裏テーマは（父の、あるいは語り手自身の）不在、と言って良いと思う。

Tシャツに着替え終えたら会場の隅で表彰式が始まる

本当に詳しい人が現れて空気まるごと持っていかれる

昔から片付けだけは他人（ひと）よりも早くてそれを悪く言われた

会場の隅で表彰式を開くくらいだから、もとより大きな大会ではない。彼は早々にユニフォームを脱いで涼しい私服に着替え、遠巻きに表彰式を眺める。「負けた」と明示していない分、疎外感が際立つ一首だ。少ない知識を披露して一瞬だけ場の空気を支配した後の寂しさ、片付けの早さを欠点のように指摘されてしまうこと。修辞は一見さりげないが、語り手の存在感のなさを的確に捉えていて巧い。ただし、彼はそんな自分を必ずしも否定的に見ていない。

空振ったけれどもこれは悪くないスイング　春は一気に迫る

やっとけばよかったなぁ、とよく笑う先輩とだらしなく生きている

カーキーのシャツがこんなに似合うとは、自分の可能性が恐ろしい

「だらしなく生き」る自分を受け入れ、それなりに楽しく生きていこうとする姿勢が不思議と心地良い。時には、柄にないスポーティなシャツでキャンプに行ったっていいのだ。

Ⅵ章辺りになると、だらだらする時間的余裕がなくなるにつれ、存在の希薄さが文体にまで及び始めているように見えて若干ハラハラするのだが、作者の美質はやはり、ぼんやりと生きる自分を肯定する向日性にあるのではないかと思う。

その他、これまでに引いた歌とは少し雰囲気が異なるが、好きな歌を引いておく。

オレンジをほおばる君はゆったりと風をまとって体育休む

助手席にゆきのねむたさ　こんなにもとおくの町で白菜を買う

煮卵になるまでの間、洗濯を取り込んでそこでお昼寝もする

ところで飯塚、今、元気かな。

延長された課題を

瀬戸夏子

現代短歌社賞の選考委員を五年間つとめ、選考会を五回経験してわかったことは、一首でも連作でもなく、歌集一冊分に相当する三百首という基準で新人をジャッジするというのは相当異様だということだ。

もしかしたら一ヶ月で三百首つくって応募した人もいるかもしれない。ただ、ほとんどの応募者は数年、あるいは数十年にわたってつくった歌から三百首をセレクトし、連作構成のみならず章の構成にも拘り、つまりほとんど自力で歌集を制作して応募してきている。新人賞というより、未刊第一歌集の選考会といったほうが正確だと思う。

もしこれが一首だけ選ぶ投稿欄なら、連作で評価する新人賞なら、結果はきっと異なるだろうとほとんど毎年感じていた。それは良いことでも悪いことでもなくて、ただひとつ、現実に異様なチャンスとしてそこにある。この賞を受賞すれば歌集を自費ではないかたちで出版できる。歌集を編む才能を持った新人が歌集を出版する権利を得ることができる。

一首一首のクオリティを上げるためのノウハウはたくさんある。歌会はその最たるものだ。連作はそれには劣るが多少はある。けれど歌集にはほとんどない、自己の作風とボリュームの綱引きに勝利できるかどうかはほとんどやってみなければわからない、しかし歌集をつくってみなければわからないことに応募者は挑むことになる。

選考しながら、勿体ないなあ、とほとんどの応募作にたいして感じていた。構成をなおせば見違えるほどによくなるだろうに、一首一首の歌はいいのに、三百首になることによってほとんど台無しになってるのではないかとすら思える応募作も少なからずあった。

そのなかで、「延長戦」はずば抜けていた。読みはじめたときにはわからなかったが、読みすすめるにしたがって、この歌集は評価しなければならないという気持ちがどんどん高まっていった。そう、自然とわたしはこの応募作を「歌集」として受け止めていた。この作者には間違いなく「歌集」の才能があると感じ、そして他の選考委員も「延長戦」を推し、受賞し、ほんものの歌集のかたちとなり、いまここにある。あとは読者がこの歌集を読むだけだ。この歌集の出発に期待する。

……もうひとつだけ。わたしが付け加えることができるとすれば、長谷川麟の作風にはポストニューウェーブの影響が顕著で、作者本人の意図はわたしにはわからないが「延長戦」というタイトルを見たときにわたしは永井祐の「総力戦」という初期連作のタイトルを想起した。「総力戦」という意地の張り方がかつてはあった。「延長戦」はそれを引き継ぎつつも、すでに時代が変化したことを示しているようにも思える。ポストニューウェーブ影響下の歌人たちには本当は「歌集」という課題があったとわたしには思えた、なぜならポストニューウェーブとはアララギ回帰だったからだ。長谷川麟はその課題をクリアしようとしているように、わたしには思える。

現代短歌社

東海

Toukai

岐阜県
フクベ
笠置山
岐阜
鬼岩公園
瑞浪屏風岩
定光寺
名古屋
豊田
静岡県
御在所
小岐須渓谷
鳳来
愛知県
豊川
石巻山
津
立岩
浜松
三重県

55 奥三河 鳳来 HORAI

D A T A	
岩質	凝灰岩
おもな傾斜	100〜130度
ルート総数	約200本(禁止エリアを含む)
シーズン	通年(真夏、真冬はエリアが限られる)
場所	愛知県新城市鳳来町

▶**アクセス**／車利用が一般的。東京方面からは浜松西ICより国道257号で1時間。名古屋方面からは豊川ICより国道151号で50分。電車の場合、JR飯田線三河川合駅より乳岩駐車場まで徒歩20分。

▶**キャンプなど**／鳳来湖キャンプ場、愛知県民の森キャンプ場を利用。キャンプ場以外では絶対に宿泊しないこと。入浴は湯谷温泉の「ゆーゆーアリーナ」で。21時まで。火曜休。

▶**その他**／鳳来の岩場は多くの問題を抱えている。ここでのクライミングは、以下の注意事項を厳守するという条件付きのものである。すでにこの岩場を利用しているクライマーも今一度確認していただきたい。

① 休日には基本的に乳岩駐車場は利用せずに、手前の小滝橋の駐車スペースを利用すること。一般観光客が1、2時間であるのに対し、われわれはまる一日駐車するのである。乳岩駐車場を利用する場合は8㌻を参照。

② 乳岩でのクライミング(開拓)は禁止。

③ なるべくギアの残置はしないこと。

④ 岩場に迷い込んだハイカーには、危険であることを教え、すみやかに登山道に戻ってもらう。

⑤ 焚き火はいかなる場所でも厳禁。

⑥ 鳳来湖キャンプ場の料金は自主的に払うこと(500円)。展望台の上は宿泊禁止。

⑦ 栃ノ木沢では車止めより先に乗り入れないこと。

⑧ 山中での大便はすべて持ち帰ること。小用は沢すじからはなれてすること。

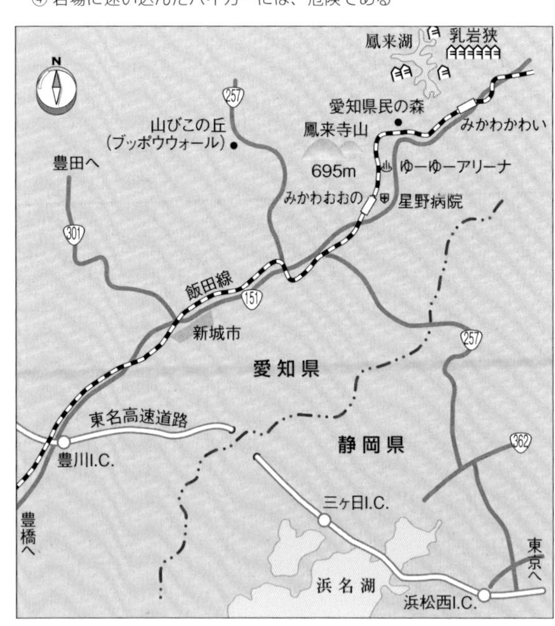

概　要

鳳来の岩場の開拓が始まったのは1988年、国内のビッグエリアのなかでも最も新しいもののひとつといえよう。大岩純一・あき子、保科雅則などによるガンコ岩をはじめとする一連のものがおもなスタートで、その後JMCCの岡田秀一が烏帽子岩、鬼岩で精力的に活動、現在最も多く人を集める鬼岩の開拓はさらに木村伸介に受け継がれていく。ハイカラ岩に小山田大による多くの高難度ルートが生まれたのは記憶に新しい。

一時は危機的状況であった入山禁止問題も、現在のところ落ち着いている。しかし、多くの守らなければならないマナーがあることを忘れないでもらいたい。特に初めてこの岩場を訪れる場合は要注意である。

＊注意＝この岩場の利用に関しては、禁止も含め将来変化する可能性があります。利用の前にはJFA等の最新情報をご確認ください。

鳳来クライミングエリア概念図

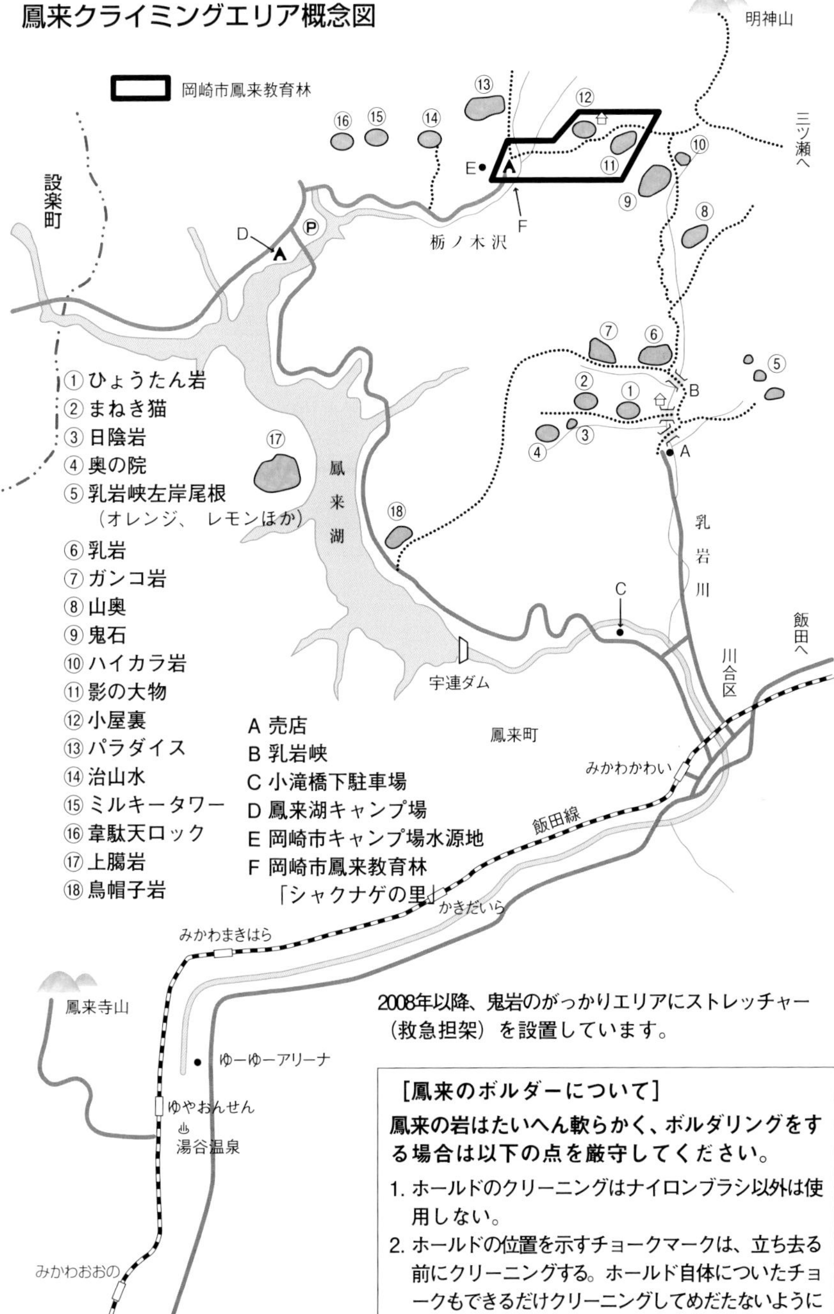

2008年以降、鬼岩のがっかりエリアにストレッチャー（救急担架）を設置しています。

［鳳来のボルダーについて］

鳳来の岩はたいへん軟らかく、ボルダリングをする場合は以下の点を厳守してください。

1. ホールドのクリーニングはナイロンブラシ以外は使用しない。
2. ホールドの位置を示すチョークマークは、立ち去る前にクリーニングする。ホールド自体についたチョークもできるだけクリーニングしてめだたないようにする。

乳岩峡駐車場について

——ご配慮いただきたいこと——

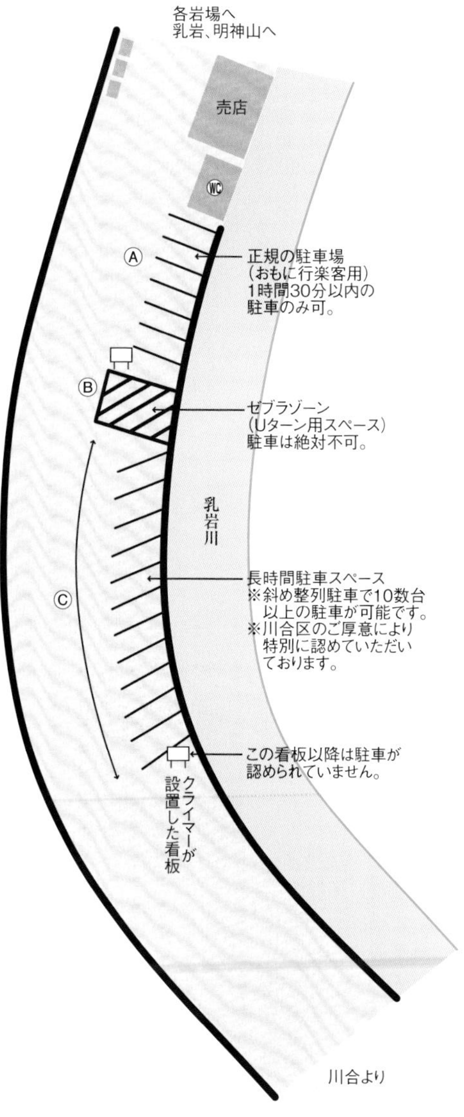

【 駐車スペースの構成 】

A ： 短時間駐車用の駐車場。
B：ゼブラゾーン（Uターン用スペース）
C ： 長時間駐車のために許可された駐車スペース。（クライマーだけでなく、ハイカー、釣り人、バーベキュー、水遊びの人たちも使用するかもしれません）

【 Cスペースの利用のしかた 】

本来、長時間駐車する場合は小滝橋下を利用するのが原則ですが、クライマーなどの便宜をはかって、川合区様より特別に左図Cスペースへの駐車も許可をいただいております。その点をご理解のうえ、以下の点に留意してご利用ください。

* 許可されたスペースは、ゼブラゾーンから黄色い看板（「クライマーの皆さんへお願い」）まで。ゼブラゾーンには駐車しないでください。
* 斜めに整列駐車すれば、かなりの台数入ることが可能です。先に駐車するかたから斜め整列駐車にご協力をお願いします。
* 左図Cスペースが満杯のときは、小滝橋下の駐車スペースに駐車してください。乳岩峡周辺のその他の場所に路上駐車しないでください。
* 連休時には行楽客などが多数訪れます。クライマーはなるべく小滝橋下を利用して、行楽客などのために駐車スペースを空けるようにご協力ください。
* 小滝橋下～乳岩峡は徒歩約20分です。

【 その他 】

* 売店 ・トイレに飲料水はありません。
* 売店のおじさんがいるときは、ひと声、あいさつを（特にトイレを使わせてもらうときなど）

鳳来湖の岩場を愛するクライマーの会
2001年10月15日作成
http://webs.to/horai-climbより

メタフォース 5.14c 写真はPikuの時のもの　飯山健治撮影

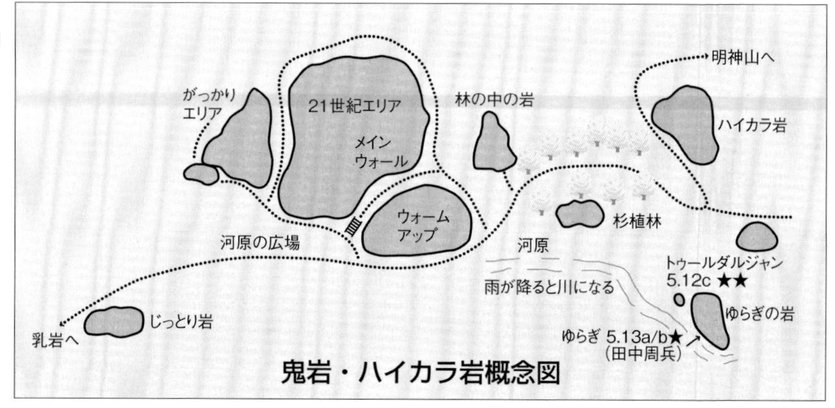

鬼岩・ハイカラ岩概念図

鬼　岩

がっかりエリア

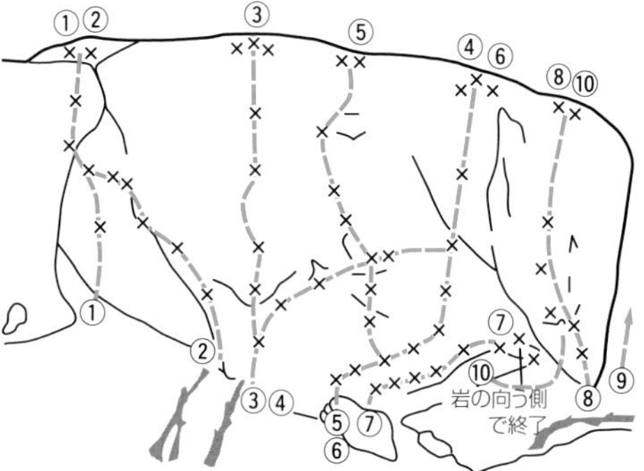

①右曲がりの誘惑　5.12a/b ★（岡田秀一）
②もっと光を　5.12c ★★★（鈴木邦治）
③大洪水　5.11d ★★★（木村伸介）
④みなさんのおかげです　5.11d ★（星一人）
⑤ジェットシューター　5.12c ★★★★
（木村伸介）
アンダー、サイドプルを駆使する豪快なルート。
⑥タケちゃん　5.11b ★（南裏健康、阿部亮樹）
⑦水平線　5.12c ★★（中野晁伸）
⑧どこいったんや〜　5.11a（坂口秀樹）
⑨てっぺんをつかもう　5.11a（村上肇）
⑩アラバスター　5.14a/b ★★（小山田大）
水平ルーフを10m登り⑧に合流

21世紀のエリア

⑩カンテライン　5.10b/c
⑪お待ちしてます　5.12d
⑫甘い夢　5.12d（阿部亮樹）
⑬失恋気分　5.12b（斉藤修）
⑭社交辞令　5.12b
⑮大掃除　5.11c ★（木村伸介）
⑯遠すぎた終了点　現在グレード不明 ★★
（阿部亮樹）
⑰孤独の肖像　5.12b ★★
（福原信一郎／阿部亮樹）
⑱カッコーの巣の上で　5.12d ★★
（鈴木邦治）
⑲ドリームカンテ　5.11d ★★（坂本憲正）

フレーク
崩壊

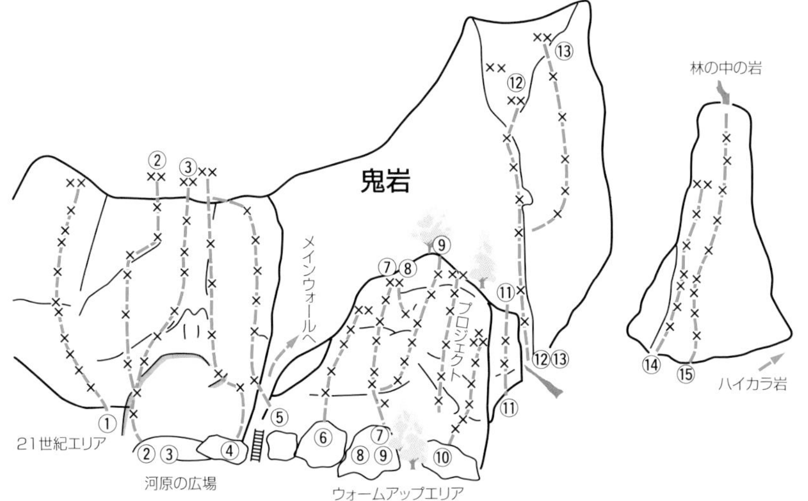

河原の広場

① **他力本願痛恨の逆回転ダブルアンカー花嫁募集中**　5.12a（滝本康男）

② **猫も杓子も**　5.12c ★★★★（木村伸介）
東海ルートベスト10で4位となった人気ルート。前傾壁のすべてがここに集約。

③ **FIRST**　5.12a ★（中野晁伸）

④ **アフター・ザ・レイン**　5.12a★（岡田秀一）

⑤ **パレード**　5.12b ★（小日向徹、鈴木邦治）

ウォームアップ

⑥ **へそ**　5.11c（木村伸介）

⑦ **かみなり**　5.11a（木村伸介）

⑧ **姫のウォームアップ**　5.10d（内藤直也）

⑨ **鬼のウォームアップ**　5.11c ★（坂本憲正）

⑩ **桃太郎**　5.10a（木村伸介）

⑪ **ホウヒハング**　5.10b/c（山本宰甲）

⑫ **アドベンチャーランド**　5.11d（岡田秀一）

⑬ **Jam Pump**　5.11d/12a
（福原信一郎、興津豊）

⑭ **大顔ライン**　5.11d（小早志秀一）

⑮ **なめくじ**　5.12a（町田宗勝）

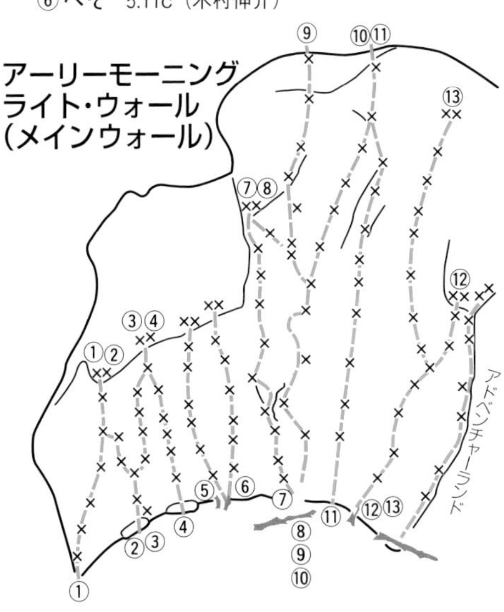

アーリーモーニングライト・ウォール

① **よい子**　5.11c（内藤直也）

② **めばえ**　5.10c（内藤直也）

③ **あんこ**　5.10b（木村伸介）

④ **おくりもの**　5.11a/b（中尾理恵、木村伸介）

⑤ **鬼岩入門**　5.11a ★（有枝樹雄）

⑥ **留年**　5.11d ★（木村伸介）

⑦ **卒業**　5.12b ★★（岡田秀一）

⑧ **禁断のセプテンバー**　5.12c ★★（岡田秀一）

⑨ **ドント・ストップ・ザ・カーニバル**　5.13b ★★（菊地敏之、岡田秀一）

⑩ **枯木のフェイス**　5.12d ★★（岡田秀一）

⑪ **天徳貴人**　5.13d ★★
（宇佐美友樹、菊地敏之）

⑫ **ALLER**　5.12c ★★★（岡田秀一）

⑬ **ステロイド・パフォーマンス**　5.13c★★★
（木村伸介）
上級者の人気ルート。初登時のグレードは5.13b。クリスチャン・ブレンナは8b（5.13d）とコメント。

メインウォール右壁

①オツカレさま　5.12a/b（宗宮誠祐）
60mロープが必要。
②ありがとさま　5.12a/b（宗宮誠祐）
③社会勉強　5.11a（宮木泰介）
④ソムリエ　5.11b（木村伸介）
⑤マンモスくん　5.10c/d（加藤保恵）

ハイカラ岩

①快速ちんちん　5.12a ★（たーさん）
②たぶんだいじょうぶでショウ　5.12b ★△（木村伸介）
③グランドアップ・ショウ　5.12a（内藤直也）
④That'sクライミングショウ　5.12c ★★★★（草野俊達、村上肇）
鳳来で最も人気のあるルートの1本。
⑤KOEMMA　5.14c ★★（田中周兵、小山田大）
初登後ホールドが欠け、グレードアップ。
⑥スペクテーター　5.14d ★★（小山田大）
鳳来最難ルート。
⑦メタフォース　5.14b/c ★★★★（小山田大）
小山田大による人気ルート。かつてのpikuのロングバージョン。
⑧メタフォースエクステンション　5.14c ★★★★（小山田大）
⑨ガンジャ　5.13d ★★★★（小山田大）
国内で最も数多くのクライマーにトライされている8b。
⑩エゴマニアック　5.14a ★★（小山田大）
⑪ガンジャ・エクステンション　5.14a（田中周兵）
⑫ムードラ　5.14c ★★★（小山田大）
⑬ラーマⅡ　5.13d/14a ★★（小山田大）
⑭ラーマ　5.13c/d ★★（小山田大）
⑮アクシデントウルフ　5.13b ★★★（木村伸介）
⑯アクシデントパンダ　5.13c ★★（小山田大）
⑰バーニス　5.13a ★（小山田大）
⑱ピプラギ　5.13c（保科宏太郎）
⑲パンダ・コパンダ　5.12b（小山田大）

［ハイカラ下岩］

ジャバジャバ　5.11b（小山田大）
ジャバ 三段　SD（小山田大）

じっとり岩

①悪名　5.12b ★（木村伸介）
②ハクション大魔王　5.11c（木村伸介）

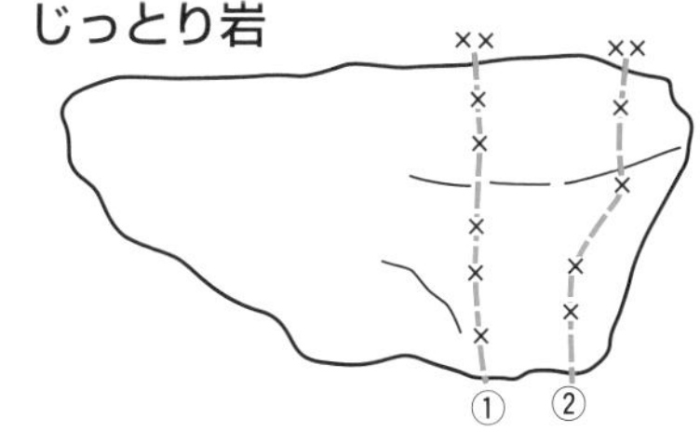

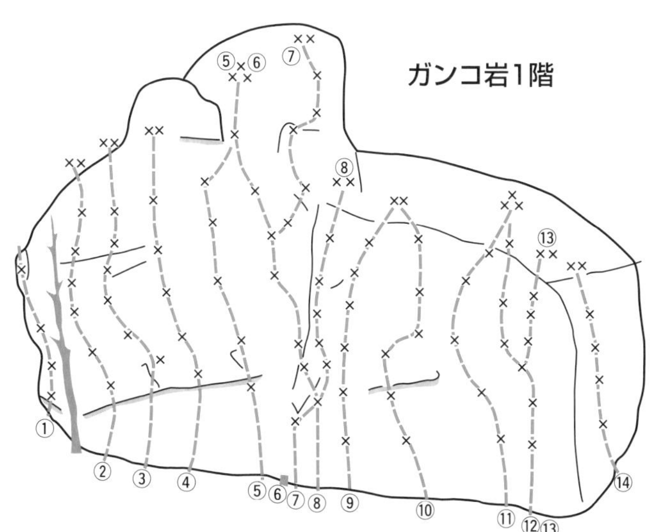

ガンコ岩

［1階］　＊…プリクリップが一般的
①ピンチで行こう　5.12a（大岩純一）
②オランウータン　5.11c＊ ★（奈木昌彦）
③ムーヴ12　5.11d＊ ★★★（田部直敏）
④赤い薔薇　5.12d＊ ★★（杉野保／大岩純一）
⑤わかってください　5.12c＊ ★★（大岩純一）
⑥キツネの嫁入り　5.11c ★★★（保科雅則）
⑦ホフマン教授　5.12a ★（保科雅則）
⑧タップダンサー　5.10d △（山本宰甲）
⑨冷たい男（やつ）　5.11a △（若林伸一郎、山本宰甲）
⑩どすこい　5.11a △（加藤保恵、宗宮誠祐）
⑪ユカ　5.11a（大岩純一）
⑫かんたん　5.10a（大岩純一）
⑬？　5.9（大岩純一）
⑭講習会ルート　5.7（南原智絵子）
⑮大ちゃんルート　5.13b（小山田大、保科雅則）

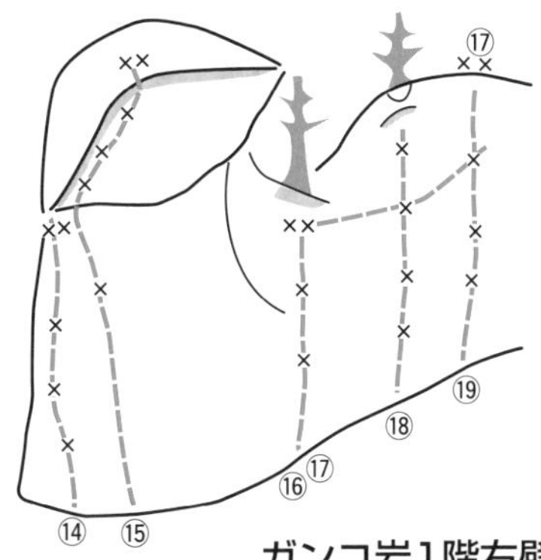

⑯うるるん　5.10c/d ★（久野恒雄）
⑰内輪もめ　5.11b/c（久野恒雄）
⑱豊田もん　5.12b/c ★（浅野真一、久野恒雄）
⑲かりんとう　5.11a ★（久野恒雄）

ガンコ2F

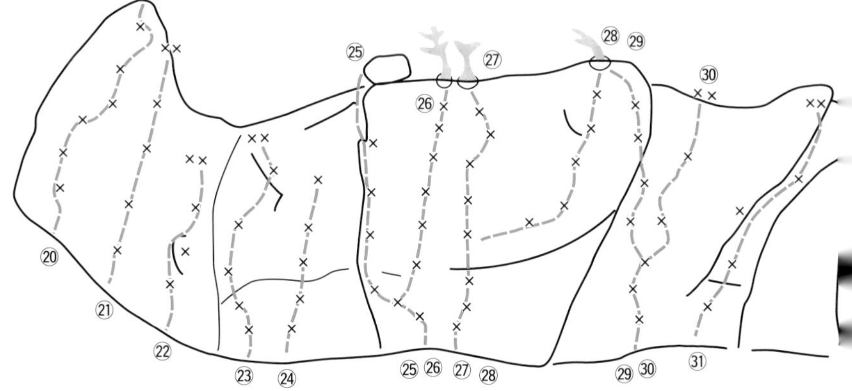

[2階]

⑳ **木漏れ日を浴びて**　5.12a/b＊ ★（奈木昌彦）

㉑ **アニタ**　5.13c/d＊（浅野真一、 斉藤修）

㉒ **バッチグー**　5.11c/d＊ ★（奈木昌彦）

㉓ **サンショ**　5.11d（奈木昌彦）

㉔ **やじまる**　5.11c ★（矢島隆明）

㉕ **ユージコー**　5.12c ★★★
（平山裕示／大岩純一）

㉖ **PTSD**　5.12d（斉藤修、 大岩純一）

㉗ **THC**　5.12b/c ★★★★（保科雅則）
東海ルートベスト10で堂々1位に輝いた。薄かぶりに細かいホールドが続く。

㉘ **へそまがり**　5.12a ★（？、 田部直敏）

ガンコ岩2F アニタ5.13c/dを
登る奈木昌彦 服部 隆撮影

㉙ **マンタ**　5.13c/d ★★（浅野真一、鈴木邦治）

㉚ **ビッグウェイブ**　5.12b ★★
（寺島由彦、 田部直敏）

㉛ **鷹匠**　5.13b/c ★★（浅野真一、大岩純一）

[3階]

㉜ **四面楚歌**　5.12b ★（奈木昌彦）

ガンコ3F

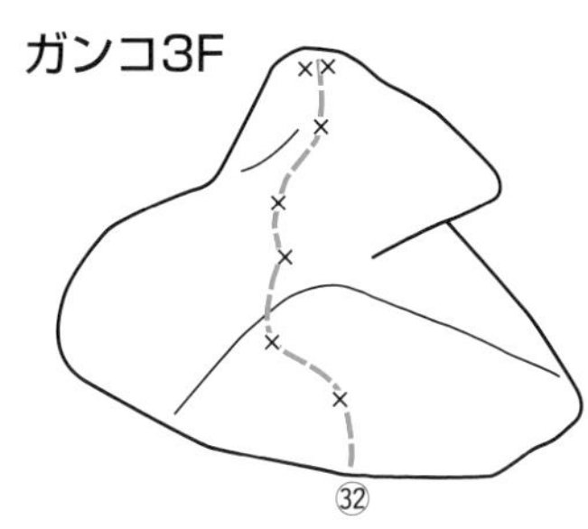

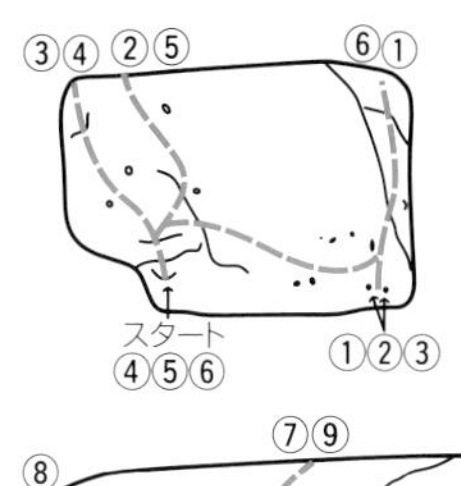

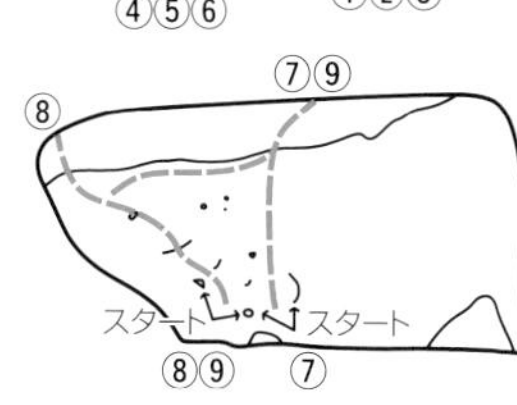

[ガンコ岩ボルダー]

① 初段（SD）　シットスタートからカンテを回り込む（小山田大）

② 初段（SD）　①のスタートから⑤に合流（小山田大）

③ 二段（SD）　①のスタートから④に合流（小山田大）

④ **アジャ**　初段（SD）　左手一本指から3本指のポケットを取りリップへ（小山田大）

⑤ 2級（SD）　ここで最初に登られた課題（小山田大）

⑥ 二/三段（SD）　⑤のスタートから①に合流（小山田大）

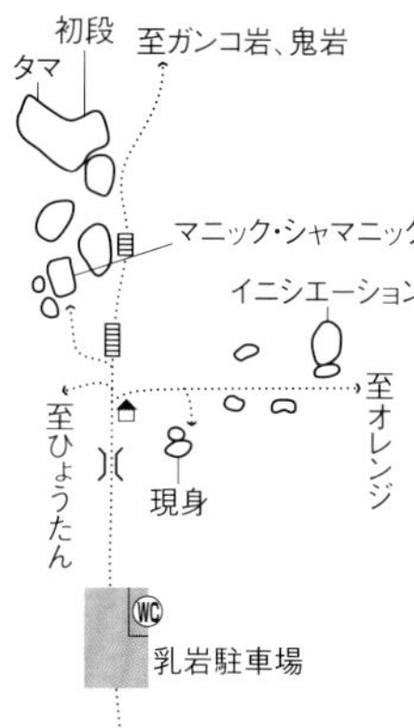

⑦ **アンピュテーション**　三段（SD）（小山田大）
⑧ **アンピュテーション2**　三/四段（SD）（小山田大）
⑨ **アンピュテーション3**　四段（SD）（小山田大）

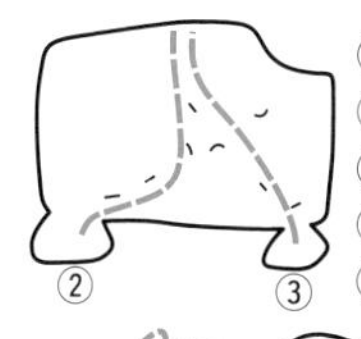

① **マニック・シャマニック**　四/五段（小山田大）
② 1級　石の上からスタート
③ 1級/初段　石の上からスタート（小山田大）
④ 1級（SD）
⑤ 7級

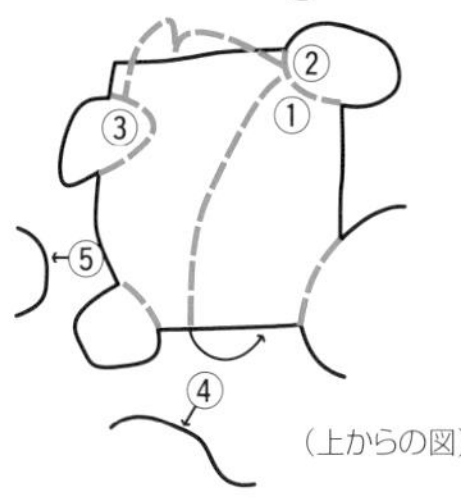

スタート
タマ
二段
スタート
初段

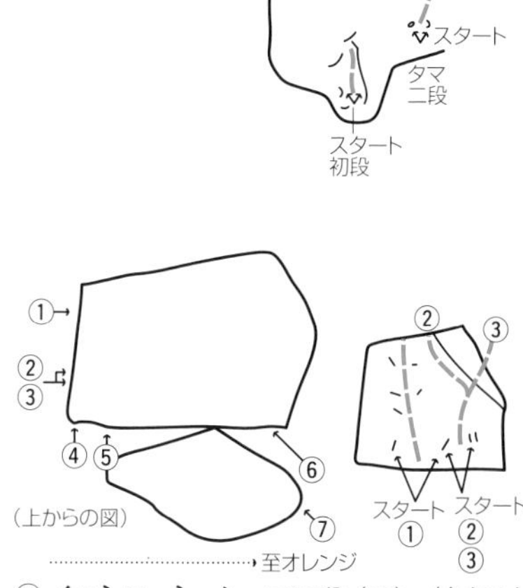

① **イニシエーション**　三/四段（SD）（小山田大）
右からのシットスタートは四/五段

② 1級/初段（SD）右に逃げずに左のリップへ直接ランジ（小山田大）

③ 2級/1級（SD）

④ 4級（SD）（小山田大）

⑤ 5級（SD）

⑥ 1級/初段（SD）　ルーフ奥からスタート

⑦ 1級/初段（SD）　高さのあるボルダーのカンテを直上する

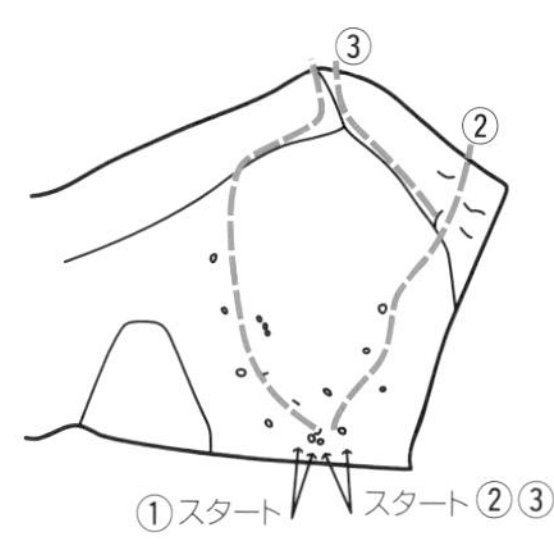

① **現身**　五段（SD）（小山田大）
② 1級〜初段（SD）
③ **たゆたい**　初段（SD）（小山田大）

奥の院

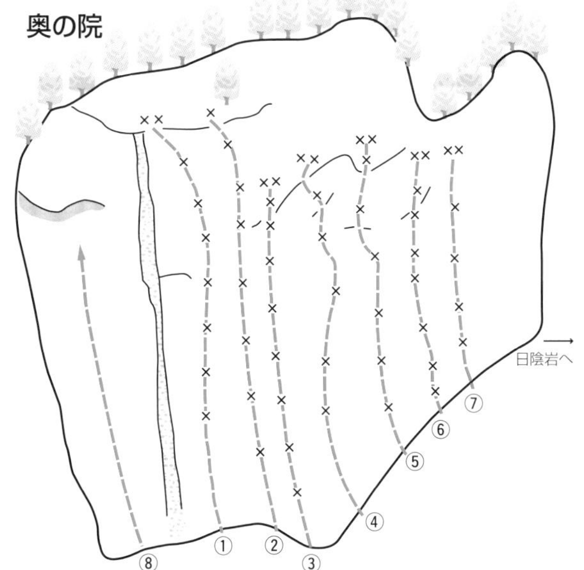

奥 の 院

① ロングバケーション　5.12a（大岩純一）
② ハイウェイスター夢の中へ　5.12c/d ★★
（鈴木邦治、 興津豊、 菊地敏之）
③ ひとりにしないで　5.12c/d ★★
（鈴木邦治、 平山裕示、 鈴木邦治）
④ 人魚の森　5.11c ★（大岩純一）
⑤ ガリバーの涙　5.12b ★★（大岩純一）
⑥ 風はどこに？　5.11a ★★（小林茂）
⑦ ヤルキンキンチャン　5.12b ★
（宇佐美友樹、 大岩純一）
⑧ The End of Asia　5.12b B5本R（木村紀一）

日陰岩

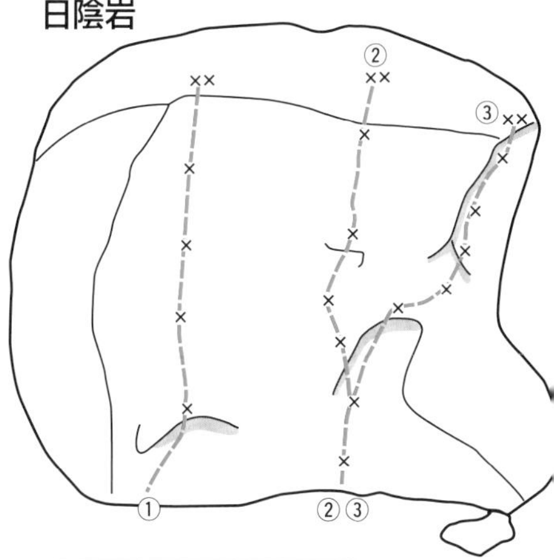

日 陰 岩

① 日陰小僧　5.12b ★★（望月茂夫）
② 日陰童子　5.12d ★★★★（斉藤修）
まさに隠れた名ルート。登ればその良さが分かる。
③ 早撃ちマン　5.13b ★★★
（滝本倫生、 斉藤修）

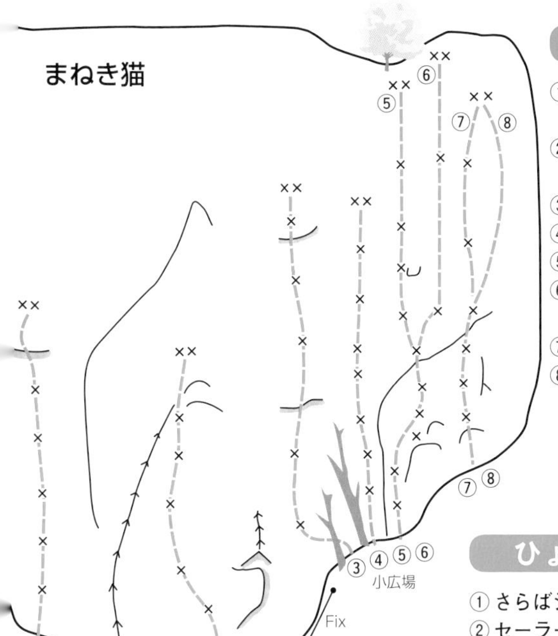

まねき猫

①れまんさる　5.11b ★★
（田部直敏）

②霧の中　5.12c ★★★
（杉野保、　鈴木邦治）

③菊よ散れ　5.11c ★（阿部亮樹）

④　5.11b ★★★

⑤御大家　5.11b ★★★（興津豊）

⑥東南の真ん中　5.12a ★★
（興津豊）

⑦つたの細道　5.12a/b ★（興津豊）

⑧国道1号線　5.12b/c ★
（鈴木邦治、　興津豊）

ひょうたん岩

①さらばシティホール　5.12a/b ★（興津豊）
②セーラームーン　5.12b ★★★（大岩純一）
③品行方正　5.13a ★★（鈴木邦治、大岩純一）
④マジカルライン　5.12b ★★（奈木昌彦）
⑤左上がりのダンディ　5.12a ★★（大岩純一）
⑥ディーバ　5.13a/b ★（鈴木邦治、大岩純一）
⑦木彫りのオジサン　5.12a/b ★（大岩純一）
⑧牛乳屋のオバサン　5.11c/d（大岩純一）
⑨時限爆弾と地雷原　5.13a（木村紀一）

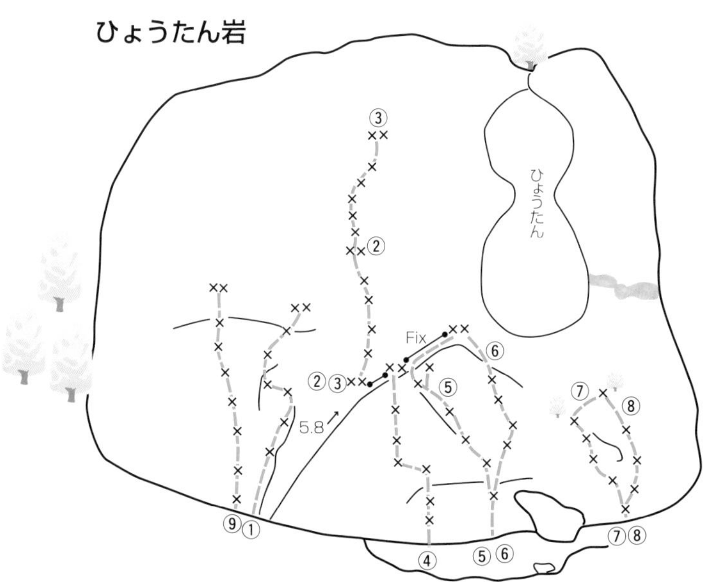

乳岩峡左岸尾根

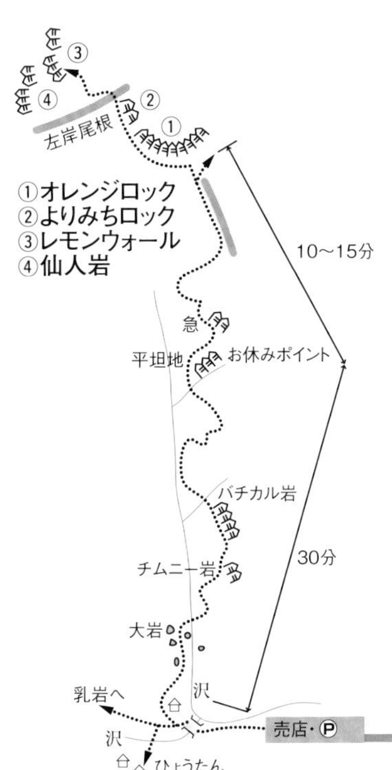

落ち葉のフェイス

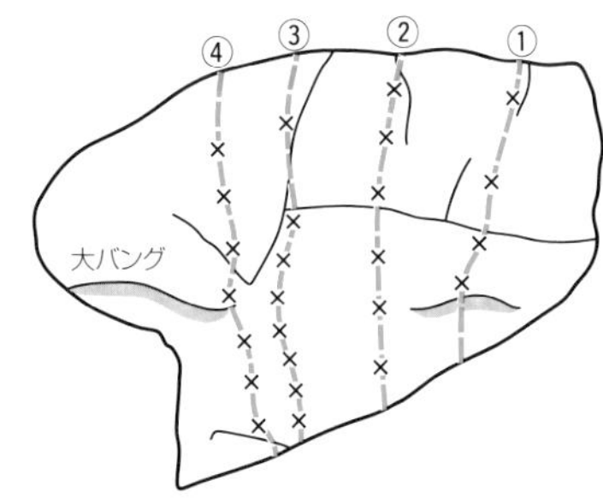

南面（正面）メインフェイス

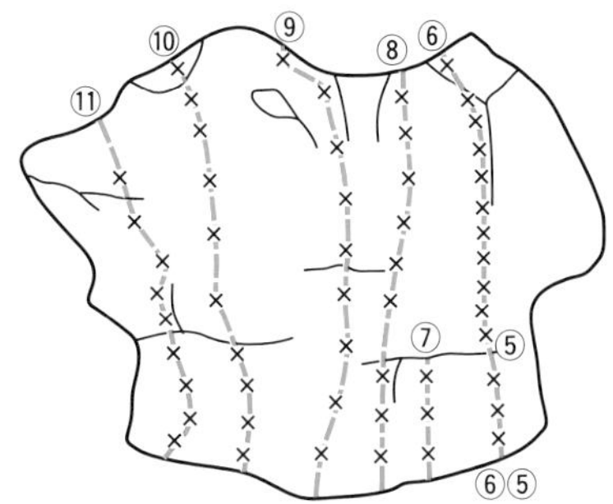

西面

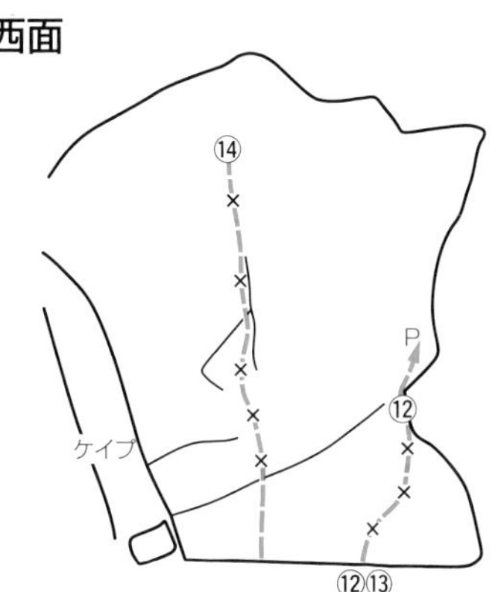

オレンジロック

[落ち葉のフェイス]
① おむすびころりん　5.11b（湯浅明）
② おばあちゃんの味噌汁　5.10b（湯浅明）
③ サルシ　B6本（吉成）
④ クロスロード　5.12a ★★（石原和人）

[メインフェイス]
⑤ 洛陽　5.11a/b（湯浅明）
⑥ 戦国夢街道　5.11c（湯浅明）
⑦ アンパンマン　5.10d ★（池之谷）
⑧ オレンジツアー　5.11d ★（奈木昌彦）
⑨ サマージャンボ　5.11c（池之谷）
⑩ 三河大明神　5.13b/c ★★（奈木昌彦）
⑪ 鳳来賛歌　5.12b ★★★（奈木昌彦）

[西面]
⑫ 銀のシャチホコ　5.12b ★（奈木昌彦）
⑬ 金のシャチホコ　（公開プロジェクト）
⑭ キャンドルサービス　5.12c ★★★
（奈木昌彦、 安東恭二）

石原フェイス

檜フェイス

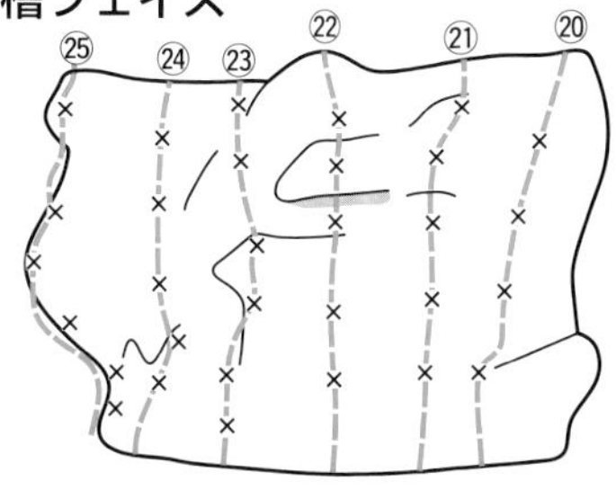

よりみちロック

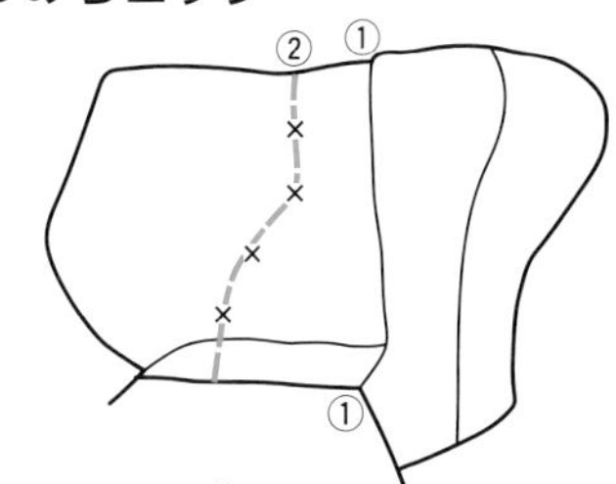

[石原フェイス]

⑮ ラベンダーの香り　5.11a（湯浅明）
⑯ 子どもだまし　5.11b ★★（飯田剛弘）
⑰ インターロック　5.11c ★（杉山克行）
⑱ ありがとう　5.10b/c ★★（石原和人）
⑲ アイ・オブ・ザ・タイガー　5.12b ★★★（湯浅明）

[檜フェイス]

⑳ 未来派宣言　5.11d ★（飯田剛弘）
㉑ 愉快な船長さん　5.11d ★（飯田剛弘）
㉒ やすよウェディング　5.11c/d ★（湯浅明）
㉓ 大名行列　5.11b/c ★★★（石原和人）
㉔ 桜前線北上中　5.12b/c ★★（奈木昌彦、湯浅明）
㉕ マジカルバナナ　5.11d ★（湯浅明）

よりみちロック

① よりみちクラック　5.8NP（石原和人）
② 小川山エレジィ　5.12a ★（奈木昌彦）

レモンウォール

[2F]

① クマのプーさん　5.10d ★（湯浅明）
② レモンエンジェル　5.11c ★★（杉山克行）
③ グッドベイビー　5.10a NP（石原和人）
④ バッドガール　5.11b（奈木昌彦）
⑤ バッドボーイ　5.12c ★★★（奈木昌彦）
⑥ ゴーゴーレイバック　5.10a NP（石原和人）
⑦ 風神　5.11c　★★★（湯浅明）
⑧ 右向け左　5.10c NP（石原和人）

[1F]

⑨ カモフラージュ　5.11c（飯田剛弘）
⑩ 謎の草は不思議花　5.10d（飯田剛弘）
⑪ 僕らは未来の探険隊　5.11d/12a ★★（飯田剛弘）
⑫ 初めての経験　5.10a（花田、石原）
⑬ フリークライマーの葛藤　1P目＝5.10c、2P目＝5.7（石原和人）
2P目の終了点はない。

[北面]

⑭ ひとめぼれ　5.11d/12a ★★★（杉山克行）

レモンウォール1F

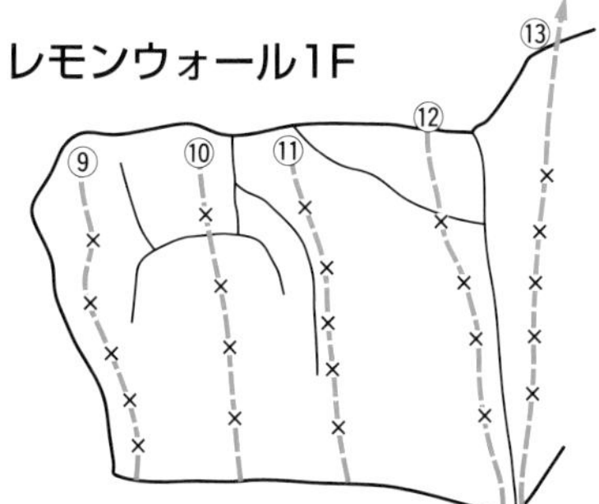

レモンウォール2F

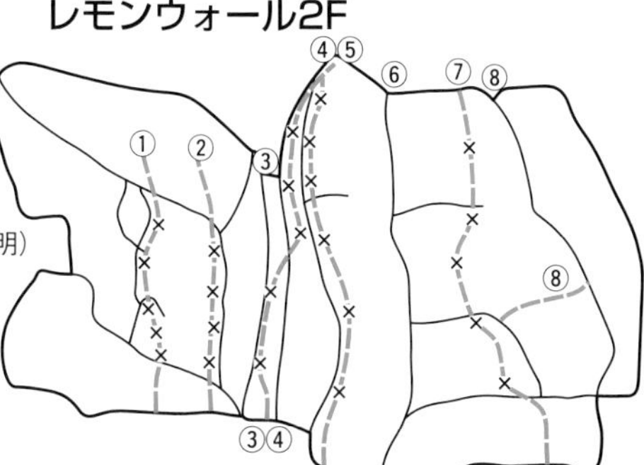

レモン北面

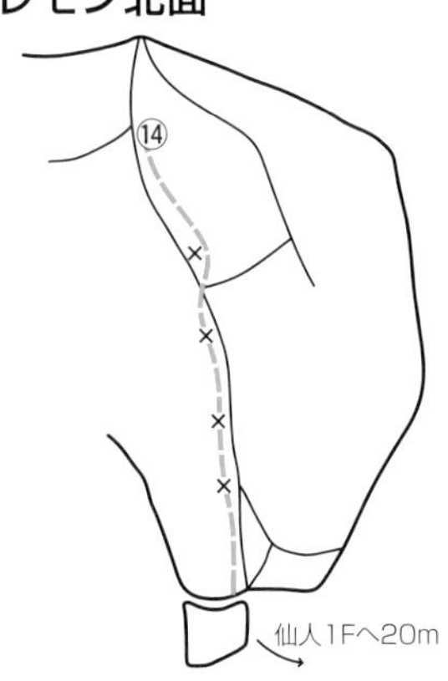

仙　人　岩

[2F]

① あまからしゃん　5.11d ★★（奈木昌彦）

② 伝説　5.12b ★★（飯田剛弘）

③ トゥ・フィンガー・エクスタシー 5.13b/c ★★★（奈木昌彦）

[1F]

④ 盗人　5.12c/d ★★★（飯田剛弘、杉山克行）

⑤ 思い出の山賊ラーメン　5.11b/c ★★★（石原和人）

⑥ 秘宝　5.11d ★★★（飯田剛弘）

⑦ はじめに　1P目＝5.9（花岡）2P目＝5.7（石岡）下降はロープが擦れるので要ラペル。

仙人岩2F

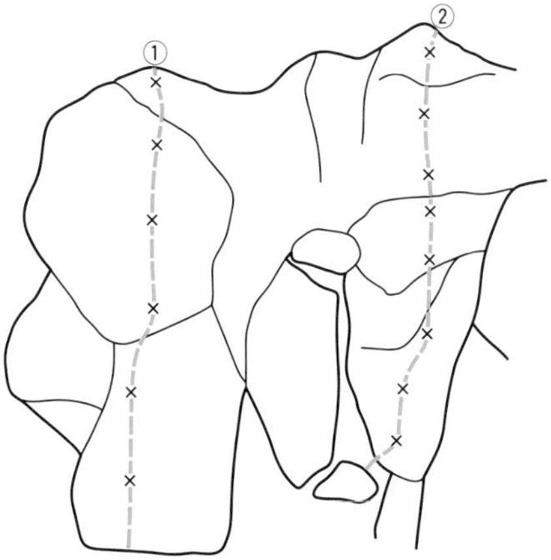

仙人岩2F(メインウォール)

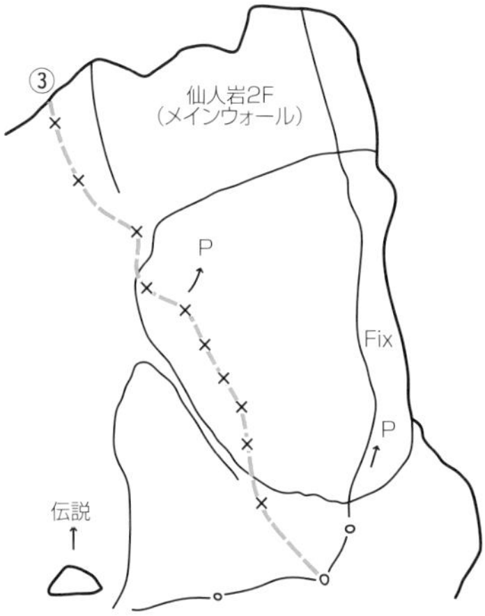

仙人岩1F

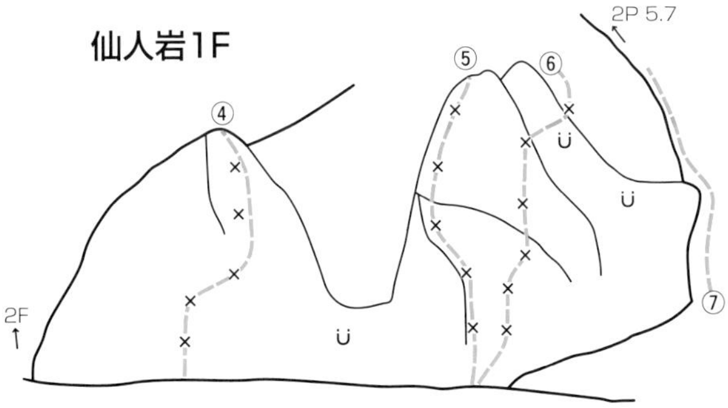

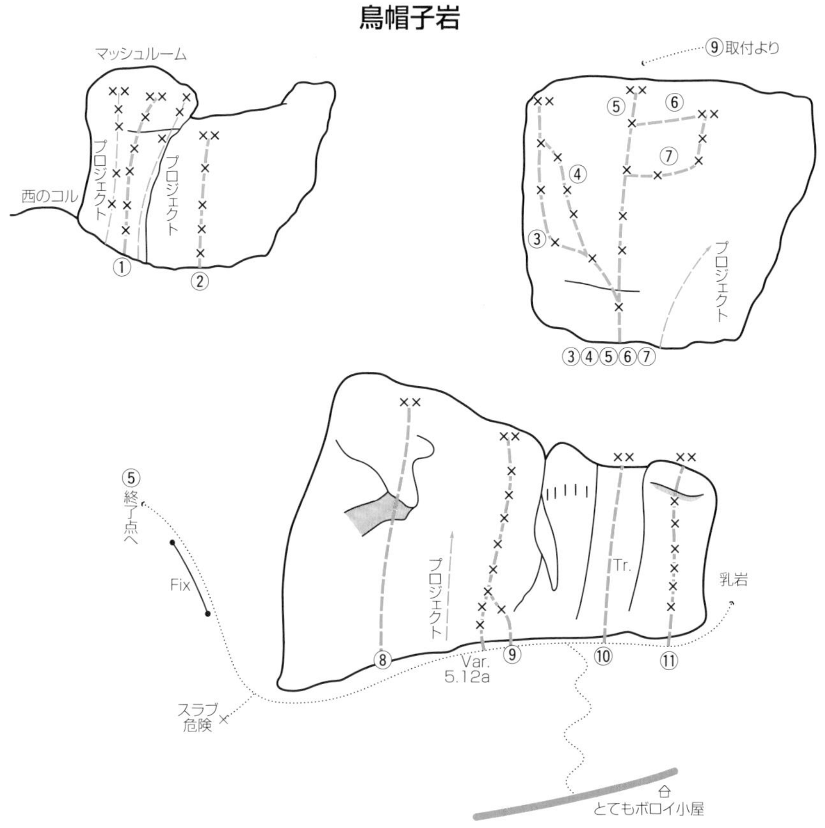

烏 帽 子 岩

① **きのこ** 5.12a ★△（岡田秀一）

② 5.11a/b △（森脇聖児、 岡田秀一）

③ **エルドラド** 5.12c/d ★★★（森脇聖児）

④ **二人はひとつ** 5.12b/c ★★★
（岡田秀一、 岸本直美）

⑤ **穴男の逆襲** 5.12d/13a ★★★
（鈴木邦治、 岡田秀一）

⑥ **新穴男** 5.12a ★△（森脇聖児）

⑦ **ラ・ローズ・エ・ル 穴男** 5.12b ★★★★（岡田秀一）
まさにビュークスを思わせるポケットルート。
印象的なムーブに加えロケーションも最高。

⑧ **オールド・クライマー** 5.12a△（岡田秀一）

⑨ **しゃくなげ街道** 5.11d ★（大岩あき子）

⑩ **無名Tr.** （鈴木嘉三）

⑪ **無名** 5.10（鈴木嘉三）

治山水

治　山　水

＊はスティッククリップ

①鴨鍋　5.12a＊ ★★（鴨下賢一）
②愛しのフローレンス　5.12b/c＊ ★★★（杉本）
③ハステロイ　5.11d/12a＊ ★（杉山克行）
④ボルダーマン　5.12c ★★★（奈木昌彦）
⑤通りゃんせ　5.12b ★（奈木昌彦）
⑥こけら落とし　5.11d/12a＊ ★★（飯田剛弘）
⑦クライミングエナジー　5.12a ★（湯浅明）
⑧春夏秋冬　5.11c ★（奈木昌彦）
春はクラック沿いに登る。夏は5本目下から左にトラヴァース。秋は3本目からフェイス。冬は出だしからフェイスを（公開プロジェクト）。

⑨マイルストーン　5.13d ★（田中周兵）
⑩結婚しようよ　5.11c/d ★（湯浅明）
⑪お散歩すえちゃん　5.11a ★★（湯浅明）
⑫花の舞い　5.12a（湯浅明）
⑬バック・トゥ・ザ・ベイシック　5.12a ★★（杉本倫也）
⑭蛍の光は歌えない　5.11b（飯田剛弘）
⑮ドキンちゃんの入園式　5.10c/d ★★★（飯田剛弘）
⑯鴨葱　5.10d ★（鴨下賢一）
⑰鴨南蛮　5.11c ★★（鴨下賢一）
⑱やさしいけど登ってね　5.10a（伊東静江）
⑲ハイサイド　5.12c ★★（奈木昌彦）

[狛犬岩]

東風吹かば　5.10c ★（永井久雄）

愛しのフローレンス5.12b/cを登る保科めぐみ　服部 隆撮

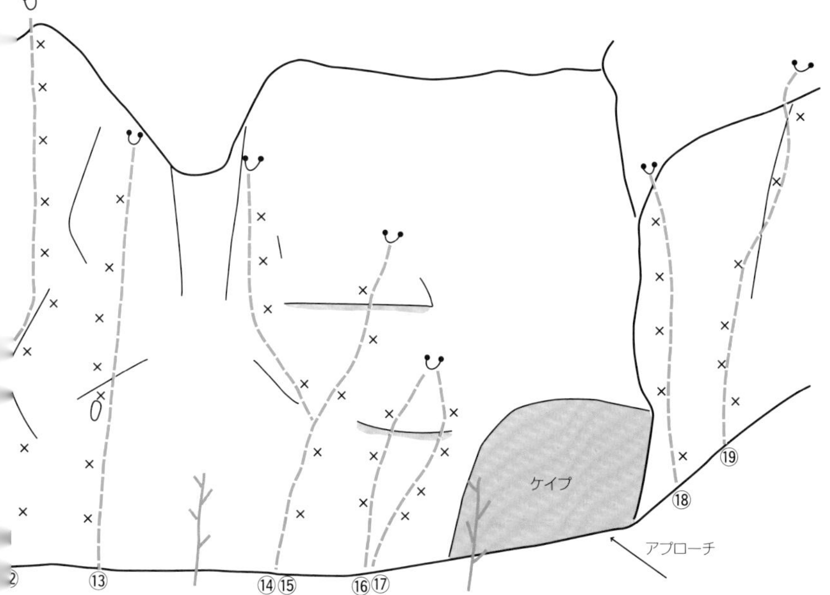

パラダイスロック

① レインボウ　5.11b（唐橋芳和）
② がんばれ！タイガース　5.10d（永井久雄）
③ Zitanda　5.11b/c ★（酒井誠）
④ トータスロード　5.11b ★（永井久雄）
⑤ 彼方へ　5.12a ★★★（明川浩之）
⑥ 遊びをせんとや生れけむ　5.11b
⑦ 花鳥山水　5.11b ★★
⑧ 狼煙　5.11d ★★（酒井誠、明川浩之）
⑨ モルのひまわり畑　5.11b/c（松岡尚子、永井久雄）
⑩ シャムロック　5.11a ★（酒井誠）
⑪ レインマン　5.12b ★★（小嶋勲）
⑫ ドルフィン　5.12a ★★★（明川浩之）
⑬ ポケット・ア・ゴー・ゴー　5.11c ★★（明川浩之）
⑭ パイプライン　5.11b/c ★★（永井久雄）
⑮ ウェイブトップ　5.11b/c ★
⑯ ダイヤモンドヘッド　5.11b（永井久雄）
⑰ ジャストミート　5.10b ★（中野伸次）
⑱ セッコク　5.11a（永井久雄）

パラダイスロック

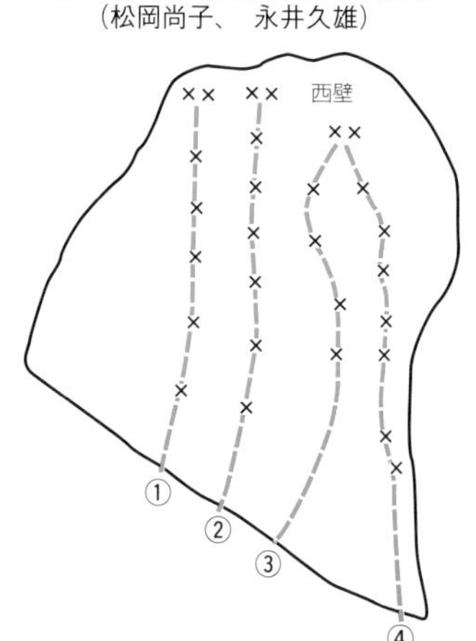

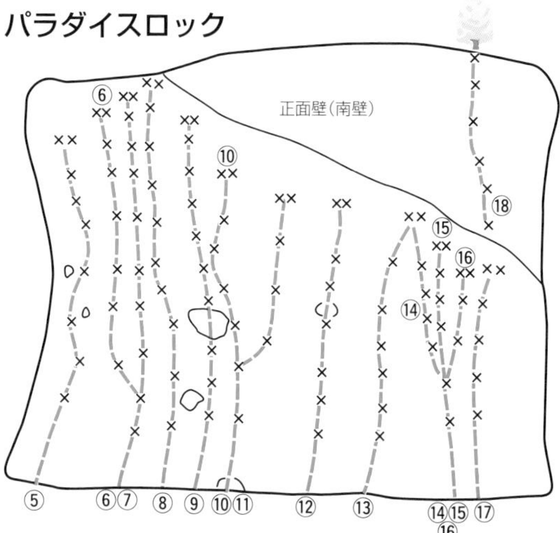

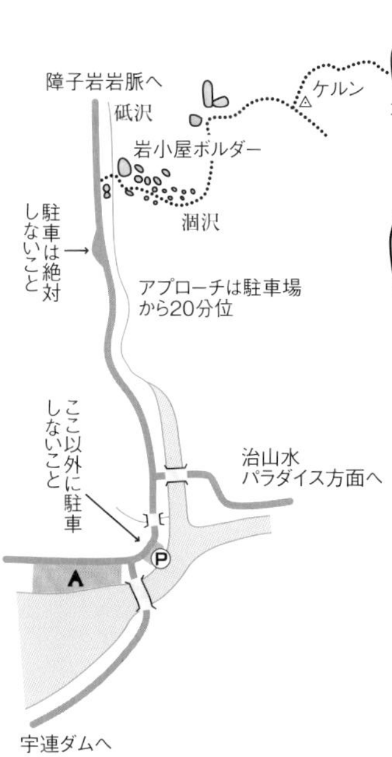

障子岩岩脈へ
砥沢
ケルン
韋駄天ロック
ミルキータワー
岩小屋ボルダー
涸沢
駐車は絶対しないこと
アプローチは駐車場から20分位
ここ以外に駐車しないこと
治山水
パラダイス方面へ
P
宇連ダムへ

韋駄天ロック

Var.
①
②
③
④
⑤

ミルキータワー

①
②
③
④
⑤

韋駄天ロック

① **伊達男** 5.12b ★★★（奈木昌彦）
② **ランデブー** 5.12c/d ★★（奈木昌彦）
③ **VTEC** 5.12a/b ★★（杉山克行）
④ **韋駄天** 5.12b ★★（奈木昌彦）
⑤ **野武士** 5.11c ★★★（湯浅明）

ミルキータワー

① **ペコちゃん** 5.11a/b ★（奈木昌彦）
② **マーちゃんの大冒険** 5.11b ★★（奈木昌彦）
③ **翼** 5.11c ★（杉山克行）
④ **空へ** 5.11d ★★★（奈木昌彦）
⑤ **サンバ** 5.10c ★★（湯浅明）

ホーライ岩小屋ボルダー

① **白道** 五/六段（小山田大）
② **バリエーション** 四段+（小山田大）
③ 初/二段（小山田大）
④ **バチュラレット** 四/五段（小山田大）
⑤ **アベック・ル・ボン** 三段 上の岩（フレッド・ルーラン）

①④
②③
（一本指）
①④
③②
（一本指）
①②
スタート
③④

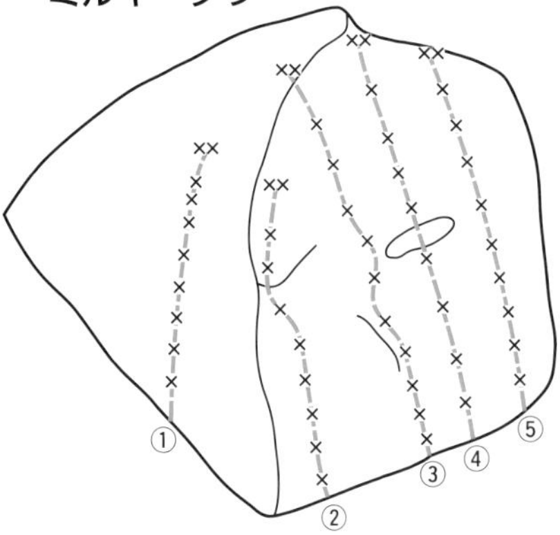

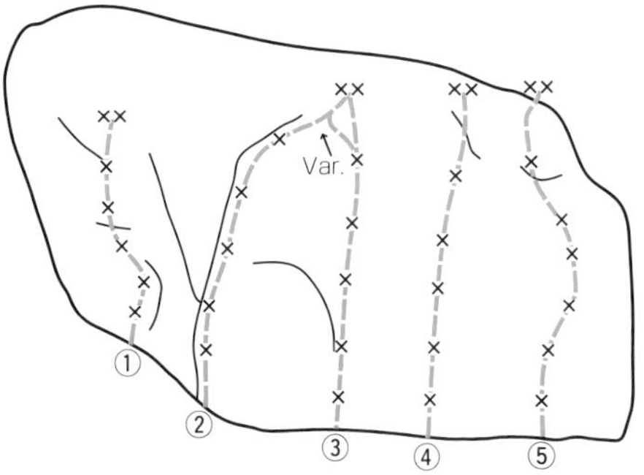

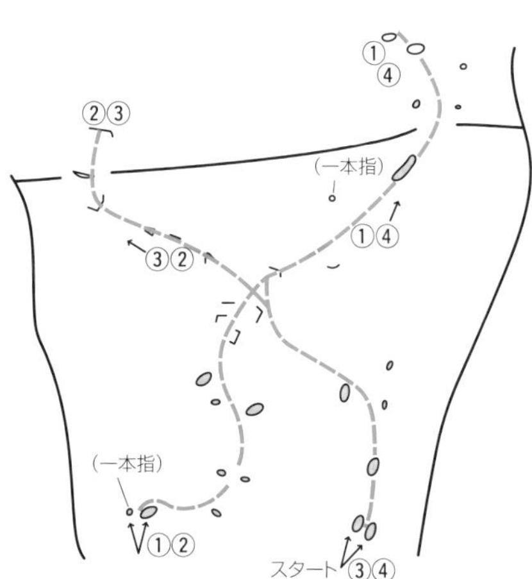

56 瑞浪 屏風岩 BYOBU-IWA

D A T A	
岩　　質	花崗岩
おもな傾斜	80〜90度
ルート総数	約40本
シーズン	秋〜春
場　　所	岐阜県瑞浪市

▶**アクセス**／中央道の恵那ICと瑞浪ICのほぼ中間地点、屏風山SAエリア(下り)の向かいに位置する。中央道をくぐり左折(右折は行き止まり)林道を進むと右手にチェーンを見て、少し進んだあたりの路肩に5~7台程度の駐車スペース有り。更に2分ほど上部に5台、更に2分上がると10台程度駐車可能。

▶**注意**／この林道及び岩場は全て私有地(地区の財産区でもある)のため以下の事項を厳守の事。・火器の使用、たき火などの禁止・林道および岩場での宿泊、テント泊、車中泊等の宿泊行為の禁止・墓地下部、上部スペースの駐停車禁止

▶**宿泊・入浴**／岩場より５分ほど下った(国道19号を渡ってすぐ)今井屋を利用されたい(素泊まり、朝食付き)、日帰り入浴可(要予約、タオル付き)

概　要

瑞浪屏風岩はアダム、イヴ、二本の美しいクラックで名高い。他にも印象的なスラブ、フェイス、カンテ、ワイド　の好ルートもあるが、遠方からこの地を訪れるのであれば、この二本のクラックを登らなければその意味がないといってさしつかえないであろう。どちらのクラックもサイズは細く、リードには十分な注意が必要だ。

看板ルートのイブ 5.11cはフィンガークラック

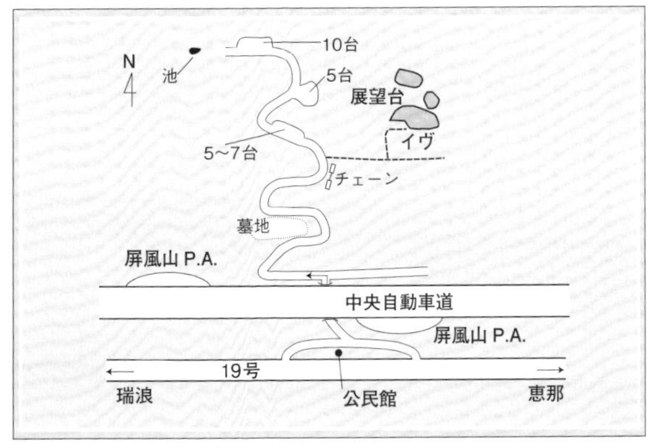

①カイン＆アベル　5.10c/d ★★
（三品弘樹、多津美）
左のフェイスを使いながらのカンテ登り。

②エースをねらえ　5.10b ★（前田徹）
シンハンドからオフウィドゥス。

③新人クラック　5.9（前田徹）
ハンドからオフウィドゥス。

④優柔不断　5.10b
レイバック。プロテクション注意。

⑤感激　5.10a ★★
ハンドからフェイス。

⑥モビィディック　5.10a（田中隆）
カンテ。

⑦ハッピイクラック　5.10a
ハンドクラック。ジャミングを確実に決めたい。

⑧ **ロンパールーム** 5.9
ボルトが遠いので要注意。

⑨ **アイキャッチャー** 5.9 ★
ハンド（レイバックも可能）からスラブ。

⑩ **イニシャルステップ大松ルート** 5.10c
スラブ。出だしの一歩が核心。

⑪ **秀則コーナー** 5.9
コーナークラック。ひたすらステミング。

⑫ **イヴ** 5.11c ★★★（三品弘樹、多津美）
フィンガークラック。指のサイズによって感じるグレードが大きく違うであろう。クラック以外のホールドを積極的に使うとグレードダウン。

展望台

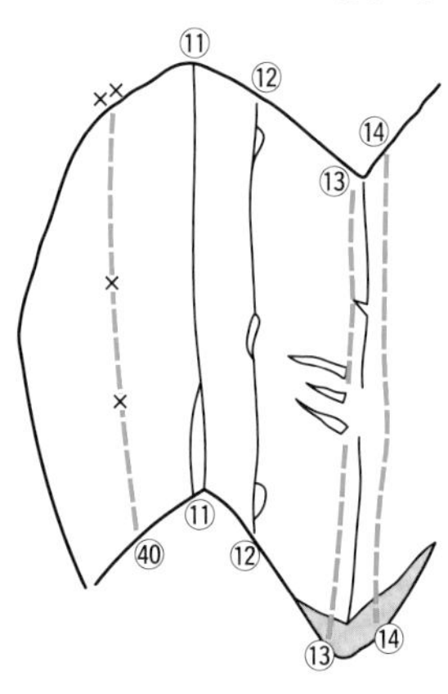

大岩

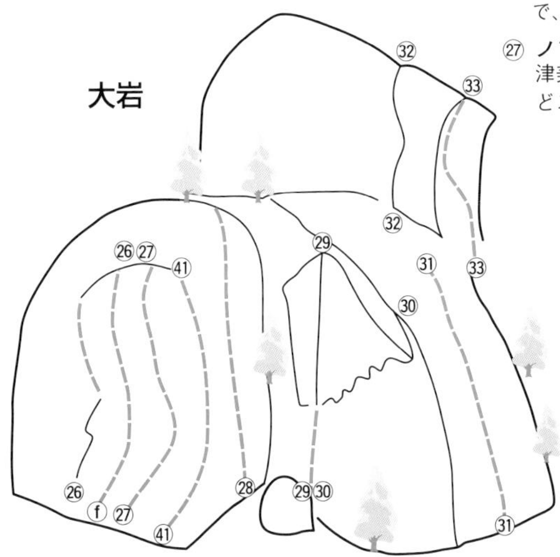

⑬ **アストロドーム左** 5.10c/d ★
カンテ。核心は出だし。

⑭ **アストロドーム右** 5.10a ★
同じカンテを右側から登る。

⑮ **H君のフェイス** 5.12a ★★（羽渕全己）
フェイス。

⑯ **エクササイズ** 5.9
カンテ入門ルート。

⑰ **あ～らよ！** 5.8 ★
フィスト～オフウィドゥス。

⑱ **有希子の想い出** 5.11b ★★（小粥康正）
出だしが微妙なバランスのカンテ。

⑲ **ダーリンスラブ** 5.10a ★★（宗宮誠祐、三浦孝雄）
難しさが連続するスラブ。

⑳ **独りぼっち** 5.10b（宗宮誠祐）
フィックスの単独で登られることが多い。

㉑ **ゆうこ＆やよい** 5.10c ★
ハンドからオフウィドゥス。

㉒ **アームロックききますか** 5.10a ★（清水博）
初登者とルート名でビビッてしまう？

㉓ **ひばりチムニー** 5.7 ★
快適だがノープロテクション。

㉔ **インスピレーション** 5.10a
スラブ。

㉕ **ティータイム** 5.8
ハンドクラック。

㉖ **なんてったってアイドル** 5.10b ★★（三浦孝雄）
スラブ。グラウンドアップで開拓されたので、ボルトが遠い。

㉗ **ノア** 5.12b ★★★（中嶋岳志、三品多津美）
どスラブ。

ゾンビフレーク 5.10c 太田 慧

美少女 5.11 c 波多野泰夫

㉘美少女 5.11 c
スラブ。核心は下部。出だしは初登以後、何者かによって加工された。

㉙アタックNo.1 5.10 b ★★（前田徹）
フェイスからハンド。上部はコーナー。

㉚ゾンビフレーク 5.10c ★★★
右上するフレーク。ロープの流れに注意。

㉛ウォーターシュート 5.9
滑り台状のスラブを登る。

㉜アダム 5.11b ★★★（三品弘樹、多津美）
バンドをとらえた後のフィンガークラックが核心。短いが傾斜も強い。

㉝中央フリーウェイ 5.12a ★
（三品弘樹、多津美）
人工ルートをフリー化した、傾斜の強いフェイス。

㉞有希子の初恋 5.10a ★
ハンドクラック。

㉟不安がいっぱい 5.10 Tr.

㊱余裕のよっちゃん 5.8
ハンドクラック。

㊲思いやり 5.10b ★
ハンドからフィンガークラック。

㊳グランプリ 5.11a ★★
さまざまなムーブが楽しめるフェイス。

㊴熱いくちづけはもう嫌 5.11 Tr.

㊵原住民 5.10b/c ★★

㊶Dharma 5.11a（宗宮誠祐）

㊷不明

㊸マロングラッセ 5.13b★（今井 考）

㊹甘栗 5.12d（今井 考）

㊺栗きんとん 5.13a★★（今井 考）

ⓐとんがりネズミ 5.11a（神林 裕）
石上に立ちスタート。終了点はアームロックと同じ。

ⓑチキンナゲット 5.7（馬場敏子）
アームロックまたはⓐを登ってからスタート

ⓒマルチプレイヤー 5.11b ★ NP&B（伊藤光徳）
薄かぶりのフェイス～クラック～スラブ。

ⓓクールマイルド 5.10c NP&B（中村彰吾）
出だしの悪いスラブスタート。

ⓔワイドマスター 5.12a ★★（今井 考）
ハードワイドへの登竜門。

ⓕクリスタルスラブ 5.11a（佐原晴人）
ノアの練習用に作られた。

あ〜らよ！ 5.8 太田 慧

アームロックききますか 5.10a 川原弥津美

ワイドマスター 5.12a 武田斉太郎

57 愛知 豊田 *TOYODA*

DATA	
岩　　質	花崗岩
おもな傾斜	80～90度
ルート総数	約2000本
シーズン	秋～春
場　　所	愛知県豊田市

▶**アクセス**／それぞれ異なる。地図参照。
▶**キャンプなど**／南山の駐車場にキャンプ可。入浴は以下参照。おいでんの湯 ☎0565-37-1126　7:30～26:00　年中無休　豊田市司町1-1-1 650円。水源クラブ ☎0565-28-5501　豊田市水源町5-3 700円　宿泊可。

概　要

豊田市中心部より5、6㌔ほど東の丘陵地帯に点在する10数箇所の岩場を総称して「豊田の岩場」として語られることが通例である。開拓は1985年ごろより鈴木俊六を中心になされてきた。当初よりスケールのあるものはロープを使い、短いものはボルダーとして登られてきた。ボルダーの数は地元クライマーですら総数を把握しているものがいないほど多く、いまだに全貌は不明である。今回紹介する数ヶ所のエリアこそ浜本勝博の調査により詳細が明らかにされたが、開拓が進行中のエリアも多数あると聞く。

豊田の全エリア、全課題が出そろい、紹介される日は、かなり先の話であろう。

■グレード対応表

a＝10～７級	d＝２～１級
b＝６～５級	e＝１級～初段
c＝４～３級	f＝二段以上

＊豊田のグレードは本来ｆが最高とされてきたので、課題によっては（弥生、大和など）そのままになっている。新規開拓エリアではe＝初段、ｆ＝二段、ｇ＝三段である。
＊新しいエリア、課題は浜本氏編集の「ONBUNIDAKKO」に詳しい。クライミングジムのキューブ、モンク、エイムで販売。

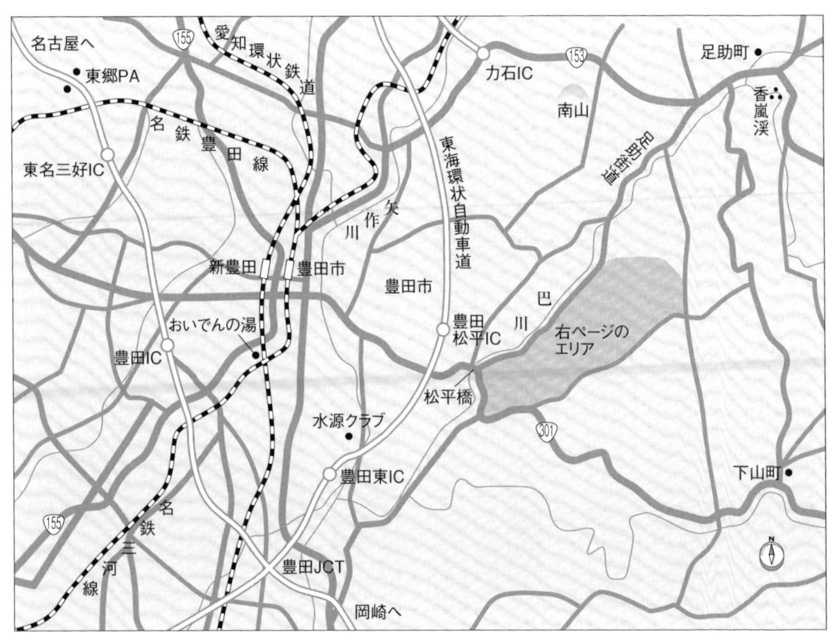

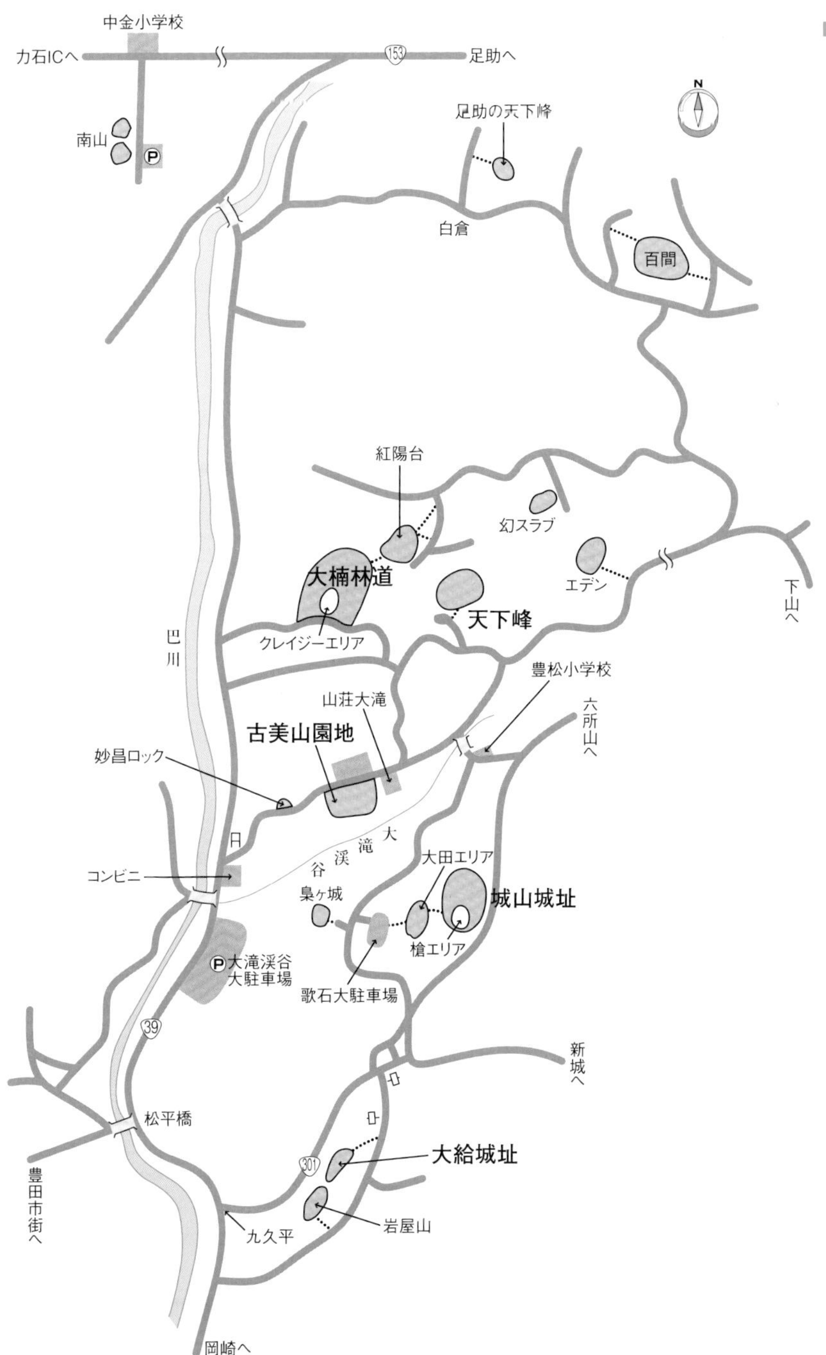
中金小学校
力石ICへ
153
足助へ
南山
P
足助の天下峰
白倉
百間
紅陽台
幻スラブ
大楠林道
エデン
下山へ
クレイジーエリア
天下峰
巴川
豊松小学校
山荘大滝
六所山へ
古美山園地
妙昌ロック
大滝渓谷
日
大田エリア
コンビニ
梟ヶ城
城山城址
槍エリア
P 大滝渓谷大駐車場
歌石大駐車場
39
新城へ
松平橋
大給城址
301
豊田市街へ
岩屋山
九久平
岡崎へ

古美山園地

鈴木俊六を中心に1985年から行われた第一次開拓ではプロブレムも40本ほどであったが、1995年ごろより始まった第二次開拓によりその数は150におよぶ。グレードも幅広く、豊田の中心エリアとなっている。駐車場にはトイレ、自販機、クライマー用の白板まである。休日には必ず常連の誰かが訪れるので、新しい情報なども入手しやすいだろう。豊田に来たらまずここを訪れたい。

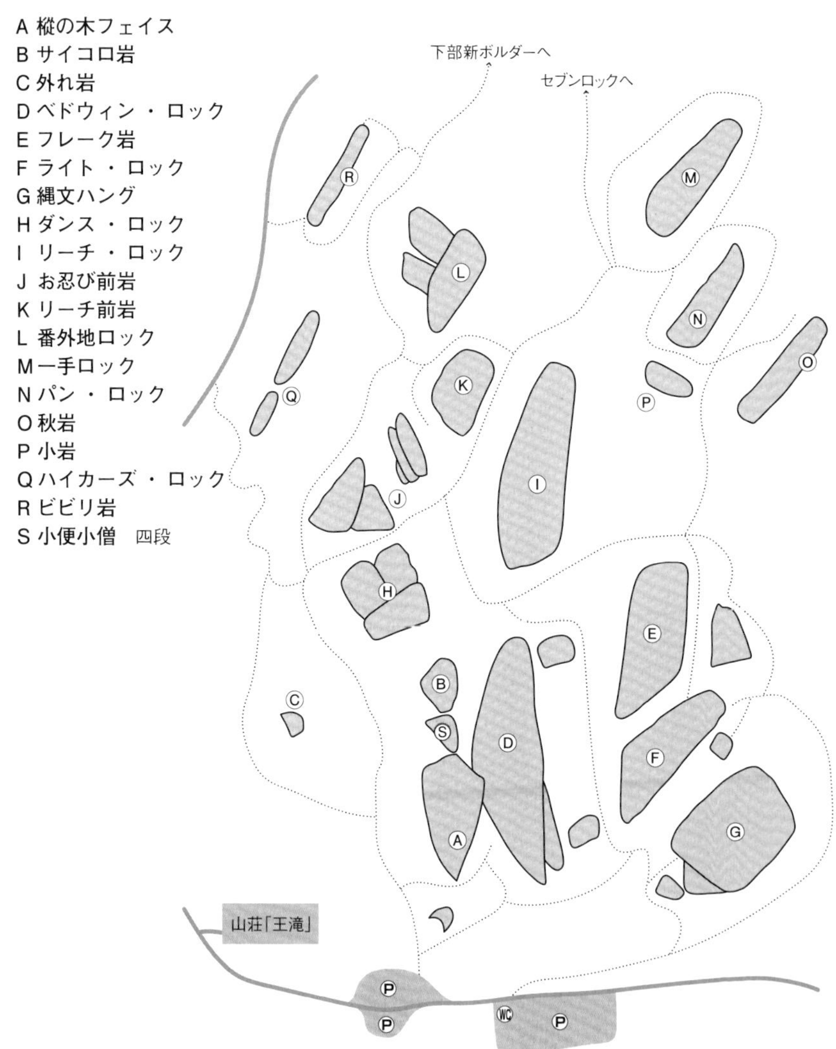

A 樅の木フェイス

① **嵐**　5.12c（1988年　宗宮誠祐）
核心は3から4本目と最後のカンテを取りに行くところ（リーチの無い人は特に厳しい）、ムーブはそれ程難しくはないがフィンガリー。左側から抜けると5.12c/d。

② **猪、鹿、蝶**　5.12d（宗宮誠祐、山本宰甲）
ルート名どおり、猪、鹿、蝶、の3つのボルダーをつなげた好ルート。

③ **樵の切り株**　5.10b（重盛千香）
上部の斜めに長く延びたガバを使わずその左側を直登すると5.11になる。

④ **おむすびころり**　d
嵐の立ち込みからダイクの下部へクライミングダウン、後は②から③の立ち込みまでトラバースする。ムーブも面白く、はまると病みつきになる。

B サイコロ岩

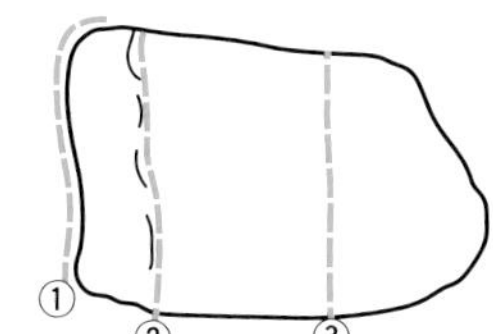

① ゾロ目　c
② イカサマ　a
③ ゴメンナサイ　c

C 外れ岩

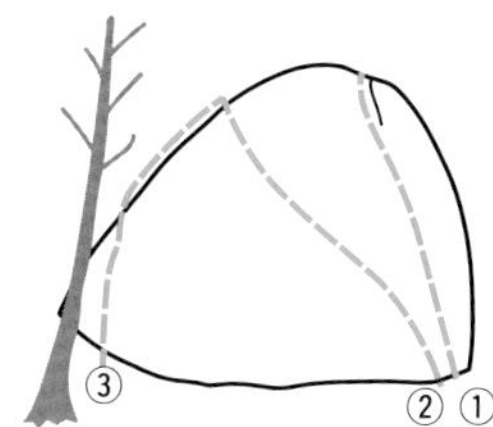

① トカゲの尻尾　a
② トカゲの目玉　c
③ トカゲ　d

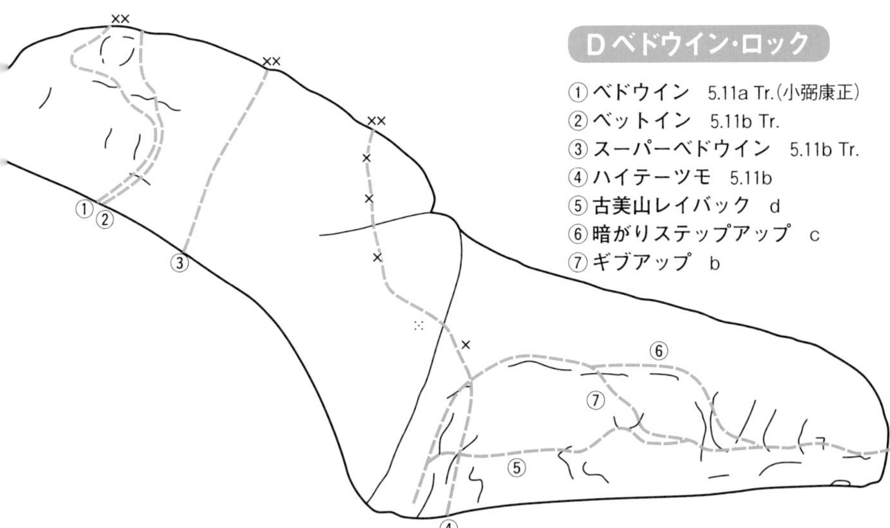

D ベドウイン・ロック

① ベドウイン　5.11a Tr.（小弼康正）
② ベットイン　5.11b Tr.
③ スーパーベドウイン　5.11b Tr.
④ ハイテーツモ　5.11b
⑤ 古美山レイバック　d
⑥ 暗がりステップアップ　c
⑦ ギブアップ　b

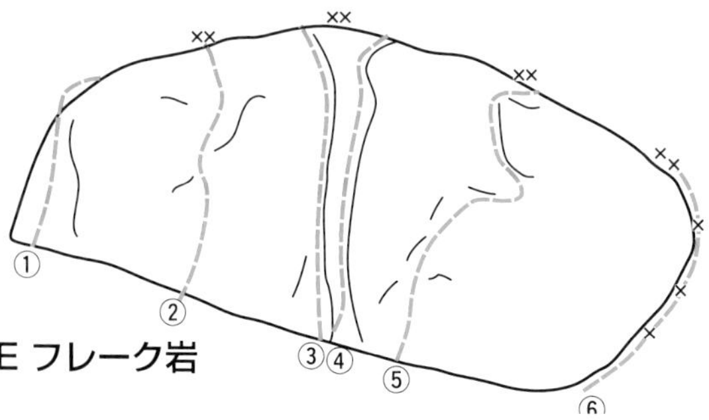

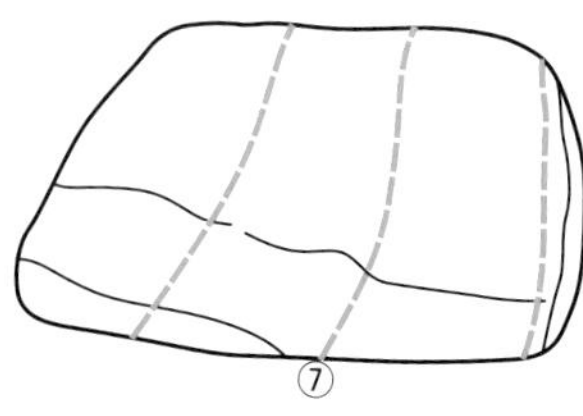

E フレーク岩

① おやつ　a
② レモン　5.11a Tr
③ シングル・フレーク　5.11b Tr
④ ダブル・フレーク　5.10b Tr（鈴木俊六）
⑤ 師匠できました　5.11d Tr（宗宮誠祐）
両手カチホールド（リーチのない人は左手縦ホールド）でスタート、核心は右手斜めホールドからクロスで斜めホールドを取りに行くところ。
⑥ ありカンテ　5.12c
⑦ 師匠前小岩　a

F ライト・ロック

① 踏ん切り　c
② のこぎり　c
③ 日陰　5.10c T.R
④ 曙光　5.12a
⑤ 後光　5.12b/c
カチからガバフレークまでトラバース。縦ホールドと結晶で厳しいムーブをこなしていく。

[ラビットロック]
⑥ ラビット　c
⑦ ピータラビット　e
⑧ スーパーラビット　f

G 縄文ハング

① 石器　c〜d
② 縄文　e
③ 弥生　g−
④ 大和　g
⑤ アガルタ　i（五段）
⑥ シャンバラ　i+（五段＋）
⑦ オルトロス　h(四段)

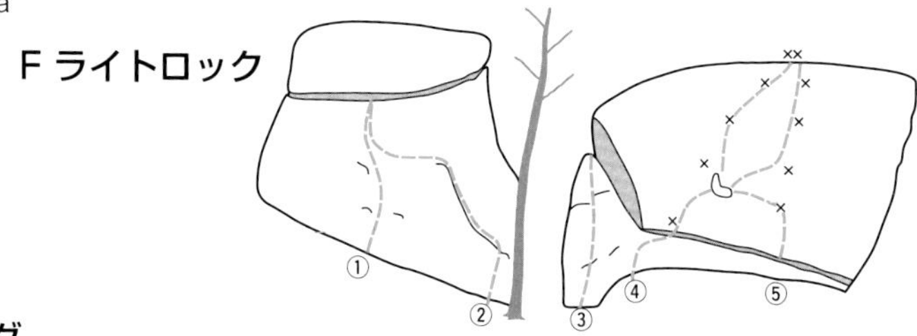

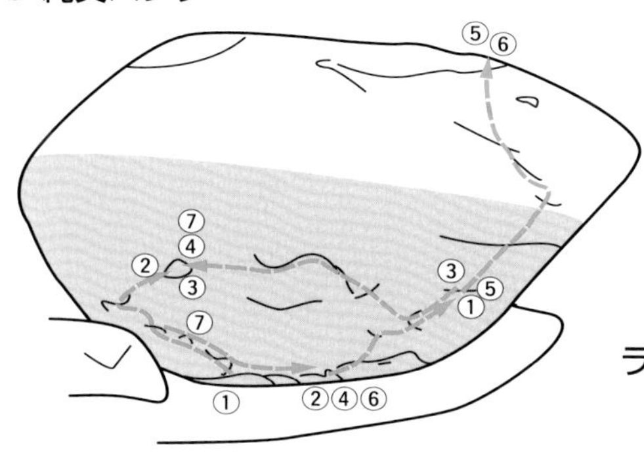

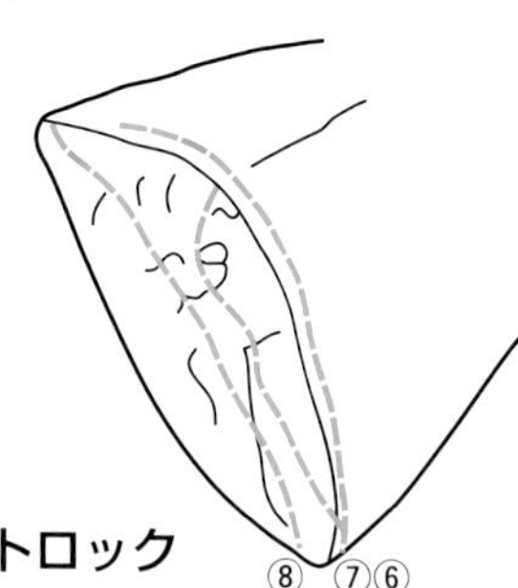

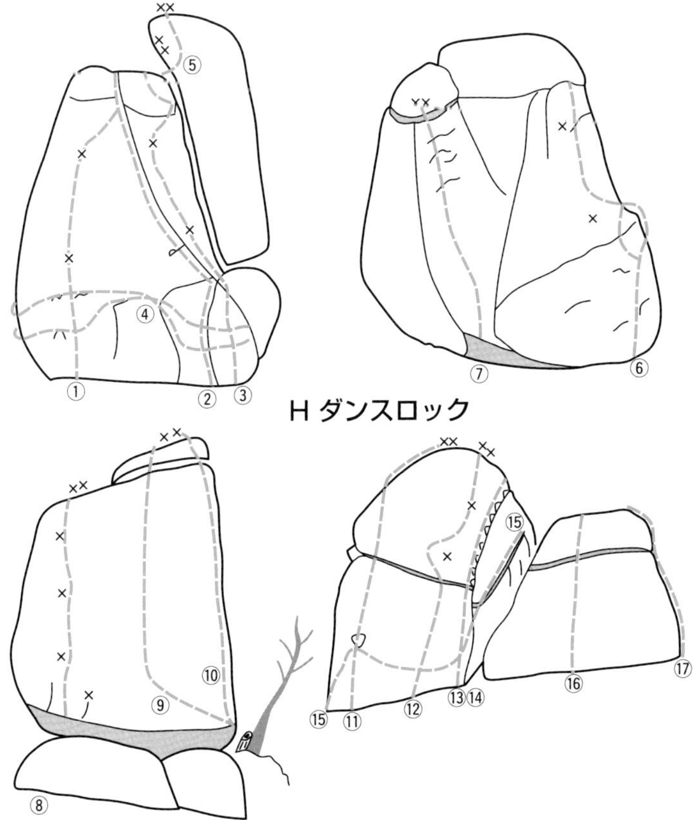

H ダンス・ロック

① **視線欲** 5.12b（羽渕全己）
核心は2本目ボルト付近のクロスから上部の水平クラックを取りに行くところ。

② **ダンス** 5.11b（1985年 三品弘樹）
左上するダイクのクラックをナッツ、カムでリードするが、トップロープで登られる方が多い。核心は眉毛（黒くてそう見える）に立ち込むところ。初級者はこれを目標に。中、上級者はウオーミングアップ、クールダウンに。 超人気ルート。

③ **エイト・ビート** 5.10d
カンテとダンスのダイクを使って登る。

④ **カニの横ばい** b〜c
ダンス下部からお忍び下部までトラバース。ダンス下部のホールド限定、又は、視線欲下部を高い位置でトラバースするとcになる。

⑤ **ダンスの上** 5.10c Tr.

⑥ **お忍び** 5.11+
下部はガバガバと登るが、中間部の立ち込みが鍵。上部はホールドが細かくなりバランスと思い切りが試される。豊田クライマーの5.11卒業ルート。

⑦ **風雲たけし城** 5.11

⑧ **カニカツ・エビカツ・ミソカツ** 5.12a

⑨ **座敷あらし** 5.9 Tr.

⑩ **スプリング・カンテ** 5.9 Tr.

⑪ **盆踊り** 5.9 Tr.

⑫ **春** 5.11d

⑬ **おでき** 5.11a Tr.

⑭ **剣龍ダイク** 5.11+Tr.

⑮ **ハニー・トラバース** c

⑯ **思い出** a

⑰ **初恋** b

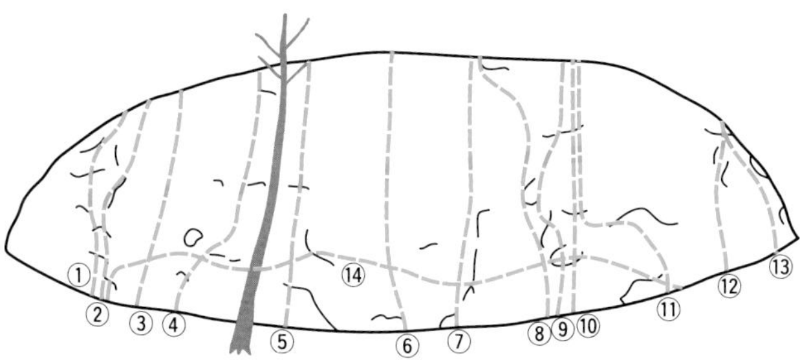

Iリーチ・ロック

①のみ上がり　a
②のみパッチン　c
③デットブラインド　d
④一難去って　d(宗宮誠祐、鈴木俊六)
⑤ロン　c
⑥ポチポチカチカチランランラン　d
⑦文明開化　e（羽渕全己）
e以上のグレードはこのルートが基準。古美山ボルダラーの最終目標となっていた。左手カチ、右手縦ホールドでスタート。
⑧立ち入り禁止　c
⑨リーチ　b
⑩リーチ・ダイノ　d
⑪追っかけリーチ　e
⑫ポン　c
⑬チー　b
⑭トラトラトラ　e　往復 f
①〜⑪までトラバース、又はその逆をトラバースする古美山最難の課題。核心はリーチからロンの間。

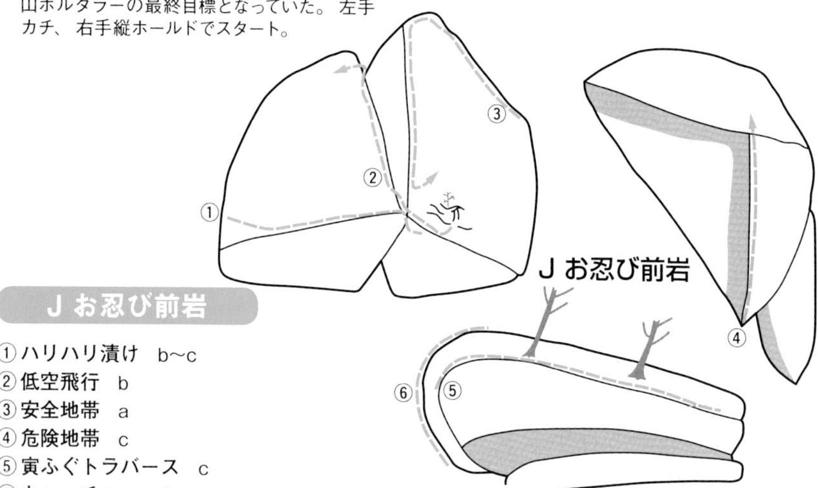

J お忍び前岩

①ハリハリ漬け　b〜c
②低空飛行　b
③安全地帯　a
④危険地帯　c
⑤寅ふぐトラバース　c
⑥キャッチャー　d

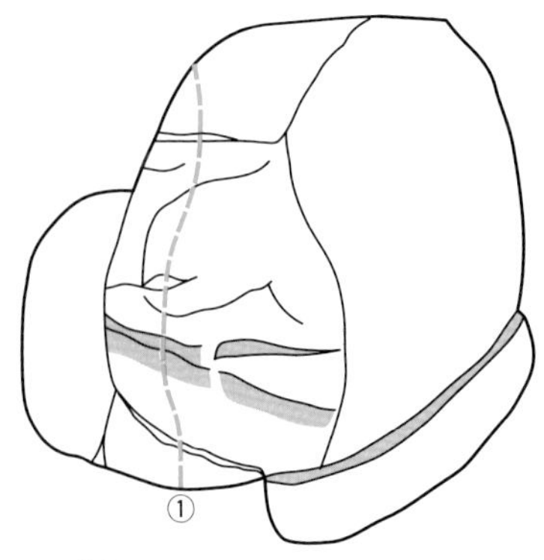

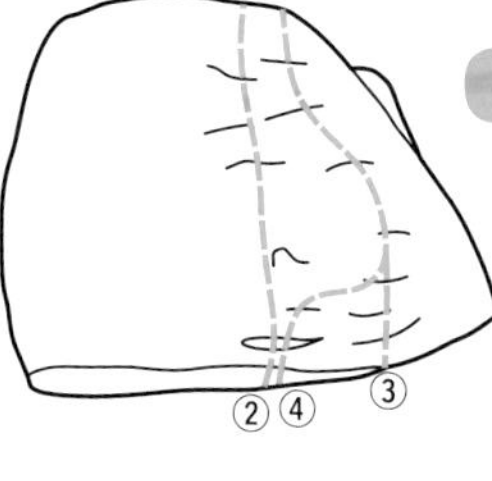

K リーチ前岩

①裏ドラ　b Var d
②Dim View　5.9 Tr.
③Dim View　右 5.10a Tr.
④Dim トラバース　c

L 番外地ロック

①黒木香　5.10b
②番外地　b
③地割れ　a
④アンギラス　b
⑤ラドン　b
⑥ガメラ　d
⑦ミニラ　a
⑧キングギドラ　d
⑨ゴジラ　c
⑩黒豆　b

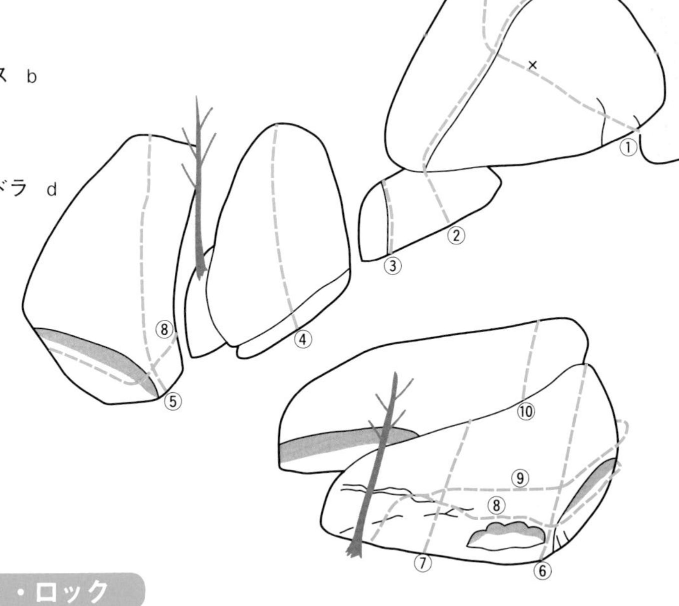

M 一手・ロック

①パンのカンテ　c
②逆一手　c
③一手　a
④一手でパーン　c
⑤ピンチ　d
⑥ヘタ　d
⑦観覧車　e
⑧島流し　d
⑨ムキムキマン　c〜SD:d
ハングのムーブをこなし，ハングをマントルで乗越しあとはスラブを登る。
ムキムキマン左　SD:d/e
ムキムキマン右　SD:d/e

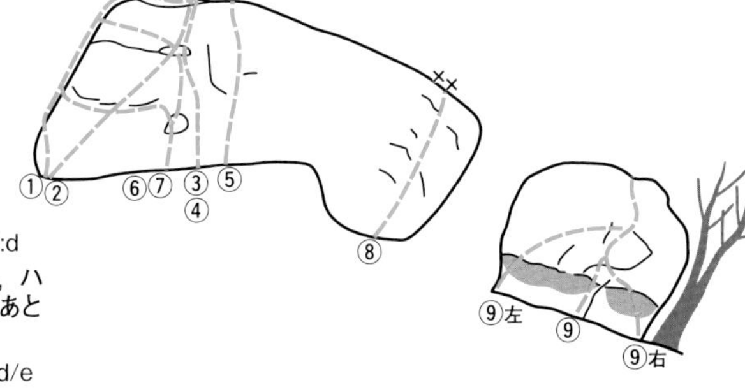

⑩アンパンマン　e
⑪食当たり　a
⑫スタンドアップショー
⑬スラバーユ　a
⑭イッキ　c
⑮一直線　b
⑯くの一　b
⑰グルへの道　d
⑱赤いちゃんちゃんこ　d

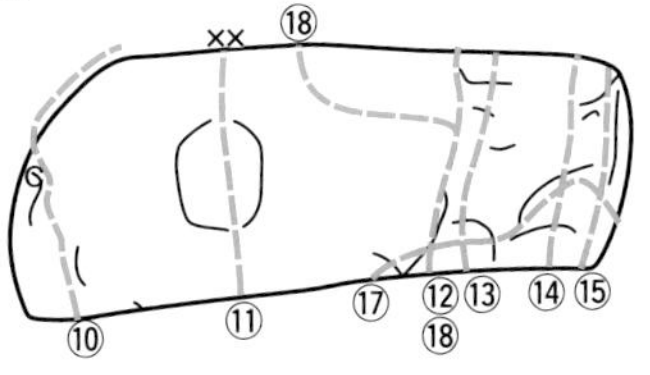

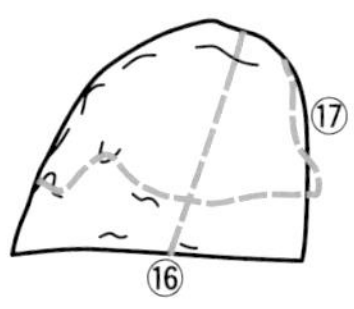

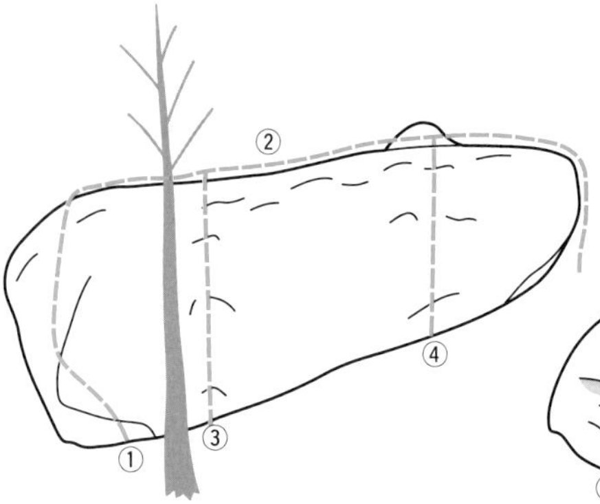

N パン・ロック

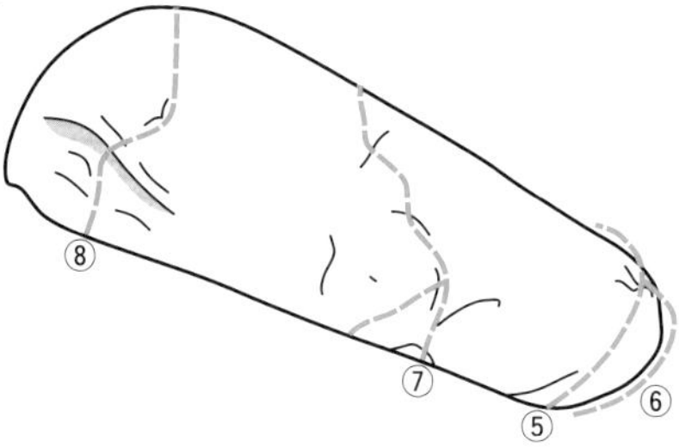

O 秋岩

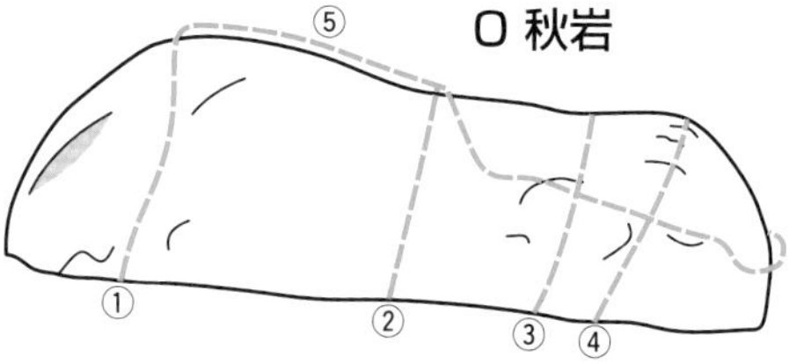

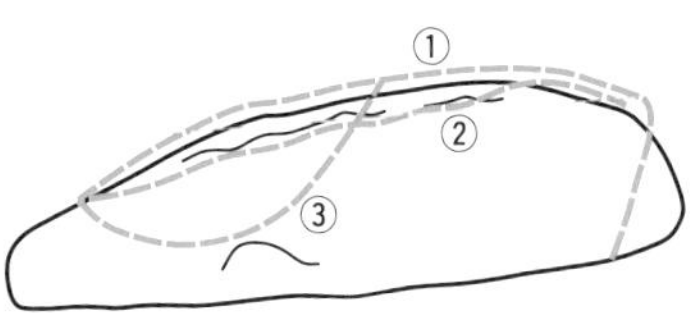

N パン・ロック

①パンの耳　a
②エスケープランチ　b
③やせがえる　d(宗宮誠祐)
④ふとっちょがえる　e
⑤ピンチでパン　b
⑥カンテでピンチ　d
⑦パンのカワ　b
⑧アンパン　b

O 秋岩

①コカンセツ　b
②ピンフ　a
③秋刀魚　d
④チョンボ　b
⑤秋味　e

P 小岩

①コントラバス　a
②トランペット　c
③トロンボーン　b

Q ハイカーズ・ロック

①あひる b
②ちょうちょう a
③ひよどり a
④めじろ b
⑤うぐいす b
⑥かんぬき c
⑦リス a
⑧かわせみ b
⑨兎 b

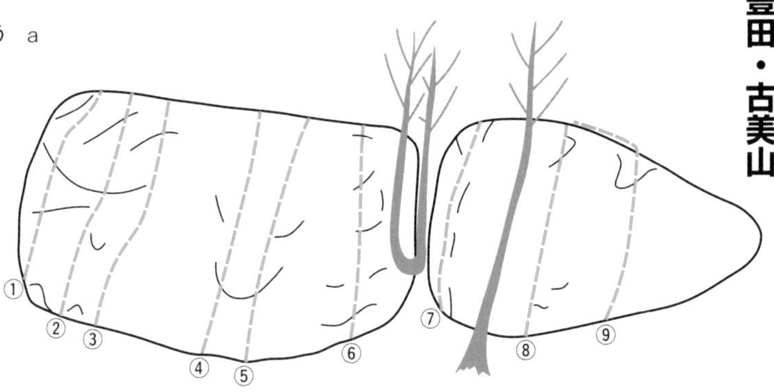

R ビビリ岩

①エグワン e
野田裕之初登のハイボルダー。フレークに沿って上部右アンダー、左あまいカチで右側上部をパーミング。着地に注意！ 2登の紋谷尚武はフレーク最上部を右手で、左手を甘いホールドに耐え、右手でパーミングホールドをとっている（ほぼ直登）。
②プロジェクト
③カウンターマニア c
④しゃばワン c
⑤たちくらみ b
⑥めまい a

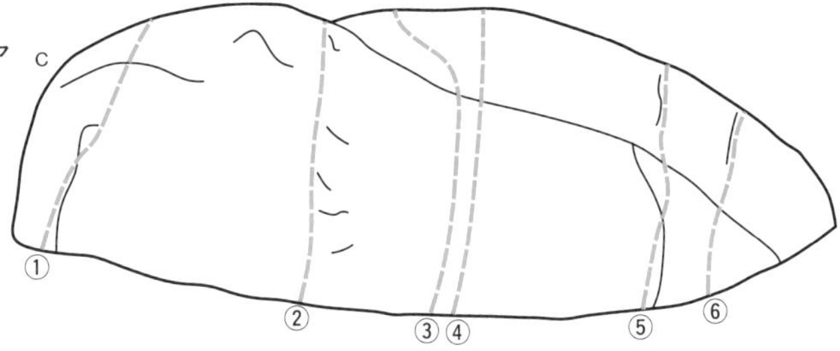

セブンロック

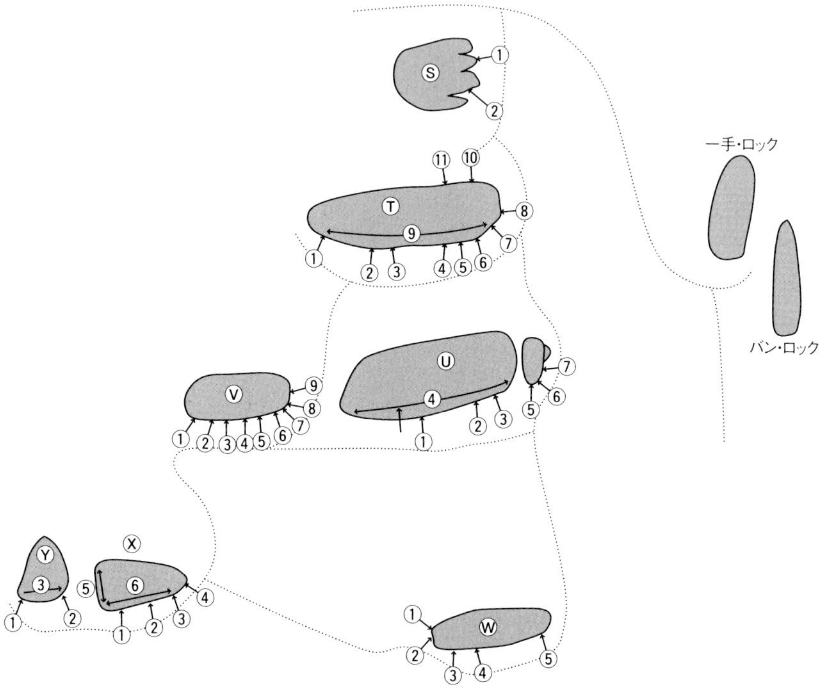

一手・ロック
バン・ロック

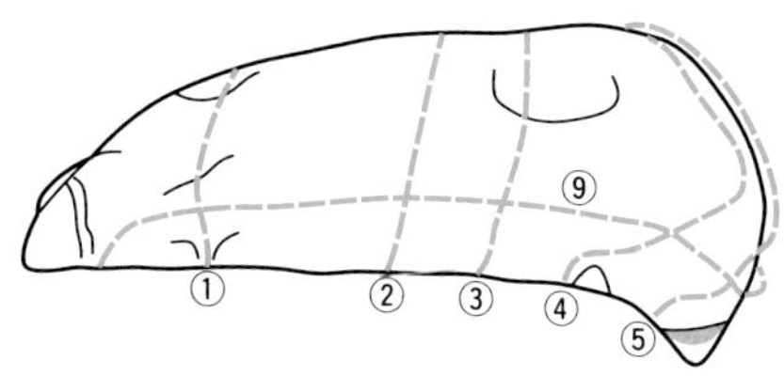

S 子犬岩

①子犬ピョンピョン　a
②子犬のワルツ　b

T 大スラブ岩

①ラクチン　a
②誘惑　b
③ホットライン　a
④スラローム　b
⑤ハッピー　b
⑥ラッキー　b
⑦滑り台　b
⑧カチカチランド　a
⑨オーバザレインボー　b
⑩喜怒哀楽　b
⑪アンコール　b

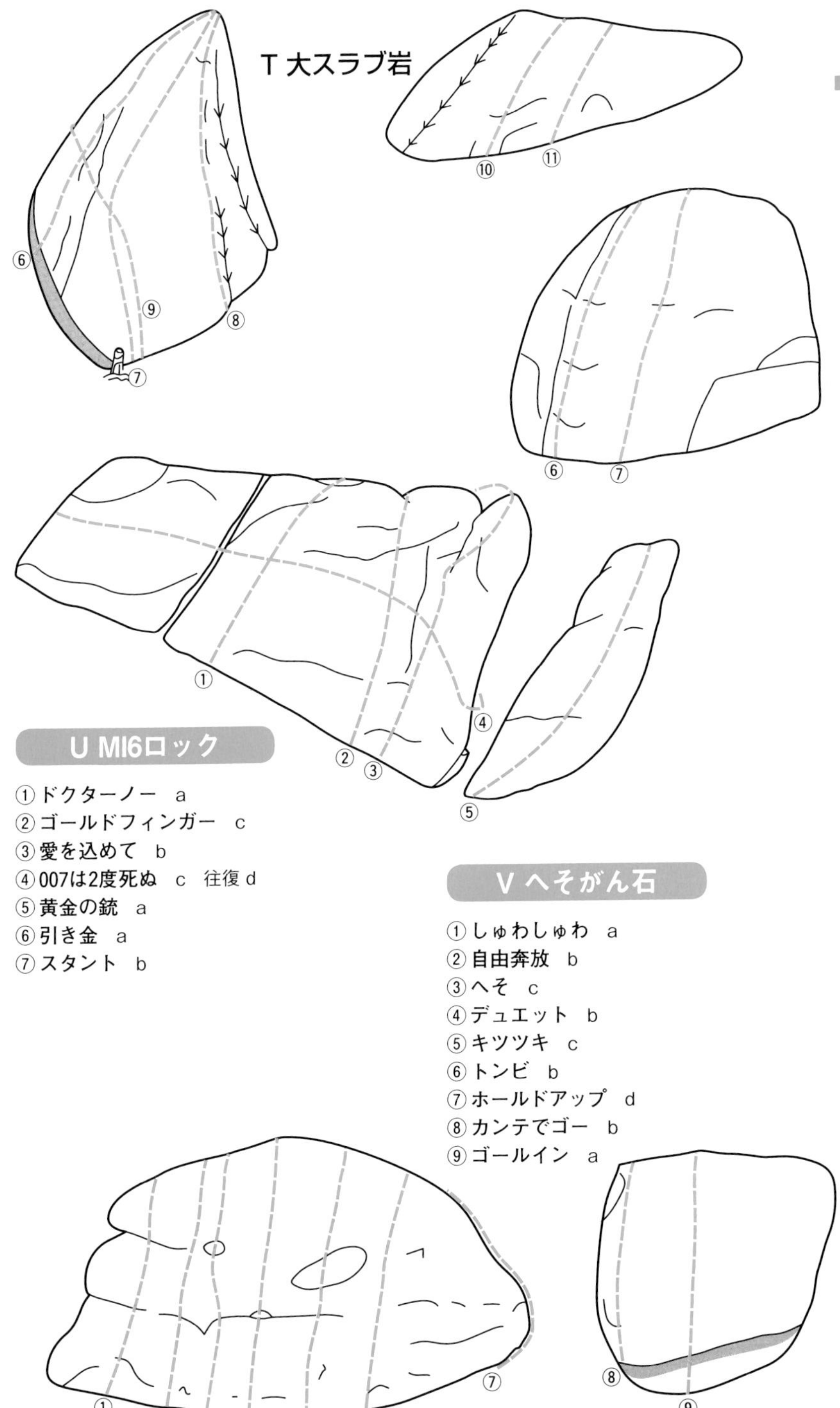

U MI6ロック

①ドクターノー　a
②ゴールドフィンガー　c
③愛を込めて　b
④007は2度死ぬ　c　往復 d
⑤黄金の銃　a
⑥引き金　a
⑦スタント　b

V へそがん石

①しゅわしゅわ　a
②自由奔放　b
③へそ　c
④デュエット　b
⑤キツツキ　c
⑥トンビ　b
⑦ホールドアップ　d
⑧カンテでゴー　b
⑨ゴールイン　a

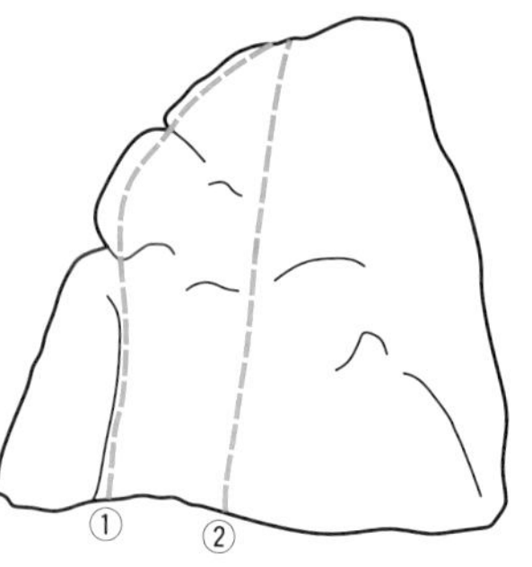

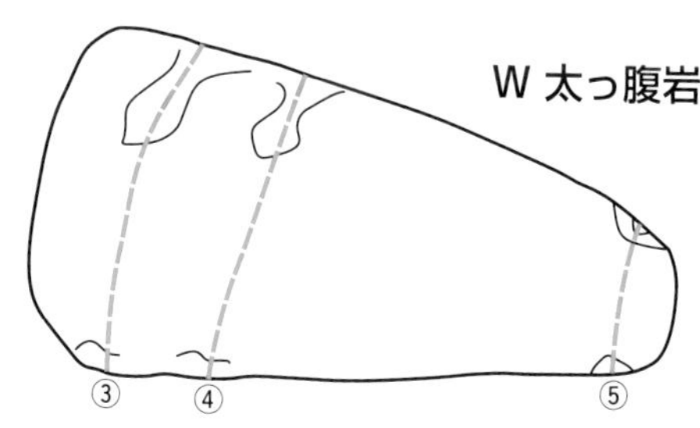

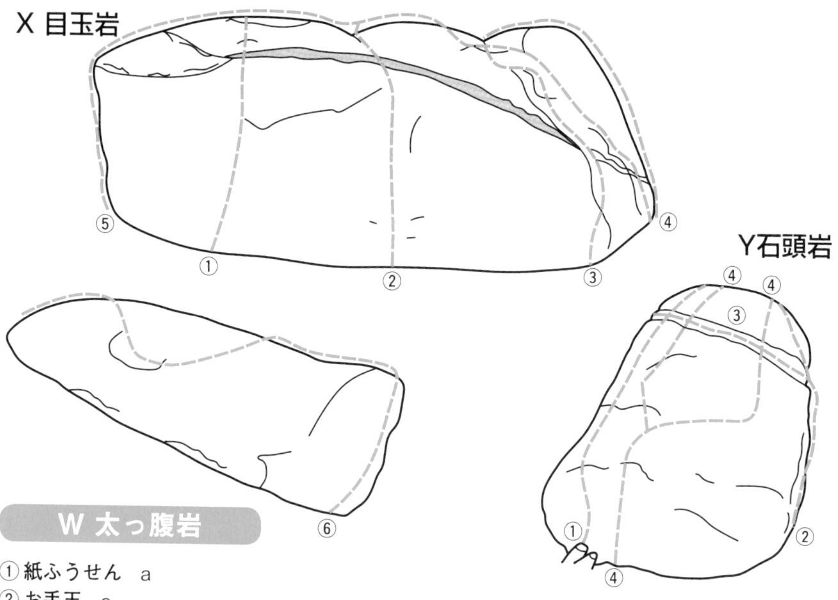

W 太っ腹岩

①紙ふうせん　a
②お手玉　c
③金魚　b
④鯉　b
⑤池　a

X 目玉岩

①鬼太郎　c
②目玉親父　c
③砂かけ婆　b
④鼠男　a
⑤大目玉トラバース　c
⑥下駄トラ　b

Y 石頭岩

①猫娘　a
②からかさ　b
③こなき爺　a
④石頭　c〜d

古美山下部新ボルダー

①フレフレ　a
②コアラ君　d SD　e
③アパッチ　a
④七転び八起き　e

[左上部の岩]
⑤隙間風　a
⑥天狗　b
⑦ベイビー　a

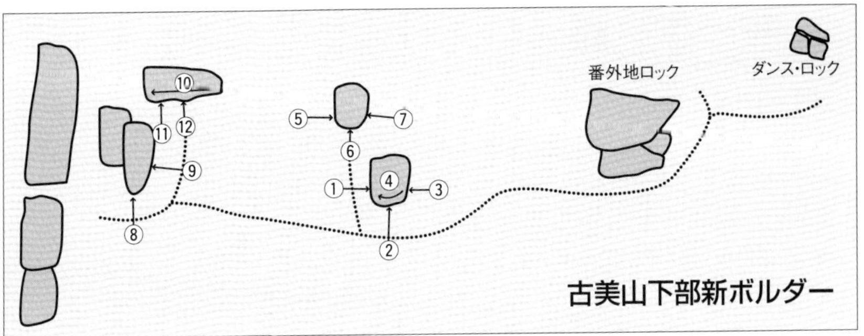

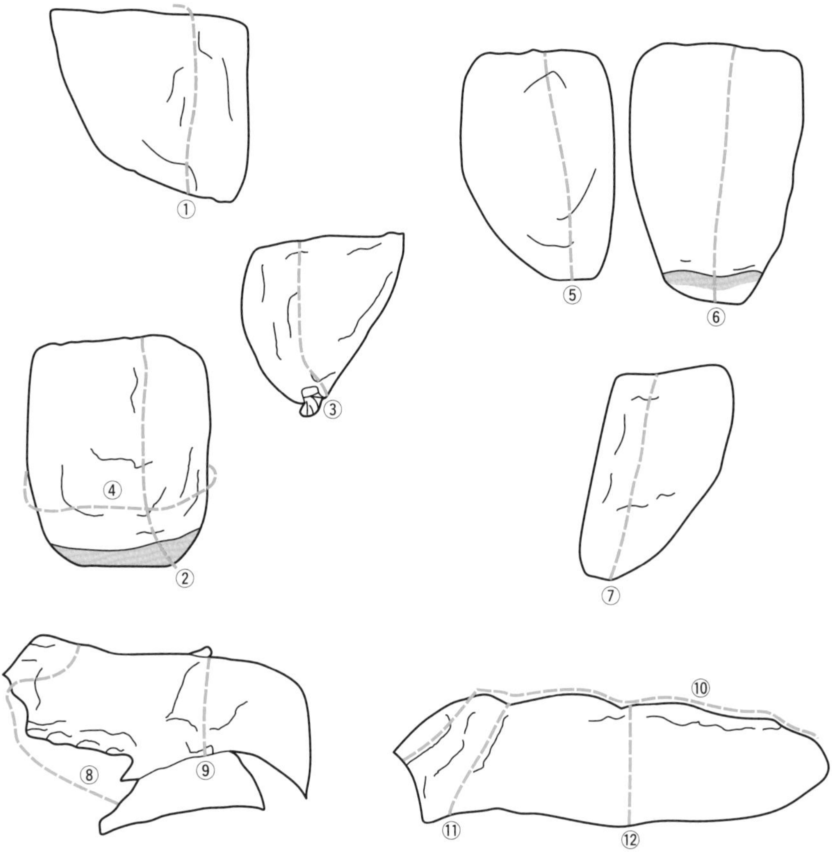

[突き当たり岩]

⑧**レオ**　d
ルーフを乗っ越していく厳しい課題。注意しないと背中から落ちていく。

⑨**コンダクター**　b

⑩**アンコ・トラバース**　b〜d
最後コーナーから一段下のホールドからつなぐとd。

⑪**エラ**　a

⑫**背骨**　b

天下峰

春は桜が全山に咲き誇り、秋には紅葉が紅く色づき、桜と紅葉の隠れた名所となっている。

ボルダー中心の古美山に対し、ここ天下峰は5.9から日陰者5.12b(それ以上あると言われている)まで、リードルート中心のエリアで、初心者から上級者まで充分楽しめる。

近年、古美山クライマーの再開拓の手が伸び、入口ボルダーには40課題が追加され、さらに天下峰奥ボルダー、天下峰下部ボルダーが開拓中である。

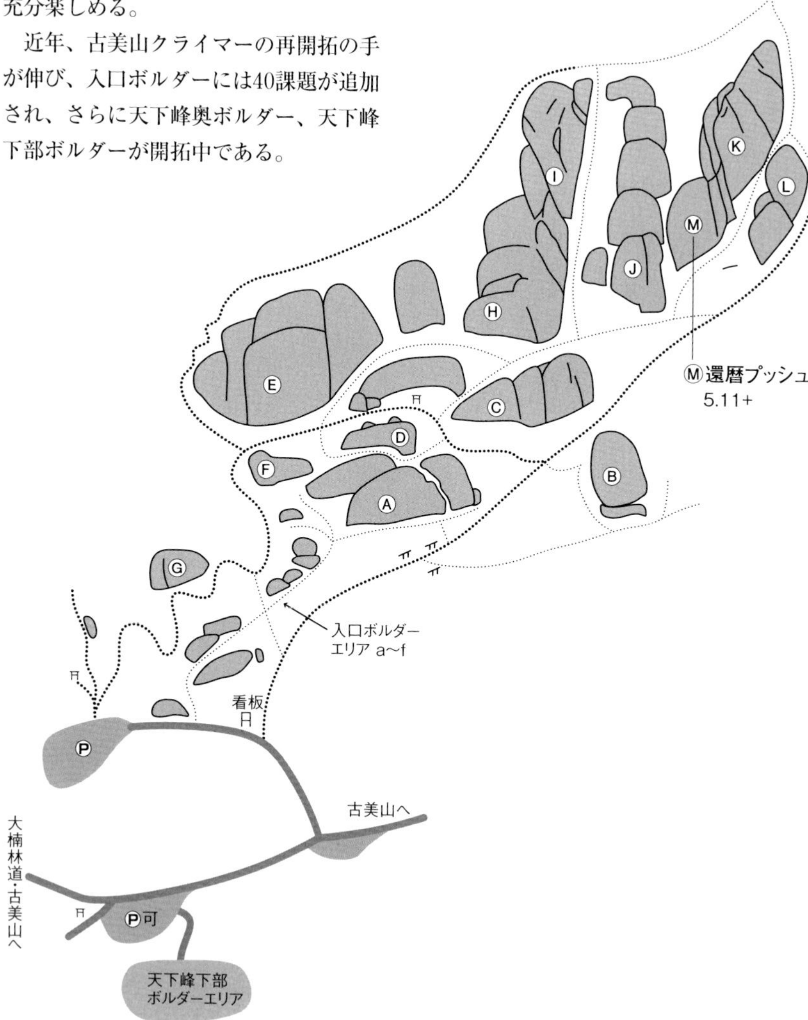

A

①勿忘草　5,11b
②サーファー　5.11b
③北北西　5.11b
④パントマイム　5.11c（1985年　三品弘樹）
この岩きっての好ルート。核心は一本目から二本目まで、三本目までのランナウトの方が厳しいと評する人も多い。最後はカンテをレイバック（右側の岩は使わない）。

⑤祝浪人　5.10
⑥シュガーカット　5.8

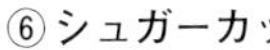
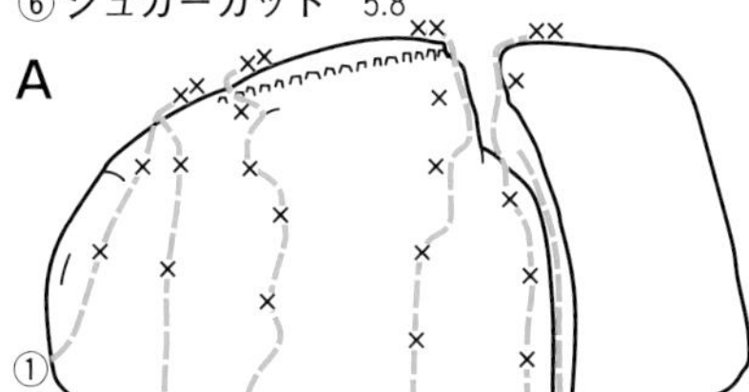
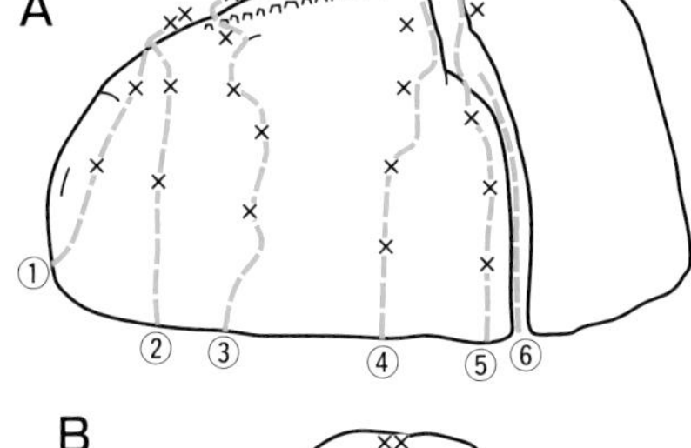

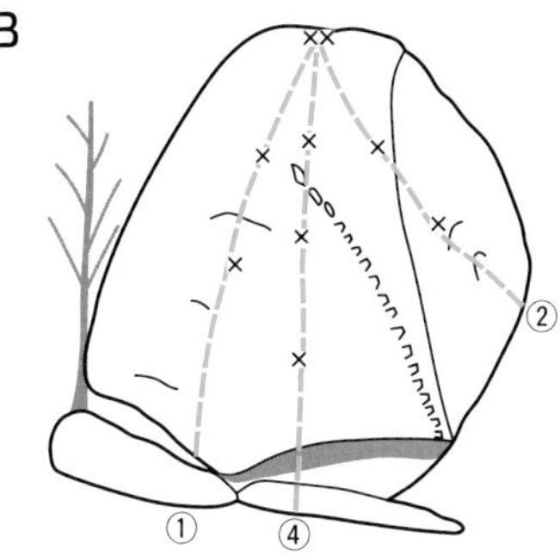

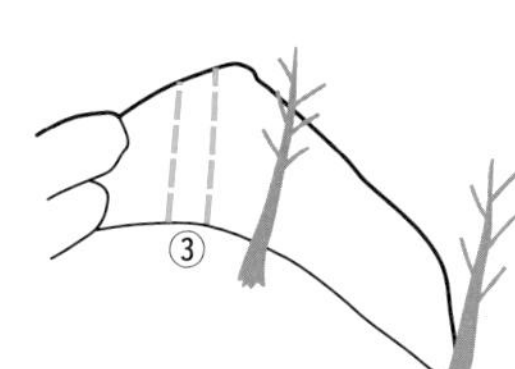

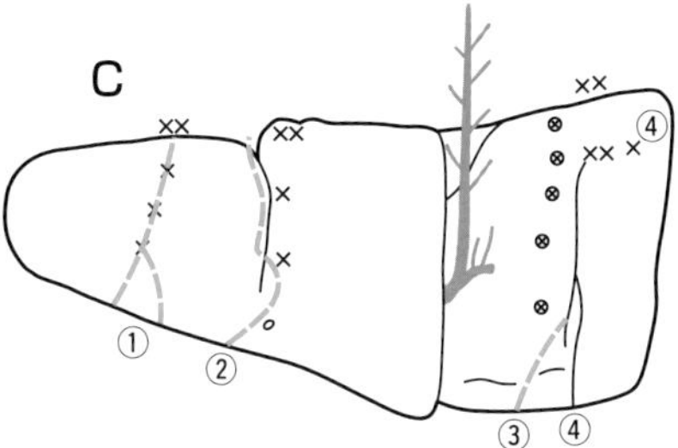

B

①ルート36　5.9（芝末光）
何時も人気のスラブ入門ルート。

②ビーフ味　5.9+
③ボルダー　d
この岩の上部側面を登る。バリエイションで2課題ありけっこう楽しめる
④ルート60　5.10c

C

①魔球　5.11a
②大師匠のルート　5.10c（小粥康正・鈴木俊六）
③ルート予定　5.12後半？
多くのクライマーが試登しているようだ。最近では二人がトップロープで抜けている。

④ラプソディー　5.10a
⑤M＆M　5.11b～c？

D

①日陰者　5.12b（山本宰甲）
取り付きから力を吸い取られるような厳しいルート。核心は二本目からの数ムーブ、強い左手のフィンガーパワーが必要。

②プロジェクト　5.12？
③日向者　5.11d
トップロープでは簡単だがリードになると一転して難しくなる。

④トップロープ
⑤TR
⑥TR
⑦トラバース　b
この岩の下部をトラバース。

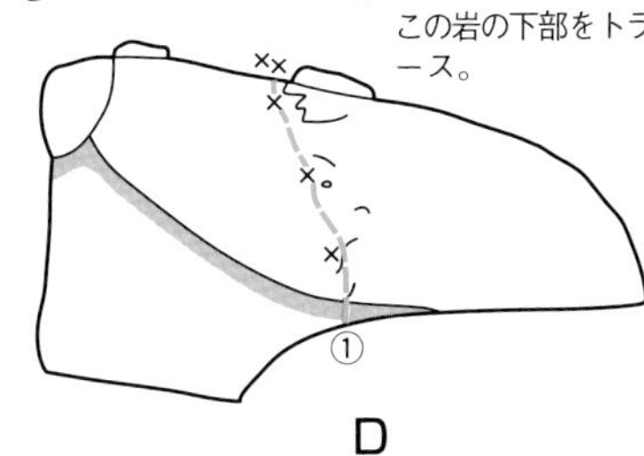

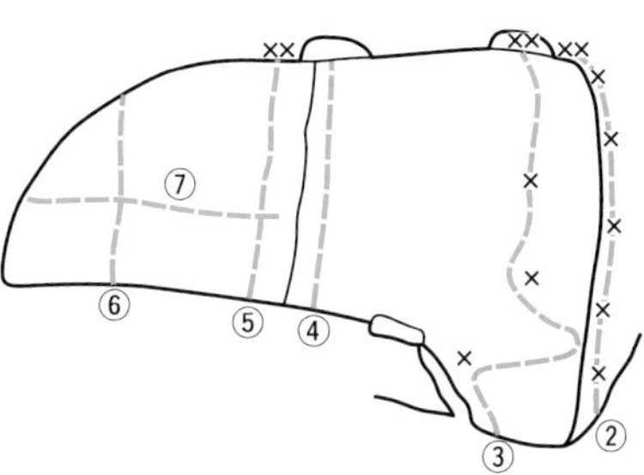

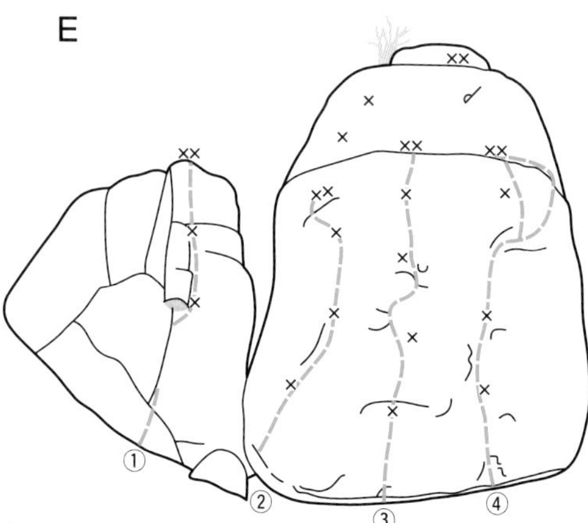

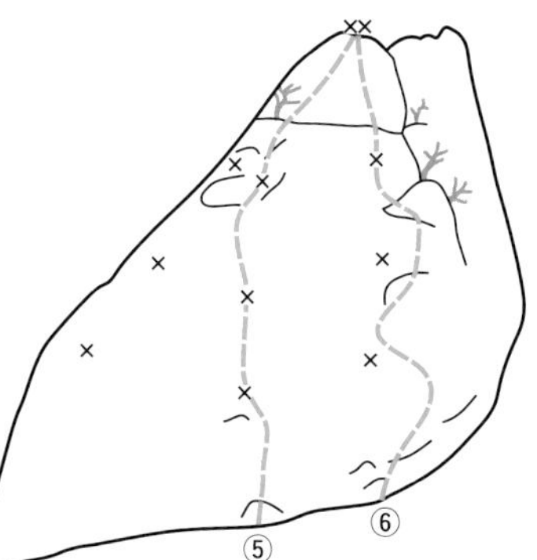

E

① **白昼夢** 5.10d

② **月下美人** 5.12a

③ **見返り美人** 5.12b？
浅野真一がトップロープで初登。5.12bとしたが、その後、核心のホールドが二カ所欠けさらに難しくなっている。ボルトを打ってからは未登。

④ **股下美人** 5.10c
ボルダーチックな下部からスラブ、さらにカチ・アマ・パーミングの上部へと変化に富んだ好ルート。

⑤ **サンライト** 5.12b

⑥ **サンオータム** 5.11b

F

① **をば＆やばし** 5.11b
短いが気の抜けない動作が連続する、密度の濃い好ルート。スタートは二通りある。

② **カバの負け** 5.10a

③ **こじつけハング** 5.10a

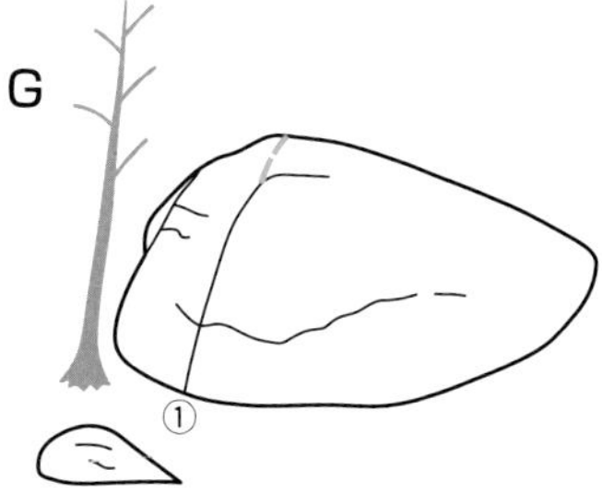

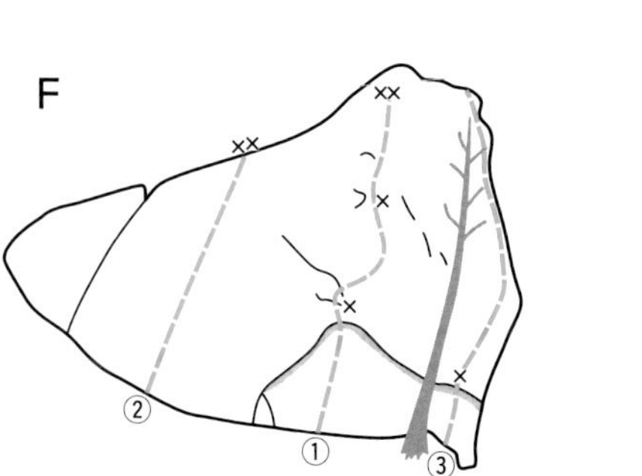

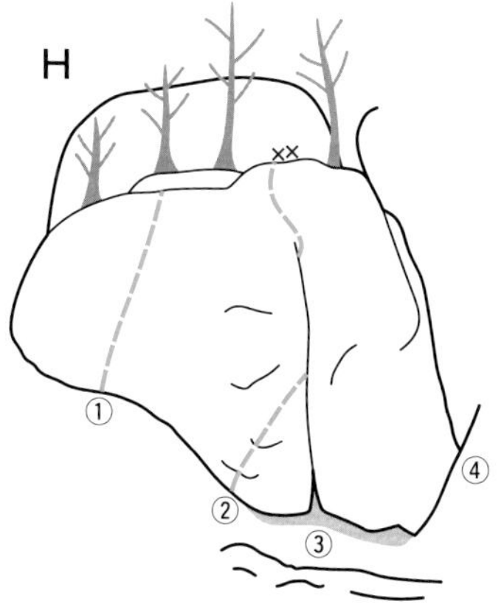

I

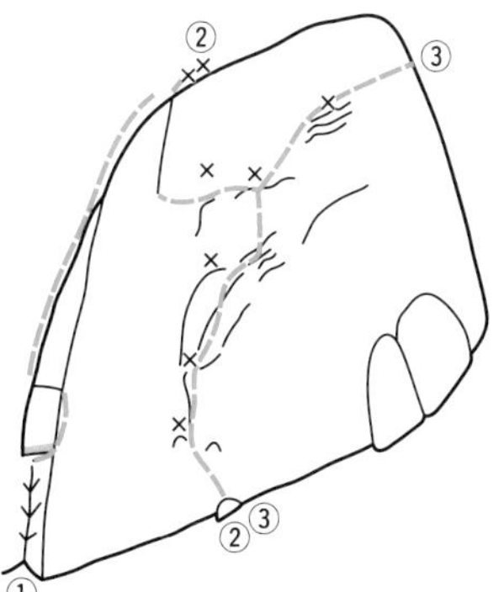

J

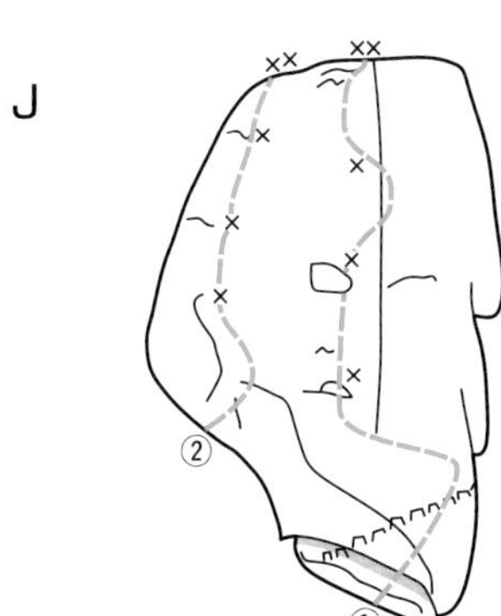

K

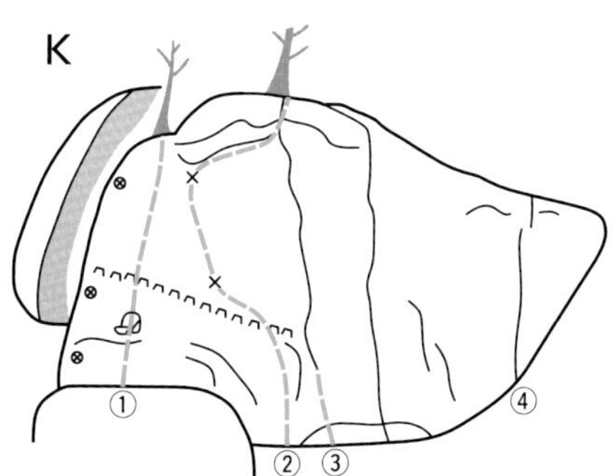

G

①自由人の悲哀　5.10d
フィンガーチップのシンクラック。力のいる出だし、微妙なバランスを要する最後がむずかしい。ロックス、フレンズが必要。

H

①ひきがえる　5.10 Tr

②雨蛙ノーマル　5.10a Tr
雨蛙の左側上部から取り付き雨蛙に合流する。人気ルート。

③雨蛙　5.11a　15m
変化に富んだ好ルート。出だしのハング越えが核心。ムーブの組み立てが難しくなめてかかると痛い目に会う。 ロックス、フレンズが必要。

④おたまじゃくし　5.8

I

①スウィートジャム　5.11c

②天地無用　5.12a
天下峰きっての好ルート。厳しいムーブの垂壁から通称胃袋へ。胃袋をぬけて上部のガバへ、気温が高いと難しくなる。この後トラバースから最後のクラック（核心）を登る。

③天地無用・右　5.11d
②のガバから右にトラバースする。元々天地無用とはこのルートだったが、いまや②を指すクライマーが多く、こちらを天地無用・右とした。

J

①ショートサーキット　5.12a
短いがムーブの異なる二つの核心を持つ好ルート。

②ショート・トラック　5.11d
①の影に隠れているが、バランスとスラブ独特の緊張感の続く好ルート。

K

①クロスカウンター　5.9 Tr

②パークレンジャー　5.10b

③ナイトレンジャー　5.9

④ロンリコ151　5.10c

L

①5.10

②5.11b

入り口ボルダー

a マンボウロック

①サービスロード　a
左にも2～3本のa課題がある。

②斜滑降　b

③メチャスラ　d
極小ホールドで登る厳しい課題。

④マンボウ　c
両手アンダーで立ち込み、左上のホールドを取り、左足で眉毛に立つと抜けのホールドに届く。リーチに関係なく楽しめる好課題。

⑤ラッキー　b

⑥フレークフレーク　b

⑦ダッコちゃん　c
スタートから厳しいムーブが凝縮された好課題（木に身体が触れても良いが手足は使わない）。 木の左側だけで登るとeぐらいになるかも？

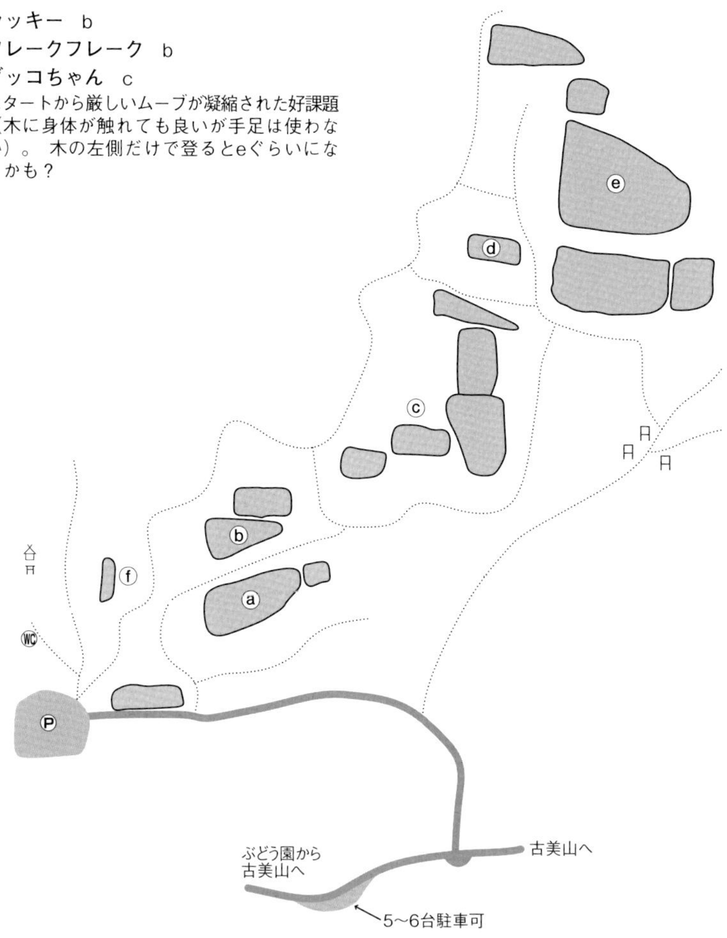

b マントルロック

①サイドライン　a
②センターライン　b
③サンドイッチ　b
④点がー　d
左手ダイクのカチ、右手カチ・フレークでスタート。上部の斜めフレーク下部を取り、微妙なバランスでカチ・フレークに両足で立ち込んでいくところが第一核心。上部のカチホールドで結晶に立ちこんでいく所から抜けまでが第二核心。好課題。
⑤サイドステップ　c
⑥ハイパワ・ウェーブ　c　往復d
下部をトラバースするアンダーパワーと微妙なバランスの好課題。

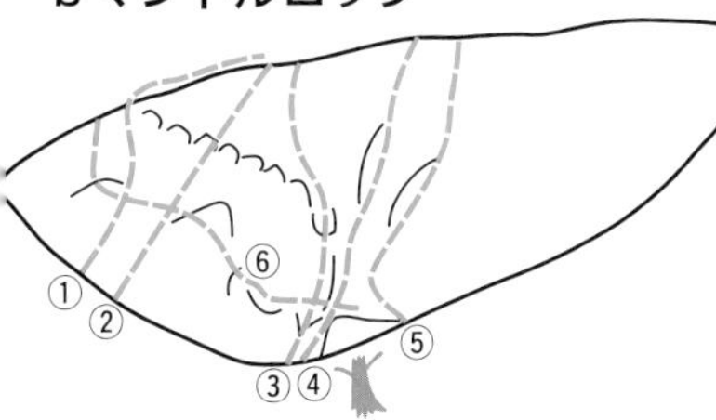

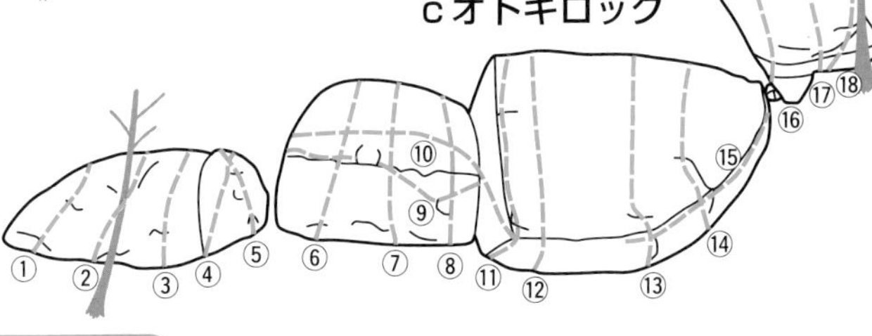

c オトギロック

①漫画　a
②椿姫　b
③ミッキーマウス　b
両手カチホールド、左足スメアで右足を小さな結晶に上げていく。

④入り口一手　a
⑤トンビ　c
両手ガバで左最上部のガバホールドにランジする。右手ガバ、左手斜めホールドでランジするとb。

⑥白雪姫　b
⑦シンデレラ姫　c
ダイク縦ホールドの右側を登る。

⑧眠り姫　b
両手ダイクのホールドでスタート。

⑨オズの魔法使い　c
下部をトラーバース。簡単そうに見えるが微妙なバランスと指酷使の好課題。

⑩魔法のジュウタン　c
両手クラックでスタート、⑨の上部（スラブのホールドを使う）をトラーバース。

⑪ピノキオ　d〜SD：e
ガバで立ち込み、右手スラブのあまいホールドで耐え、左手で上部の黒いホールドを取り抜ける。SDはカンテ両横のホールドでスタート。

⑫桃太郎　b
⑬人魚姫　b
⑭親指姫　b
⑮五月雨　d
人魚姫の横クラック両手でスタート、右端までトラバース。ハマリやすいが面白い課題。

⑯トムソーヤ　a
⑰ロビンフット　b
⑱アンクルトム　b
⑲赤ずきん　a

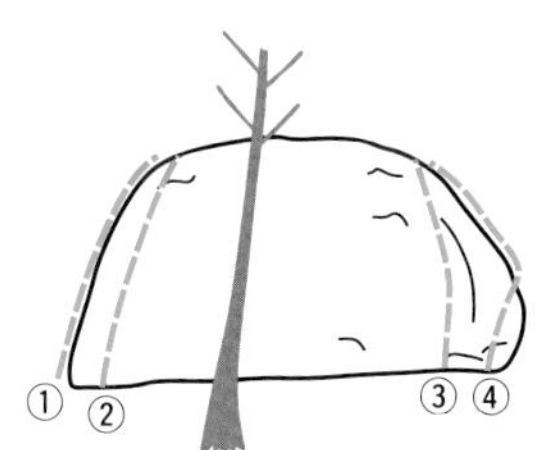

d 木陰ロック

① **猿ぼぼ** b
カンテをレイバックで登る。スタートが核心。手はカンテだけ。

② **オリーブ** b

③ **ポパイ** c

④ **ブルート** b
カンテを登る。カンテ奥のガバを使うとa。

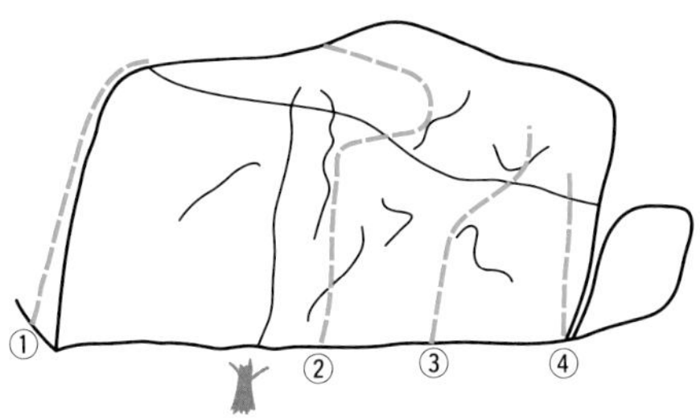

e 狭間ロック

① **乙女の祈り** a
限定無し。ガバフレークを目指して登る。カンテ側を上ると難しくなる。

② **悲しき雨音** d
右手カチ、左手縦フレークでスタート。上部でスラブを右上して行くが高さがあり怖い。

③ **恋する乙女** c

④ **はなまる** a
フレーク下に立ちこんで行くが、エッこれがa？ 右側の岩を使うと易しくなる。

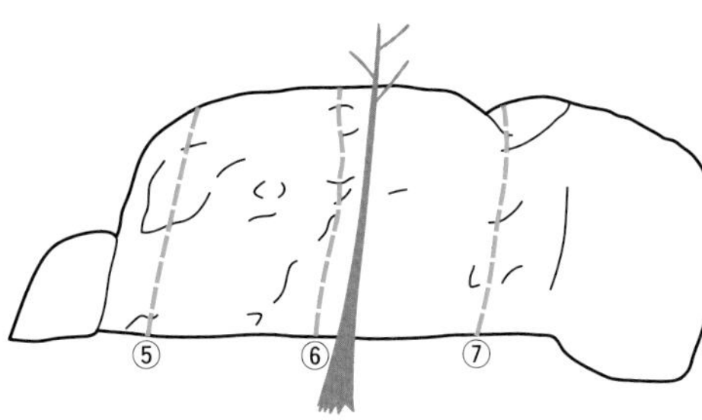

⑤ **おめざ** a

⑥ **木陰** b
木の前を登る。高さがあるがホールドも多く快適に登れる。

⑦ **ピエロ** b
bだがランデイングが悪く、自信がある者以外は登らない方がよいかも。

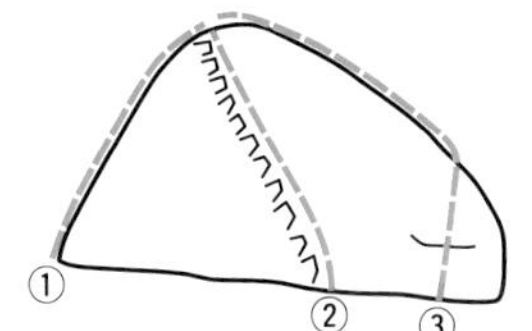

f 社ロック

神社の上の道を行くと社の右横にあらわれる小さなハング岩

① **地蔵カンテ** b

② **マイトレーヤ** f
SSでダイクを登る。

③ **年末ジャンプ** c
ガバでランジ後、 トラバースして乗っ越す。

大楠林道・クレイジーエリア

現在、豊田屈指の規模を誇る大楠林道の中で、もっともアクセスの良いエリア。グレードも幅広い。ちなみに大楠林道には同規模のエリアが15(！)あるようだ。

A 道際岩

①坂道　b

②伝い歩きd
カンテで登る

③道脇　c

④そぞろ歩き　a

⑤触らないで　c
カンテを使わずに登る

⑥ハントラ　d
カンテをトラバースしてハングを乗り越していく

B大　岩

①　c

②　a

C 段々岩Ⅰ

①四苦八苦　b
ハングのガバでスタート。カンテを取りハングを乗越して、カンテ右側を登る

②四案六歩　c
右手アンダー、左手はフレークすぐ下のカチでスタート。右上部のタテホールドを取りに行く

③スリップ　a

Dトンネルロック

①兄貴　e
ルーフのフレークスタートで

②弟　c
リップトラバース

E釣りバカロック

①鯉太郎　a

②ハマちゃん　c（SD）
SDスタートからカンテ右側に回り込み登る

③スーさん　b
ガバホールドスタート

F かりんと前岩

①尻もち　c
ハングのカチでスタート。上部のホールドを取りハングを乗越していく。

②台カン　a
カンテを登るが、登り方如何ではb以上になるかも？。

G あひるロック

①口ばし　a
リップのホールドスタートでハングを乗越していく。

②あひる　c
左手斜めホールド、右手小フレークスタートで上部斜めホールドを取る。

③ターミネーターⅢ d（SD）
クラックの下部ホールド（クラックの右側のホールドは使わない）のみで左上（限定せずに登るとc+）

④あひるⅡ　b
左手カチ、右手カチでスタート

⑤ペキンダックⅡ　b
左手カチ、右手斜めホールドでスタート

⑥ペキンダック　b
両手ガバでスタート。上部斜めホールドを取る

H クレイジー岩

①クレイジー　a
右手カンテ、左手カチでスタート

②クレイジーⅡ　b
ハング上のガバに立ちこみスラブを登る（左側カンテを使うとやさしくなる）

③あけぼの　b
右手ガバフレーク、左手ハングのホールドでスタート

④夜明け　b
左手フレーク、右手カチでスタート。

⑤シャンプー　c
ハングのガバホールドからハング上にランジ

⑥おやき　b
右手は上部のガバ、左手パーミングでスタート

⑦かりんと　f

⑧親方　b（SD）

⑨親トラ　d
トラバース

大楠林道・クレイジーエリア

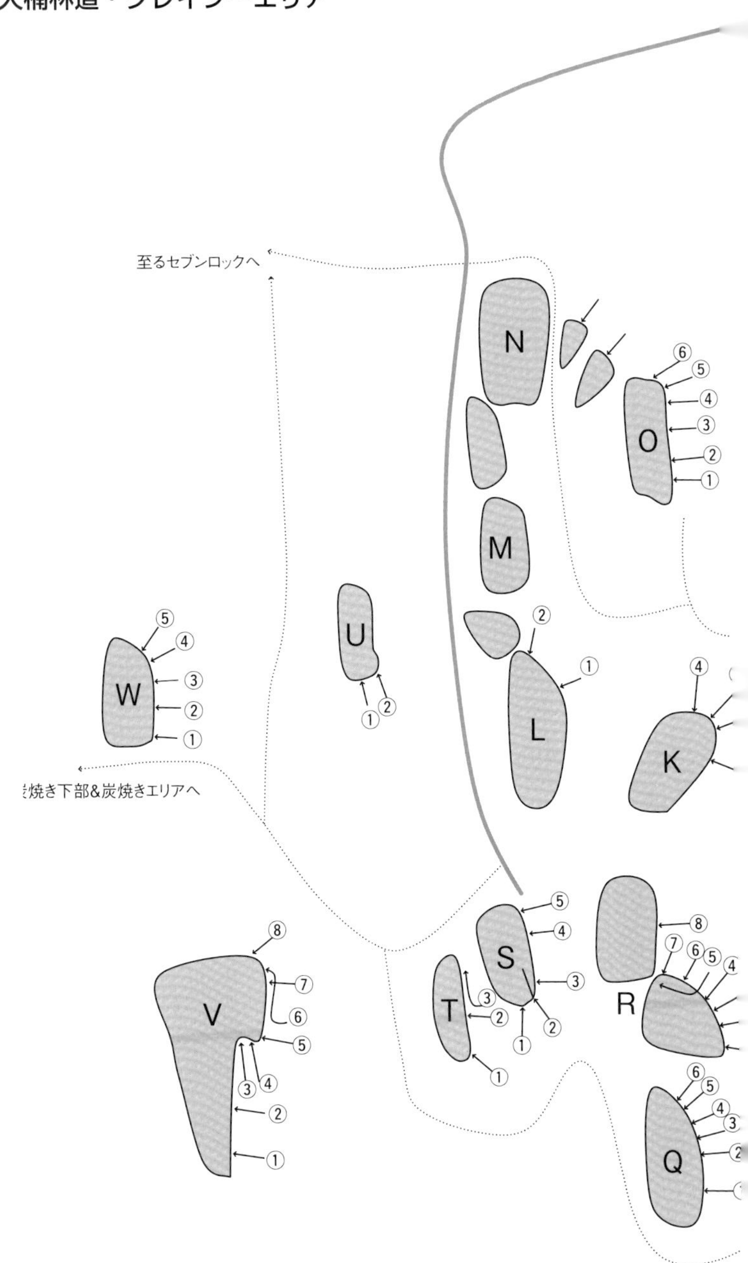

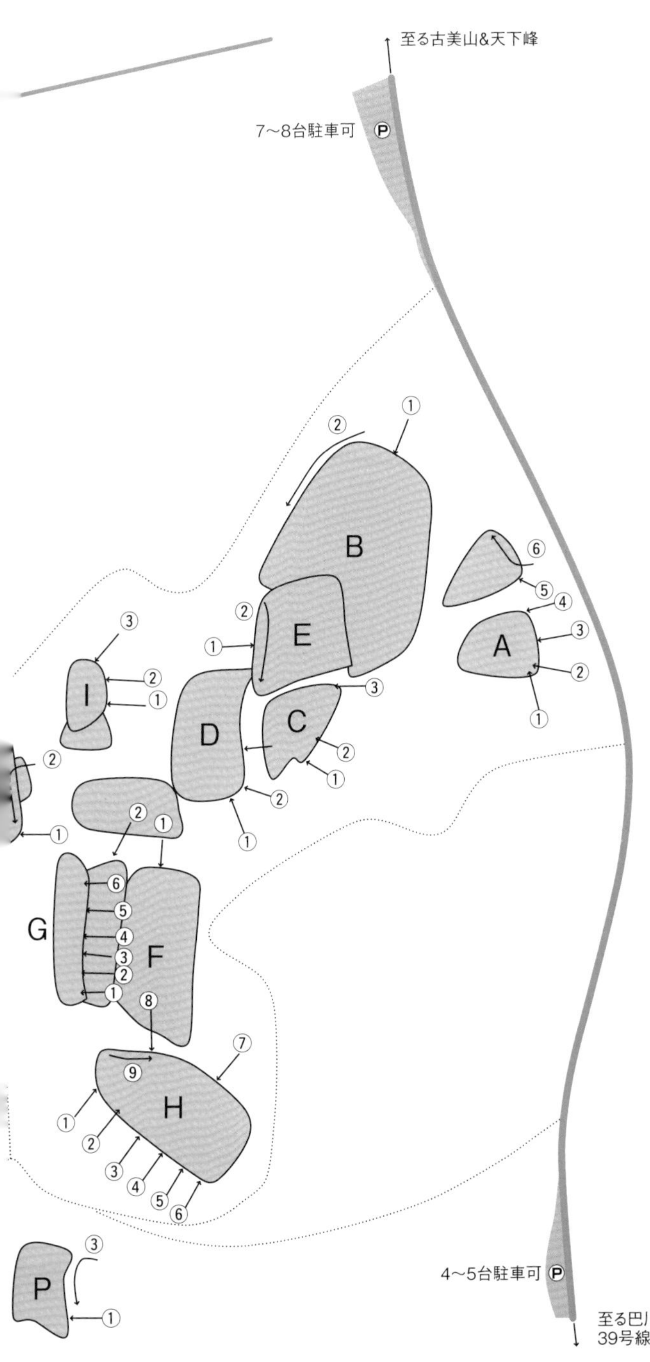
至る古美山&天下峰
7~8台駐車可 P
B
E
C
D
A
I
G
F
H
P
4~5台駐車可 P
至る巴川
39号線

Iなんたってハング岩

①なんてcだ？　c
右手カチ、左手ダイクでスタート。左上のフレークホールドを取る

②フレフレ　c（SD）
SDスタートからガバフレークを取り登る（ガバフレークでスタートするとa）

③なんたってカンテ　a
カンテを登る

Jターミネーターロック

①ターミネーター　b
ガバスタート

②ターミネータートラバース　c
岩の上からリップを取りトラバース

K 岩男君ロック

①岩男ハング　f?（SD）
ハングを左上トラバース

②岩男君　d（SD）
左手ガバ、 右手タテカチでスタート

③岩男君Ⅱ　c
左手長カチ、右手タテカチでスタート。カンテ右側に回り込んでいく

④岩男君Ⅲ　b
両手ガバスタートから岩男君Ⅱに合流

L 丸太ロック

①サンダバード1号　c

②丸太　d（SD）
斜めホールドスタートで上部ガバへ

M 斜面岩

N ハング大岩

O BBロック

①ワンタッチ　c
ガバからランジ、または左斜め上部リップを取り右側ラインに合流

②ひげ親父　b
ガバから上部斜めホールドを取りに行く

③ウランちゃん　c
左手カチ、 右手は薄フレークでスタート

④お茶の水博士　b
左手▽ホールド、 右手カチで直登

⑤アトム　c（SD）
SDスタートからカチを取りに行く

⑥パパ　b（SD）
SDスタートから右側、ガバホールドを取り登る

P 間伐ハング

①桜乙女　a

②おばはんデカ　b
下部ハングをトラバースして①に合流

Q 植林岩

①ドラミイちゃん　a~b
クラックの右側を登る（クラック左側を登るとa）

②ドラエモン　b~c
右手下部ガバ、左手斜めカチでスタート。両足ガバに右手カチホ、さらにその右上フレークを取りスラブに立ちこむ

③間伐b
両手下部ガバでスタート

④のびた　b
両手下部ガバでスタート。斜めガバを取り右上（左側ガバは制限）

⑤パワエモン　d
左手カチ、右手フレークでスタート。上部カチ（右側のカチは制限）を取り直上

⑥ジャイアン　c
左手カチ、 右手フレークでスタート

R 桜木フェイス

①末端スラブ　a
岩の末端からスラブを登る

②ちびまるこちゃん　a
タテホールドからスラブのフレークを取り登る

③たまちゃん　a
左手カチ、 右手上部ガバカチ？スタート

④さくらももこ　a
右手ガバ、左手タテ小フレークで下部ガバに立ち直登

⑤さくらひろしa
ガバホールドで右上

⑥さくらすみれ　a
小フレークでスタート

⑦さくらさきこ　a
クラックより右側を登る

⑧決勝戦　d
下部ガバでスタート、ハングを登る。最後が核心？

S 卵　岩

①卵焼き　b
ハングとスラブのホールドでスタート。ハングを乗越しスラブを登る

②うるせいやつ　c
クラックスタート。右上して上部フレークを取る

③春三番　e（SD）
左手クラック下部、右手は右側下部、手に足でカンテからクラックを取り“うるせいやつ”に合流

④ゆで卵　d
アンダーまたはアンダー上のホールドで直登

⑤生卵　Ⅱ　c

T 卵　上

①ハムエッグ　b
②目玉焼き　c
③すみ　c（SD）

U モーニングハング

①モーニンc
三角ホールドスタートでリップを取りぬけて行く

②ハロー d（SD）
左手ルーフ右奥のホールド、右手右側凹の左側の小クラックカチでスタート

V 凹角岩

①カバ横　b
左右のカチでスタート。リップを取りハングを乗越していく。

②カバの牙　c
左手クラック、右手結晶でスタート。スラブに立ちこんで左上部のクラックからリップを取りに行く。

③谷間のユリ　c
右手、または左手で凹角のカチホールド（地上160cm）スタートで凹角を登る。

④恋の花　d
⑤笹ユリ　d
タテガバスタートから、上部クラックを取り直登、またはカンテ左側に回り込んで抜ける。

⑥バイバイ　e（SD）
クラックをトラバースしてカンテを登る

⑦黒ユリ　d
右手ゼノリス、左手斜めホールドスタートで左上部のゼノリスを取りに行く

⑧当たり前　a
カンテ右側を限定なしで登る。

W 薄カブリ岩

①石カン　a
左手カンテ左側のガバ、右手は水平ホールドでスタートして登る。

②蝶の舞　c
両手水平ホールドスタート

③立ち眩み　c
両手斜めホールドスタートで直登。

④おいでん　b
右手タテカチ、 左手パーミングスタート

⑤おいでんスラブ　a
何でもありでスラブを登る。

大田エリア

駐車場からハイキング路を5分登ると大岩(岩の上からの眺望は最高)が現れる。この岩を中心に広がる南面の明るいボルダーエリア。鈴木俊六により開拓されたボルダーエリア(48課題)に古美山ボルダー開拓チームにより27課題が追加され、より魅力的なエリアとなってきた。

シーズン／オールシーズン登れるが最適は10月から5月、夏場は蚊取り線香が必要。
アクセス／駐車場からTの岩まで3分、大岩(K)まで5分。100台駐車可能。
トイレ／駐車場に水洗トイレがある。山は汚さないようにしてください。ゴミは必ず持ち帰ってください。自分以外のゴミでも持ち帰るように心がけてください。

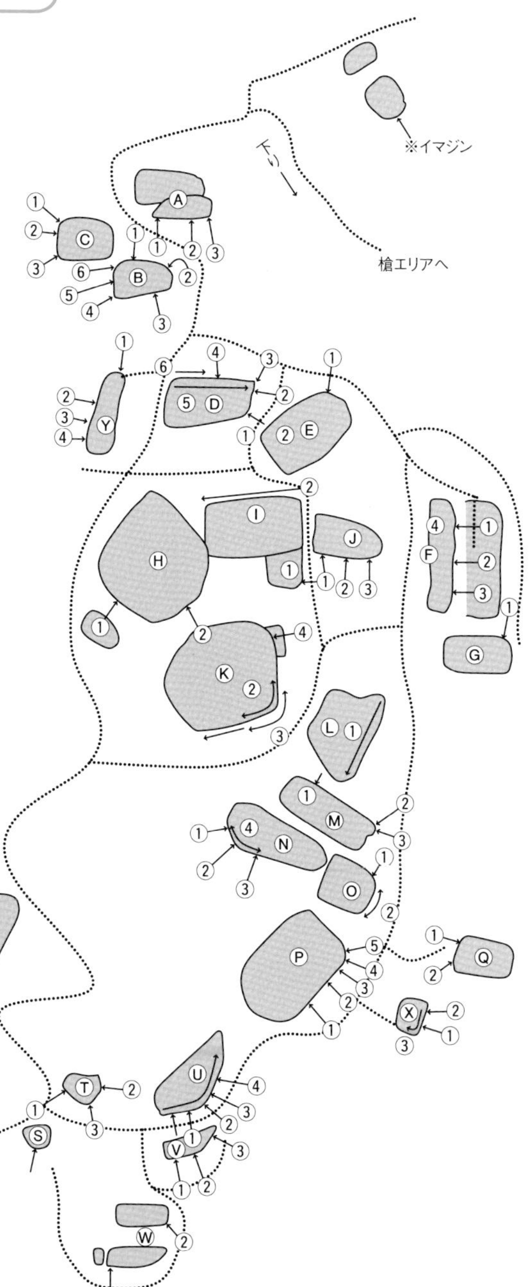

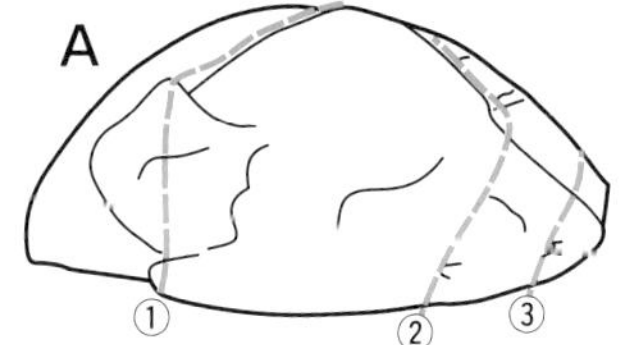

A

①**インスタント**　a
ガバホールドからランジ。

②**シロップ**　d
左手フェイス右手カンテでスタート、後はパーミングで。

③**ケンケン**　b
3の字型スタンスに立ちこむだけの課題だが、いちどは登って置きたい好課題。

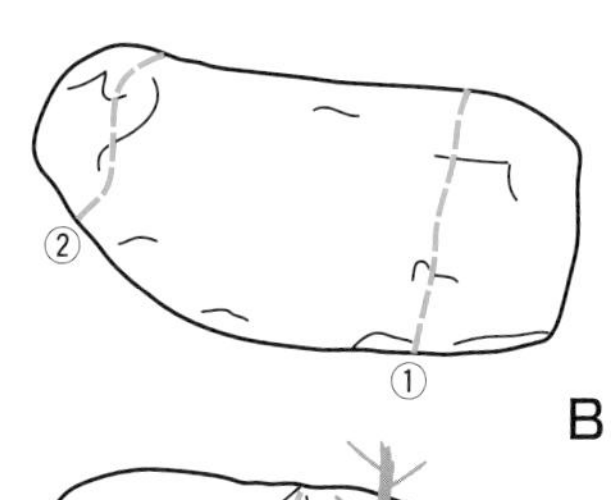

B

③

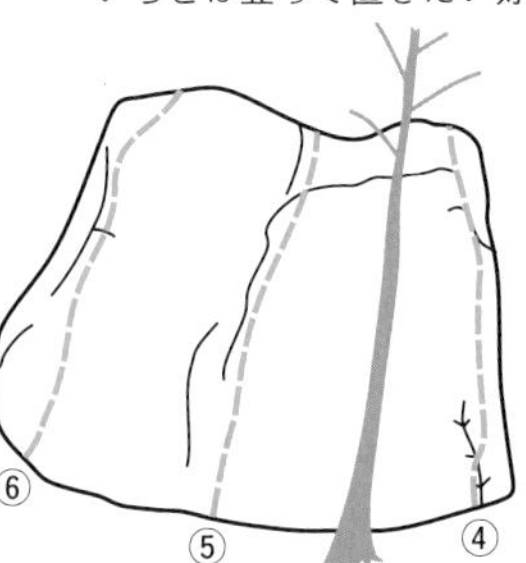

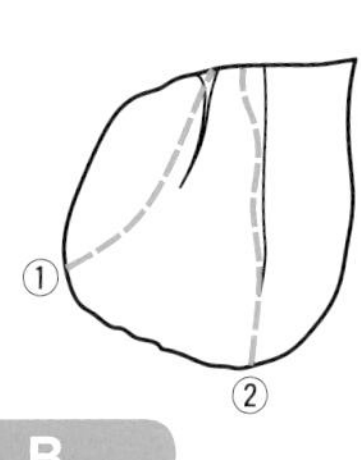

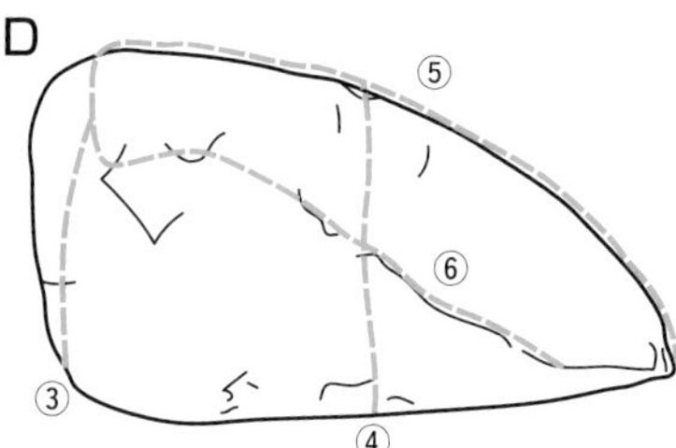

B

①**お手**　a
②**おさらい**　a
③**お手上げ**　a
④**お手つき**　a
⑤**ファット**　a
⑥**ヒヤット**　b
左手クラック横のホールド右手結晶でスタート。

C

①**おあずけ**　a
②**おあがり**　a
③**おすわり**　b
カンテの右側を登る。

Dハーフドーム

好課題が多い人気岩

①**北の蛙**　b
左手カンテ右手クラックで右足に立ちこんでいく。

②**北壁**　b
両手クラックでスタート。

③**北稜**　a
左手かち右手斜めホールドで。

④**ハーフドーム**　b
マントリング。

⑤**パーマン**　c
リップをパーミングでトラバース。

⑥**パーマンⅡ**　f
中間部のホールドでトラバースするストレニュアスな好課題。

E

①**北風小僧**　d
左手縦フレーク右手結晶でバランスの悪いムーブをこなし右上部のガバを取りにいくが、この後も悪い。

②**苔太郎**　a
クラックをガバガバ登る。

E

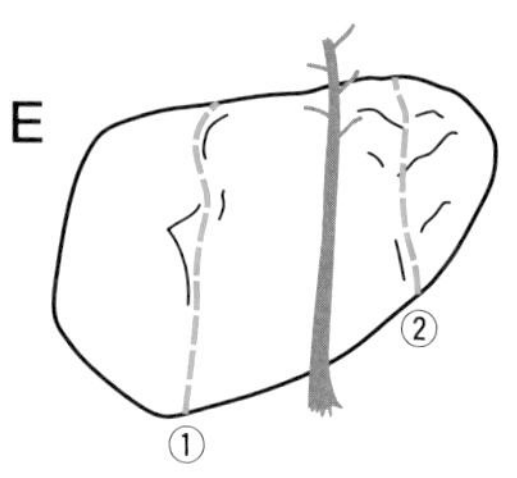

J

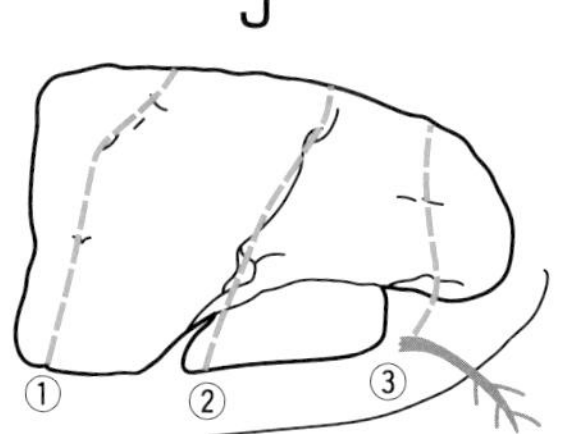

F

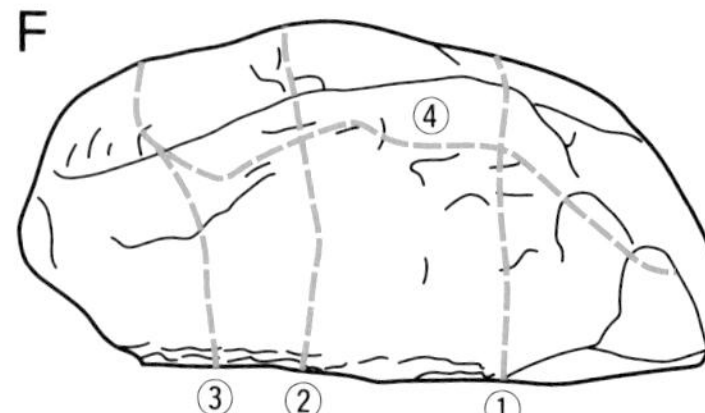

I

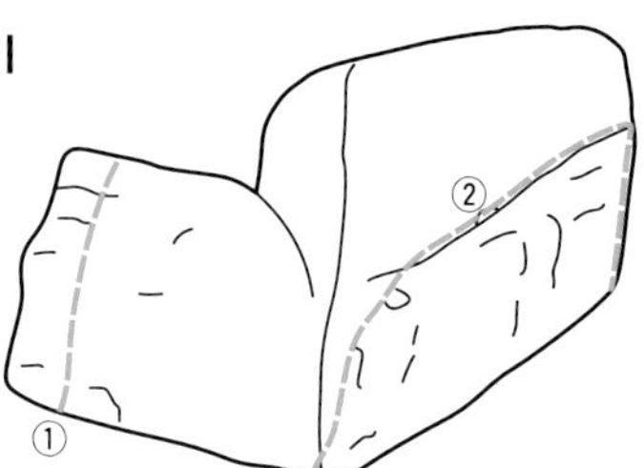

K

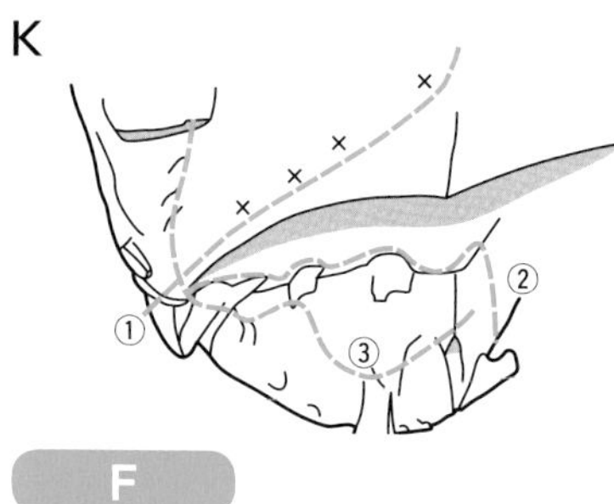

F

① **アメ**　b
両手カチホールドから右手右側小フレークへ。

② **メとム**　b

③ **ムチ**　b
カチオールドから上部アンダーへ。

④ **アメとムチ**　c
アンダーフレークからムチまでトラバスしてムチを登る。

G

① 小豆　c

H

① **ソフトクリーム**　TR：b
ハングを登る。

② **アイスクリーム**　c~d
甘いクラックを登る。

I

① **関取**　a
かちかちで登るa。

② **わたりがに**　c
カンテを登りクラックをトラバース。

J

① **ラード**　d
甘いホールドでちょいかぶりを右上する。

② **ドドンパ**　a
クラックから上部の見えないホールドを取りにいく。

③ **ドンパ**　a
倒れた木の上からスタート。

K

① **煌(KIRA)**　5.13-　(宗宮誠祐)

② **パックマン**　a~c
ハング下のクラックをトラバース(a)さらに左側に出て左上トラバース(c)

③ **パックマンⅡ**　c~d
この岩の最下部を微妙な足さばきでトラバース(c)。さらに左側に回りこんで左上(d)

L

① **ハエタタキ**　d
リップトラバース。

M

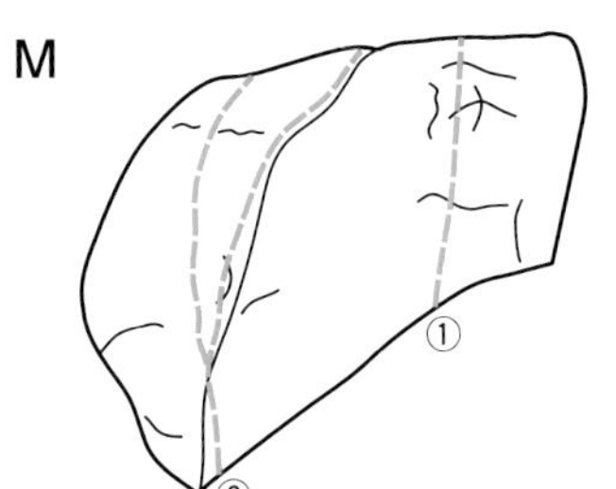

N

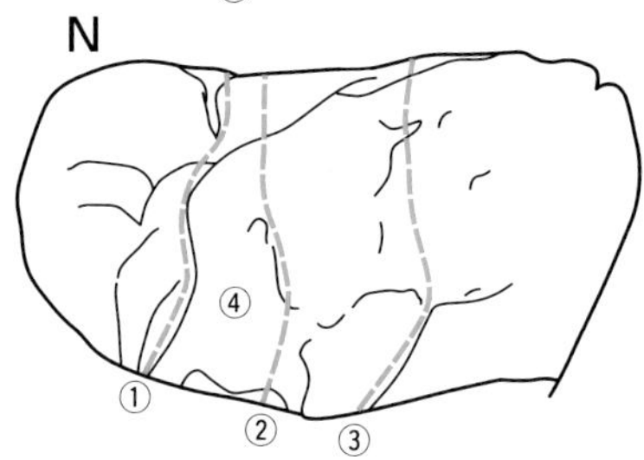

O

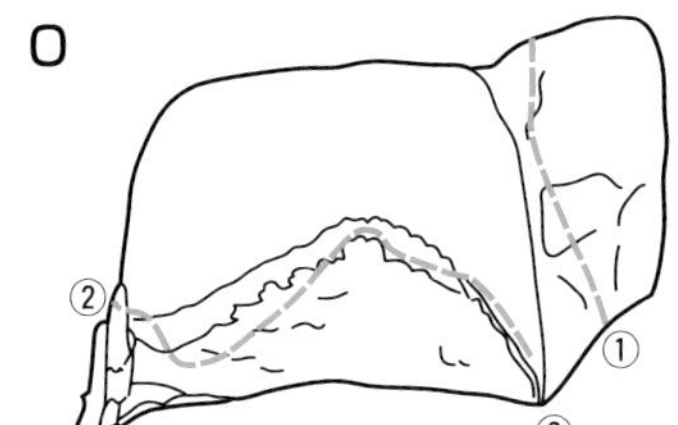

P

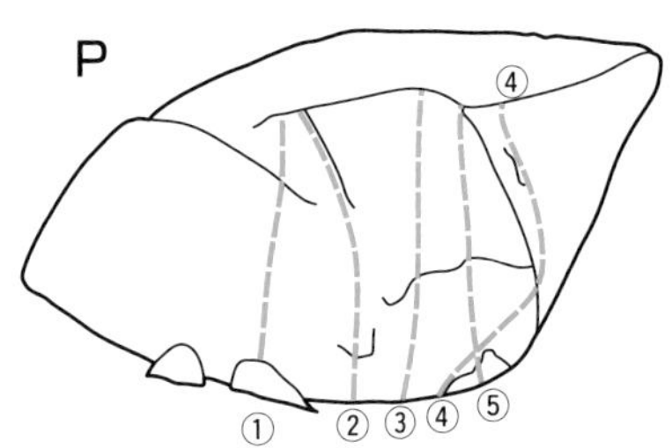

M

① **大八車** a
縦横に走るクラックを登る。

② **トコロ天** TR：b
カンテ側を登る

③ **寒天** TR：b
トコロ天の横を登る。 スタートは③と同じ。

N

① **外れ** a
クラックを登る。

② **当たり** b
カンテ左側を登る。

③ **大当たり** d
斜めスタンスに立ちこみ直上。

④ **宝くじ** c
①から③までトラバース。

O

① **ドンブリ** a
この岩の右側を登る。

② **ウナギの寝床** c
超人気課題、右側クラックからスタート、ハングに倒れ込みアンダーと上部ホールドでトラバース、核心は右手アンダーで先端をレッドポイントする所。var：往復、右から左、アンダーを使わずにトラバース等がある。

P

① **シイタケ** b
岩の上からスタート。この岩ではいちばん易しいかも。

② **マッタケ** b
フレークで立ち込み上部のクラックへ。

③ **ドンキホーテ** cd
左手フレーク又はカチホールド右手は結晶ホールドでスタート、途中アンダーホールドを使えるが核心はこのあと結晶だけで登る中上部。

④ **マイタケ** b
斜めスタンスに立ちこみカンテを回り込みスラブを登る。

⑤ **キャッツ** b
斜めスタンスに立ち込みこの面の真中を直登する。bだがスタンスに自信がないとはまるかも？

Q

① **夜道** a

② **一人歩き** a

R

① **おまけのスラブ** a

S

① **大工さん** a
色々なVarがある。

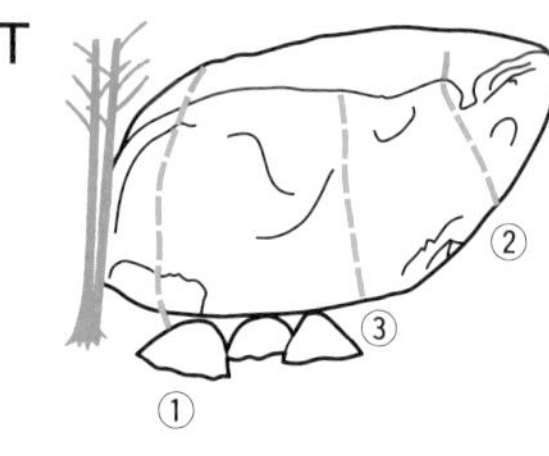

T

①**椎のみ**　a
左手クラック右手カチホールドでフレークに立ちこむ。

②**どんぐりころころ**　a
右手スローパー左手パーミングでスタート。（右側クラックを使うとa）

③**どじょう**　e
この岩の真ん中ハングを乗っ越す。

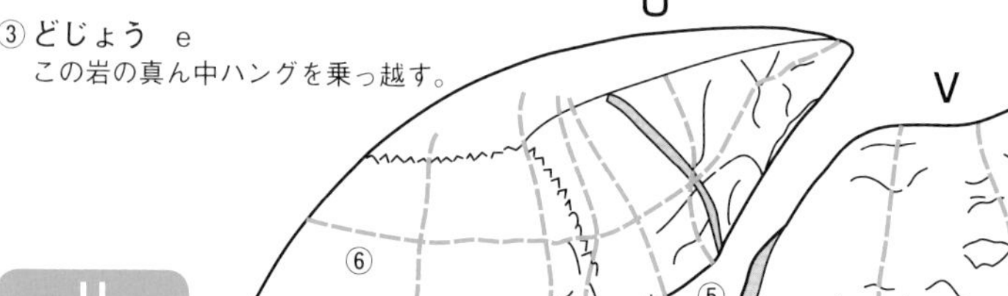

U

①**結晶マン**　a
木の右側からスタート、最後はダイクでマントリング。

②**こけら落とし**　b
カンテの左側を登る。最後ダイクの乗っ越しが悪いかも？

③**けんたろう**　b
左手クラック右手結晶でカチスタンスに左足で立ちこんでいく（右手クラックで右足に立ちこんでいくとa）。

④**ヤッターマン**　b
右手クラック左手結晶でスタート。

⑤**ブラックホール**　b
左手フレーク右手アンダーで、 左足をフレークに上げ立ち込んでいく（両手フレークスタートもあるがすこし易しくなる）。

⑥お邪魔虫　c

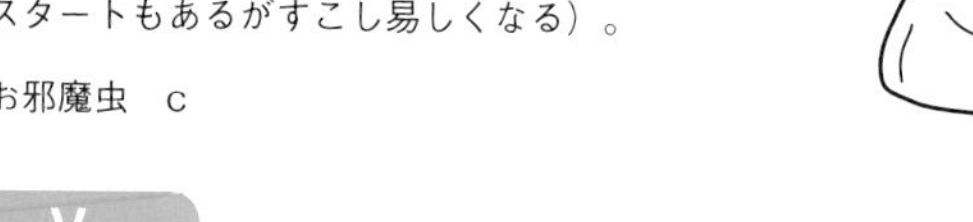

V

①**カチンコ**　a
②**指相撲**　b
③**腕相撲**　a

W

①**静寂**　b
②**騒音**　a

X

①**トライアングルⅠ**　左b 直c
②**トライアングルⅡ**　a
③**トライアングルⅢ**　bc

Y

①**ダッコちゃん**　c
ハングしたカンテを乗っ越す。

②**ひぐらしⅠ**　c
カチホールド立ち込み結晶をとりにいく。

③**ひぐらしⅡ**　c
斜めスタンスに立ち込み上部のホールド（見えない）とってから？

④**ひぐらしⅢ**　ab
ホールドの見極めにより易しくもなり難しくもなる。

＊**イマジン**　5.11
クラックの好ルート

城山城址エリア

岩の総数100を越える豊田最大のエリアが城山城址だ。7つのエリアを擁する城山城址のなかでも、もっとも質の高い課題がそろっているのがこの槍エリアであろう。

A 見晴らし岩

①クララ　a
②T字路　b
上部T字クラックを使って登る。
③枝払い　a
④ボロボロ　d
ガバでスタート（中上部は左カンテOK）

B 福マン岩

①福マントル　c
②アンダーマン　a

C 三ゼノ岩

①三ゼノ　c
三つのゼノリスを使って登る。（ランディングが悪い）
②カイ　a

D 稲妻岩

①稲妻Ⅰ　c
右手フレーク、左手丸カチでスタート。上部にデッド
②稲妻Ⅱ　b
両手フレークでスタート。斜め上部にデッド又はランジ

E 丸　岩

ホールドミー　c+
パーミングを駆使して登る

F 槍ヶ岳

①ショートカット　b
②登攀快適　c
③下降　a
凹角をクラックと右のフェイスで登る（他のプロブレムの下降路）
④小槍Ⅰ　b
⑤小槍Ⅱ　c
④のホールド（ポケット等）は使わずに登る
⑥槍　e
ガバから上部カチにランジ。カンテに回りこんで登る
⑦槍右上　e
ガバでスタート。左側クラック内のホールドでガバに立ちこみ槍に合流
⑧槍カンテ　c
カンテのムーブをこなしてからスラブを登る
⑨槍トラ　d
クラックから右端まで下部をトラバース

G ポケモン岩

①ぽけもん　b
②ニャース　c
アンダーからカチとパーミングでスラブ帯に立ち上部のダイクへ。
③ピカチュー　c
アンダーから上部フレーク、さらにその上のフレークへ。核心はこの後の立ち込み。抜けもバランスが悪く緊張する。
④ミズゴロー　c+
ハングを登る

H 春　岩

①ダブルマントル　b
②プロジェクト
テラスを使わずその右側のラインを登る
③サダムカンテ　d
左手たてフレーク、右手アンダーで、右足アンダー下部のガバに立ちスタート
④春の嵐　c
カチから右足結晶で右側アンダーを取り、立ち込む
⑤春雷　c
斜面の岩の上からスタート

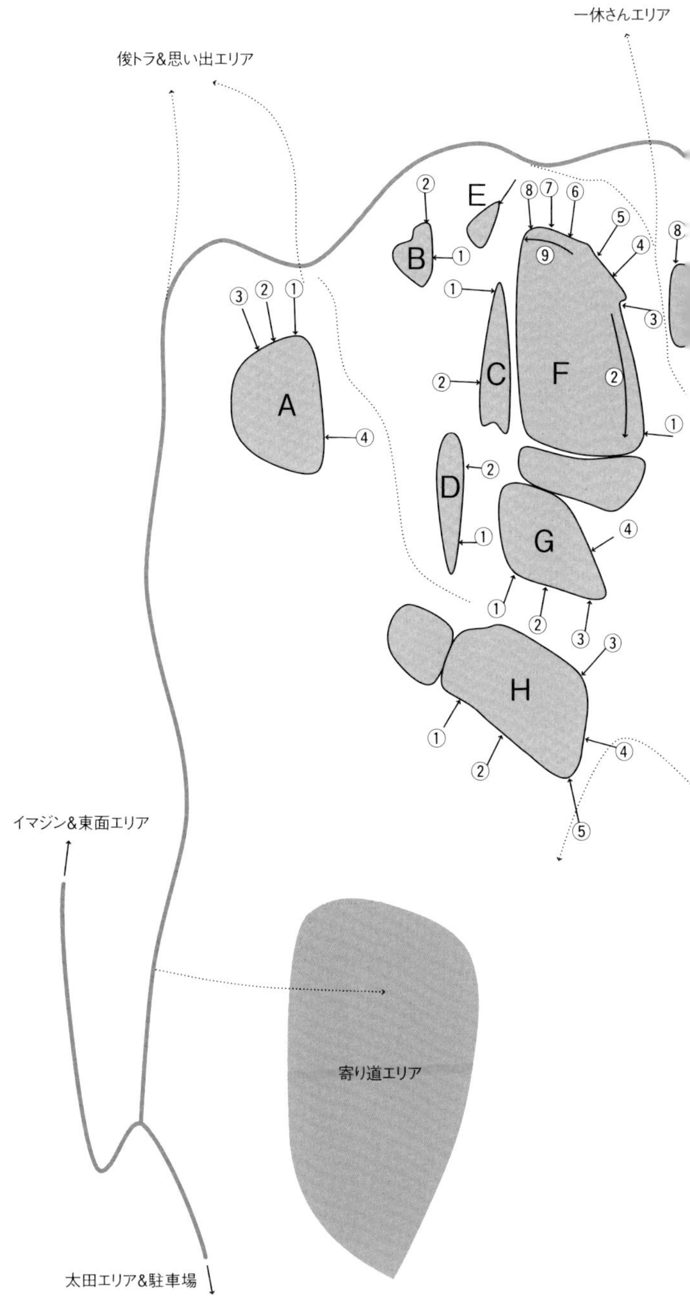
一休さんエリア
俊トラ&思い出エリア
A
B
C
D
E
F
G
H
イマジン&東面エリア
寄り道エリア
太田エリア&駐車場

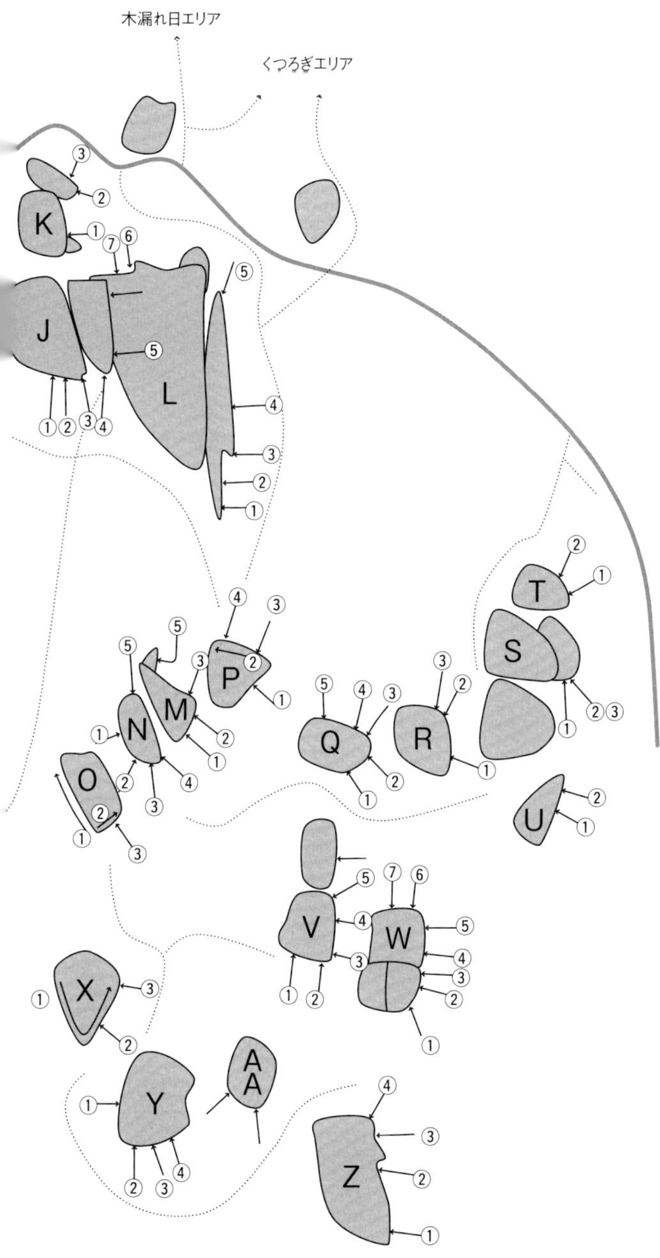
木漏れ日エリア
くつろぎエリア
K
J
L
T
S
P
M
N
O
Q
R
U
V
W
X
Y
AA
Z

I 潮路ロック

①スラブ　a/b
この面の右側を登るとb

②くまのプーさん　e
丸いカンテを登る

③白熊　e
左側クラックラインを登る。

④潮路　c

⑤潮風　c
下部の岩からスタート。上の岩のアンダーからカンテ右上部のたてガバを取る

⑥スメアでゴー　c
両手カチでスタート。右足、さらに左足もスメアで右上部斜めホールドを取る

⑦相乗り　a/b
木の左側を登る

⑧雲雀　a

J 分裂岩

①デルタ　d
下部三角フレークでスタート

②蛙飛び　c
三角フレークから右上部のカチまでランジ

③猿　c
両側カンテを挟んで登るが最後が核心

④バック・トゥ・ザ・フューチャーⅠ　b

⑤バック・トゥ・ザ・フューチャーⅡ　b～d
カンテを使うとb。カンテなしバージョン（スタートが核心）

⑥バック・トゥ・ザ・フューチャーⅢ　d（初段？）
右端から中央部のホールドを使って登る、スタートは⑤より簡単だが、左足で立ちこみながらポケット?をとりに行くところから急に悪くなる。好課題。

K ムササビ岩

①ムササビ　b

②甘酒　c

③酒粕　a
上部ホールドでスタート

L 三段壁岩

①ナンチャッテ　a

②お任せ　b
アンダーからカチを取り立ちこんでいく

③アンビリボウ　c
アンダーから上部ホールドへ。さらに右側④のホールドを取りにいく

④ロビンフット　d
ガバからアンダーへ

⑤ホンジャマカ　a
カンテの左側を登る

⑥たそがれⅠ　c
左手カンテの斜めホールド、右手フェイスのホールドでスタート

⑦たそがれⅡ　a
左手上下クラック間のカチ、右手は下部フレークでスタート

M もたれ岩

①スラブ　a
カンテ有りで登る。

②カポネ　b/c
カンテの左側を登る。カンテを使うとb

③アンタッチャブル　d
カンテとハングのホールドでハングを登る

④ハング　？

⑤三角スラブ　b
カンテを使わずに登る

N ドラゴンボール岩

①　a

②ドラゴンボール　a/b

③ゴクー　c
左手三角ホールド、右手アンダーでガバにランジ。

④武天老師　d
右手アンダー、左手斜めホールドで左上部ガバへランジ。

⑤クリリン　c　d（SD）
リップスタートでマントル？　左手タテホールド、右手下部フレークスタートでd

O砦　岩

①金麦　c/d
②砦トラバース　c/d
③砦　c
④ファッションマントル　b

P マントル岩

①コアラ　c
②落陽　e
③転落　b
④先例　a

Q かまぼこ岩

①ずっこけ　b
左手アンダー、右手カチでスタート。上部クラックへ

②うさぎ跳び　c
カンテ右のフレークでスタート

③かちかち山　b
④亀　b
右手カチ、左手フレークでスタート。足の使い方が課題

⑤　a

R 懸垂岩

①クニチャン　d
両手カチで懸垂し、右側のカチでランジ

②キツツキⅠ　b
右側カンテのホールドで登る

③キツツキⅡ　b
左側カンテ右のアンダーを使って登る

S大　岩

①モンチッチ　d
②サウスポー　c
左手カンテ右のタテホールド、右手スラブにパーミングでスタート。カンテからスラブに回り込みカンテ際を登る

③　a
限定なしでスラブを登る

T点ポイントロック

①点ポイント　b
②　a
両手斜めガバでスタート。カンテを登る

U 小ハング岩

①もがき　c
②あがき　d

V 森林限界岩（植林）

①青眼　a
②じゃんけんぽん　c
右手タテ、左手カチでガバに立ちこんでいく

③森林限界　d
カンテの右側フェイスを登る

④後ろにご用心　d
⑤真昼の決闘　c
⑥なめたらあかん　a
フレークでスタート、最後はマントル

くまのプーさん (e) 紋谷尚武

W 森林限界岩Ⅱ

①かえる　c
左手タテホールド、右手はタテガバかカチで立ちこみ

②ロマン　c
両手リップでスタート

③たけくらべ　b
右手カンテ右のガバ、左手リップでスタート

④ラッキョカンテ　d
左手カンテ、右手斜めホールドでスタート

⑤ラッキョランジ　c
左手斜めホールド、右手カンテのガバでリップにランジ

⑥ラッキョ　b
左手カンテのガバ、右手タテホールドスタート

⑦ひげ　a
両手ガバでスタート

Xウォーミングアップ岩

①トラバース　d
左奥斜めホールドでスタートし、③までトラバース

②マントリング　b
切り株からリップにパーミングでマントリング

③b～c
クラックだけで登るとc

Y ツイスト岩

①　a

②　a

③ツイスト　e
SDから左上気味に上がっていく

④燃える闘魂　f
ツイストと同じスタートで右上

Z 竹林岩

①小野派一刀流　C
左手斜めホールド、右手アンダーで立ちこみ、右上部のホールドを取りに行く

②北辰一刀流　e（SD）
立ちバージョン（c）も面白い

③千葉周作　b/c
クラックを登る

④太鼓腹　c（SD）

バック・トゥ・ザ・フューチャーⅢ　濱中浩由

大給城址（おぎゅうじょうし）

松平氏の居城跡。春の桜、新緑、秋の主郭の紅葉は最高（古美山より1～2週間遅い）。堀切から始まり舘跡方面、さらに主郭の南下部にわたって明るく開けた暖かな冬のエリア。北西エリアは北風が吹き出すと寒くてだめだが、それ以外は快適。特に夜景が見え出すころが最高かも？　鈴木俊六により開拓されたエリアに紋谷尚武ら古美山ボルダー開拓チームにより再開拓がなされ、密度の濃いボルダーエリアとなっている。

アプローチ／古美山から車で8分さらに駐車場から4～8分
シーズン／10月から5月
注意／道路脇に4から5台停められるが駐車場はない。トイレはあるが水はない。ゴミは必ず持ち帰ること。自分以外のゴミでも持ち帰るように心がけてください。

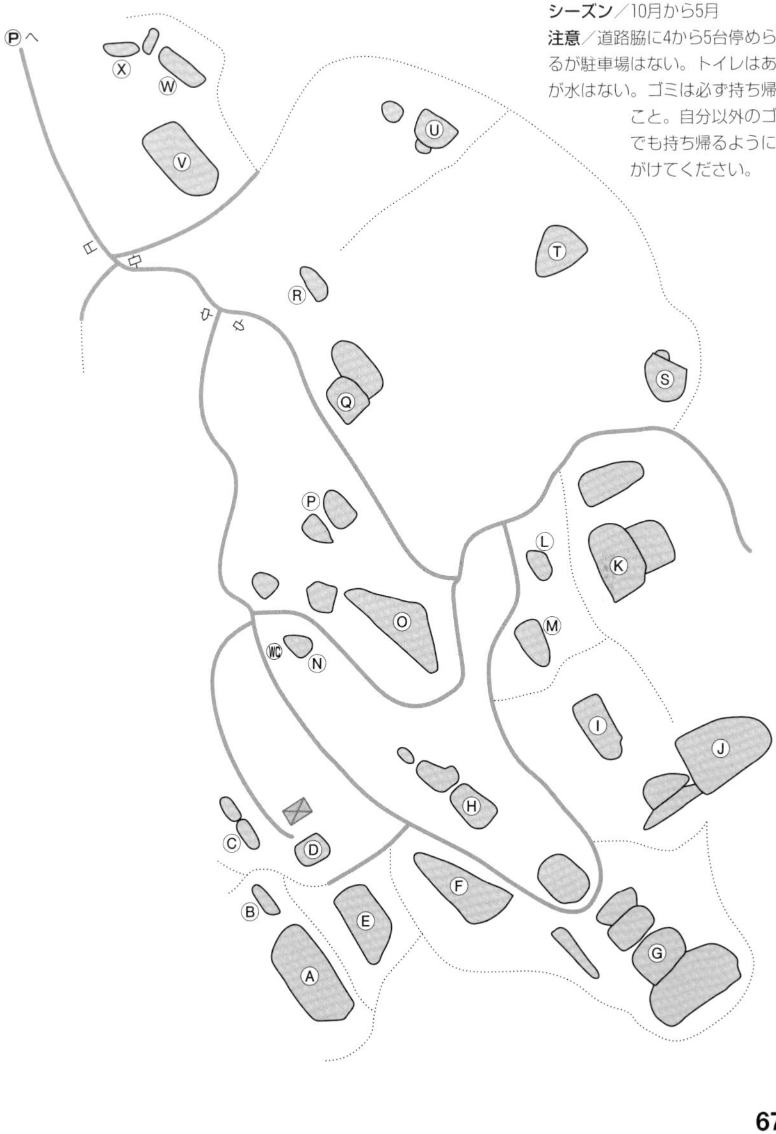

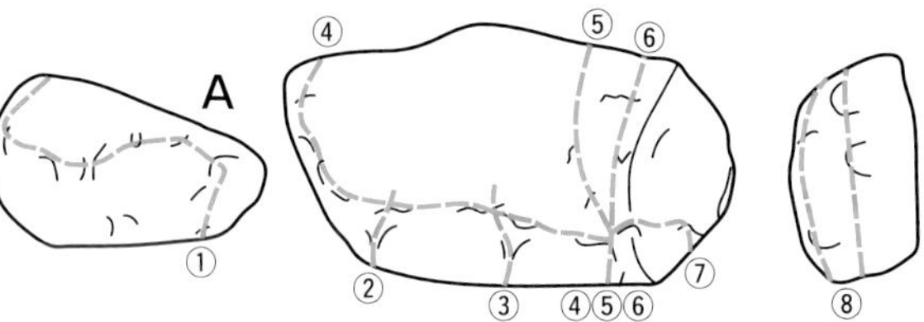

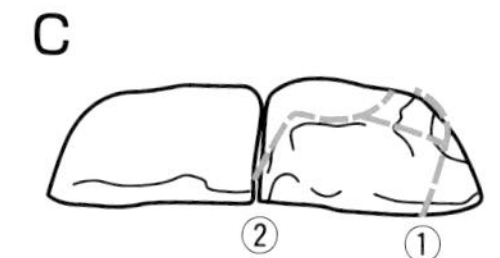

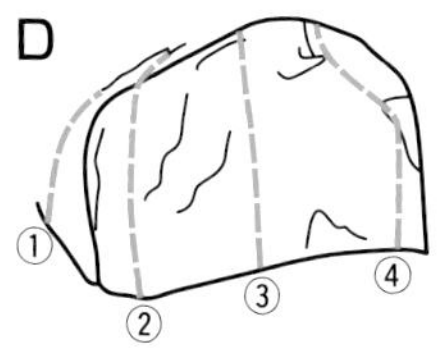

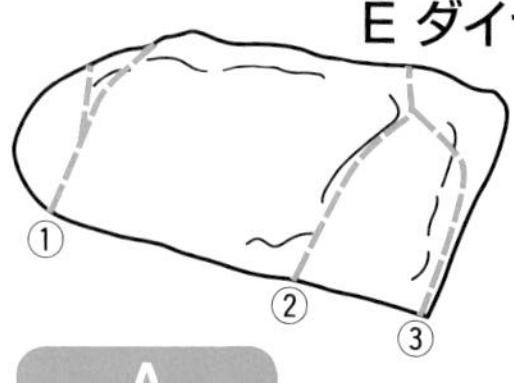

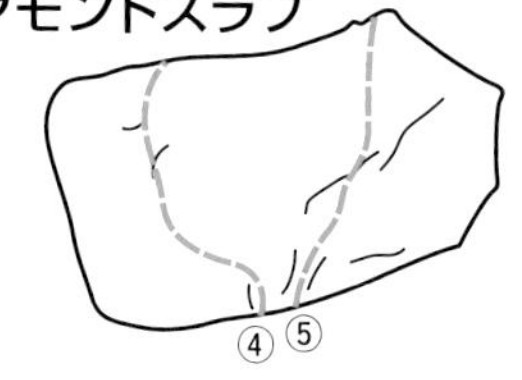

A

①ティータイム　d
ガバフレークでスタート。最後は左端の縦ホールドで終わっても良いが、上に登った方が気分が良い。

②八宝菜1　a〜SD：b

③八宝菜2　a〜SD：b
どちらもマントリング課題

④ノミのジャンプ　a〜d
進むに従ってやさしくなる。③からスタートするとb、②からスタートでa。

⑤生茶　SD：c

⑥半生茶　e〜SD：f
SDスタート、パーミングホールドで立ちこんで行くところが核心。

⑦キムチ　f
両手スタートで③までトラバースしてマントリング。

⑧メンマ　a〜b
カンテ際を登るとb、右に寄るほど易しくなる。

B 駒鳥ロック

①こまどり1　a

②こまどり2　b

③こまどり3　b

C

①ハイヒール　b

②お散歩　c〜d
レイバックでスタート、右端カチホールドまでトラバースし右上部のホールドへランジ。

D

①釘抜き　a

②ヤットコ　b

③金鎚　d

④パームビーチ　c

E ダイヤモンドスラブ

①ハイアップ　a〜c
フレークを上手く使って登る。右に行くほど難しくなる。

②AKIRA　g?
山口明が一撃以来二登がない厳しい課題。

③ミテ　f
右側のフレークとカンテで登り最後はAKIRAに合流。

④ダイヤモンドスラブ　d

⑤パンタグラフ　c
クラックでスタート。最後は右側のカンテは使わずピークを目指して登る。

F

①角番　a

②昼の憩い　a

③こしひかり　a

④ピクニック　b
カンテ左側の縦ホールドでスタート。中間部をトラバースして②に合流。

G

①カンニング　a〜b
カンテを使って登るとa、カンテを使わずに登るとb。

②追試　c

③中間テスト　SD：b

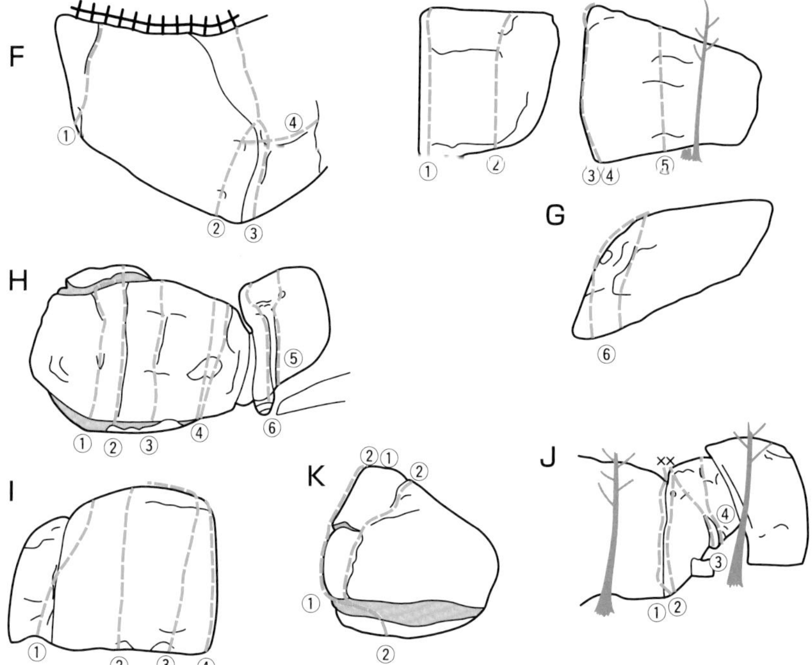

④ **模擬試験** b

⑤ **期末テスト** a~SD：b
最後はマントリングと奥のパーミングホールド（少し難しくなる）で登る二通りがある。

⑥ **ドクターストップ** b

H

① **ボクサー** b
カンテの縦ホールドから上部の斜めクラックを取り左上する。

② **4回戦ボーイ** a

③ **KO** d
クラック及びカチホールドで登る。

④ **8回戦ボーイ** c
右側の縦ホールドを使うとbになる。

⑤ **チャンプ** 5.10b/c Tr.
コーナーを登り最後右のポケットで直上すると5.10c。 左上すると5.10b。

⑥ **パンチ** 5.11b Tr.

I

① **猫の手** d
カンテの左側からスタート、中間部から右側に回りこんでフェイスを登る。

② **つぶつぶオレンジ** d
中間部から上部に行くに従って易しくなる。ハイボルダーだが厳しいムーブをこなした後の上部の登りは爽快だ？

③ **孫の手** b
核心はクラックに立ち込みカンテを取るまで。

④ **猫舌** a
高さはあるがカンテ右側はすぐ地面、自信がなくなれば右側に下りればよい。

J

① **ポールポジション** d
② **バンク** d
③ **コーナリング** d
④ **オフロード** c~d
⑤ **ダート** c

K

① **吹流し** b
カンテの左側からスタート、右足をカンテ右に上げレイバックで立ち込む。

② **鯉のぼり** d~e
ハング下のクラックでスタート、核心はフレークでハングを越す。フレーク下部のホールドから左手をカンテ左側のパーミングホールドで、右手をカンテ右側にデッドポイントするとe。

L

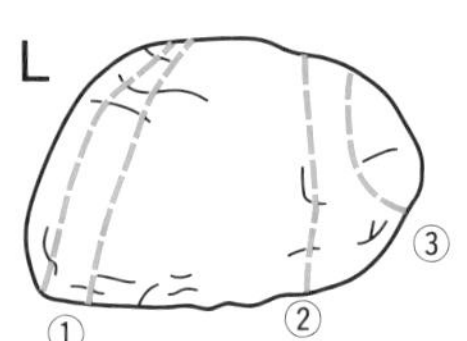

M

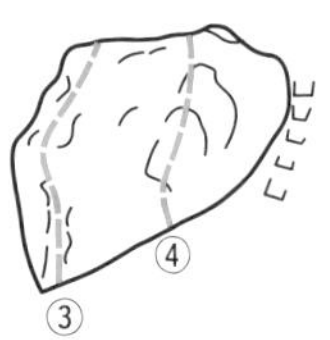

O

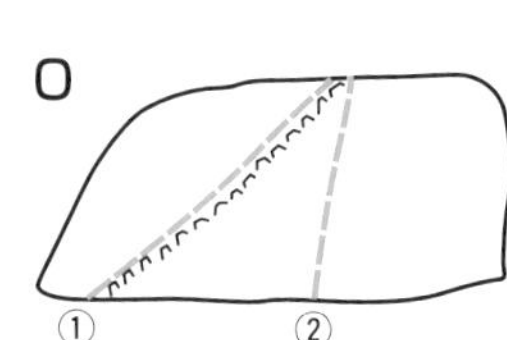

P

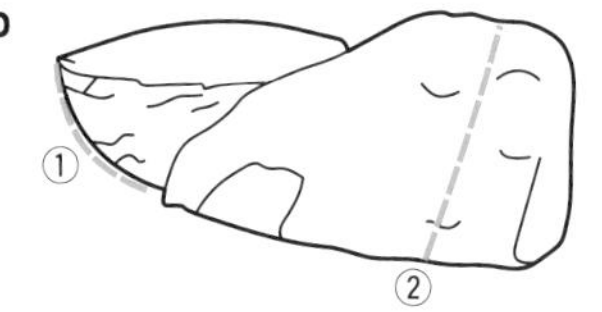

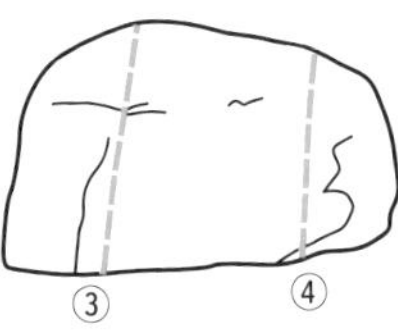

R

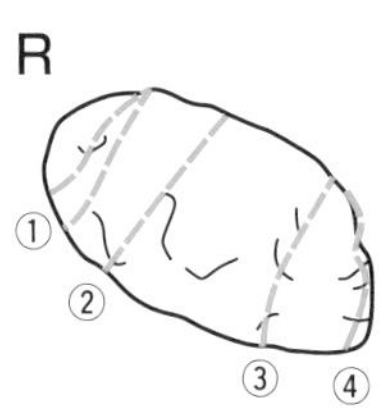

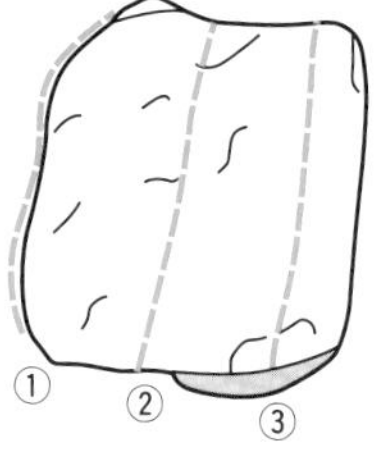

Q

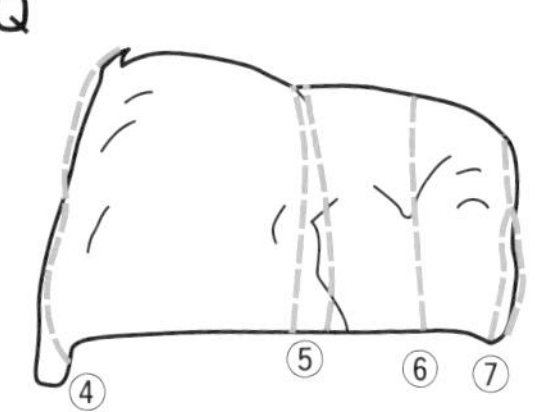

L

①海苔巻　a
②鰹節　a
③ふりかけ　b

M

①エチル　a
②メチル　b
縦ホールドから右斜め上にランジしてマントリング。
③一服　a
④ホット　a

N

①ピン　a
②ポン　a
③パン　b

O

①カーペンター　a
②職人　a

P

①トサカ落し　SD：c
SDからハングを登り先端を取ってマントリング。
②半熟　b
右よりを登る。 左によるとa。
③生卵　b
④ゆで卵　b

Q

①スタンプA　a
②スタンプB　b
スラブを登る。 スタートが核心。
③スタンプC　a
④スタンプD　a
カンテをガバガバと登るがランディングが悪くちょっぴり不安かも？
⑤ジャンプ　c
⑥ステップ　b
三角フレークでスタート。
⑦ホップ　b

R

①三日月　a
②スロープ1　b
右手縦ホールド左手パーミングで立ち込んでいく。
③スロープ2　a
両手斜めホールドでスタート。
④スロープ3　a
カンテのガバホールドで登る。

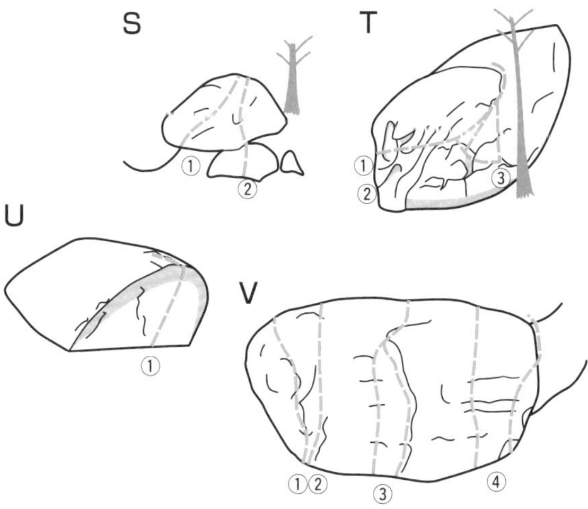

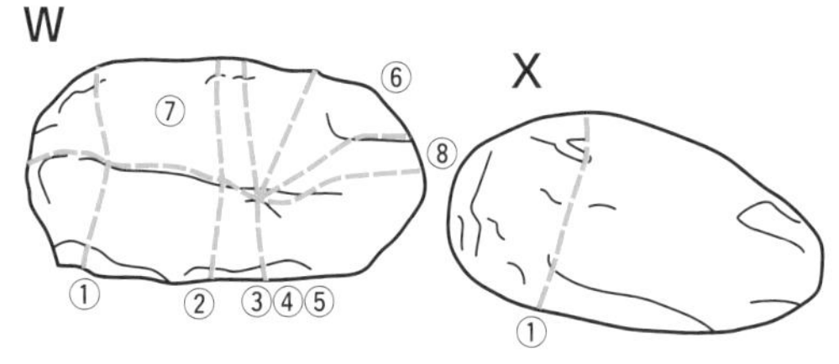

S

①SFスラブ

②UFO
ハング下の岩からスタート、ニーロックをきめて上部へ。

T

①月面　b
楕円穴スタートで右上部フレークまで。

②ムーンサルト　e
楕円ホールドから右端まで下部トラバース、さらにハングを乗っ越して上部フレークへ。

③ムーンリバ　d

U

①ハットトリック　d
ハングから右手右カンテ、左手左カンテを取りハングをのっ越していく。

②ハンカン

V

①いちばん　a

②スタート　b

③ランナー　d
フレークを登りカチホールドで抜けの結晶（右側ダイクも可）ホールドへ。Var：フレークの左側スローパーで登りフレーク先端に合流して登る。

④スプリンター　a~c
右側カンテを使うとa。

W

（高さ2～3mの岩だがけっこう楽しめる。）

①マーマレード1　a

②マーマレード2　a

③マーマレード3　b
1、　上部ホールドからカンテをぬけていく。
2、　上部ホールドから左側②のホールドへ。

④プルン　c

⑤プルプル　d
右上部のあまいホールドにデッドポイントまたはランジ。

⑥マスタード1　b

⑦マスタード2　b

⑧マスタード3　c~d

X

①Nポイント　e

58 恵那 笠置山 *KASAGIYAMA*

DATA	
岩質	硬質凝灰岩
おもな傾斜	100〜180度
課題総数	200(本誌掲載分)
シーズン	3〜5月、10〜12月
場所	岐阜県恵那市笠置町姫栗

▶**アクセス**／中央道恵那インターから県道68号線を白川町方面へ。笠置橋を渡り50mほどで右折。「笠置山クライミングエリア」の看板と水車のある場所が入山受付所で、ここで300円を支払い、入山記録簿に記帳。あとは、エリアまでずっと案内看板がある。

▶**キャンプなど**／周辺のキャンプ場を利用。駐車場でも可能。水は「一望千金展望台」にあり。

概　要

笠置山のボルダリングエリアは、本格的な開拓は2008年からという、非常に新しいエリアである。しかしながら岩のスケール、ボリューム、そして困難さといった点では、国内屈指であり、短期間でここまでのエリアに成長できたのは、もちろんメインの開拓者である小山田大によるところ大なのであるが、それにもまして地元の協力体制によるところが大きい。このエリアは笠置山クライミング協会(会長：笠置財産区議長 副会長：恵那市観光協会笠置支部長)により管理されている。つまり全面的に地元がここでのクライミングを認めているという、非常に恵まれたエリアなのである。

この恵まれた環境が末永く継続するためにも、訪れるクライマーは協力金をきちんと支払うなどのルールを厳守するようにしたい。

■利用上のルール

1 入山受付所にて協力金300円を払い、入山記録簿に記帳すること。
2 入山受付所からエリアまでは、行き帰りとも指定された道路を通ること。
3 指定された場所以外に駐車しないこと。
4 キャンプは駐車場でも可能だが、なるべく周辺のキャンプ場を利用すること。
5 公共の場所における一般的なマナーを守ること。
6 トポに掲載されたエリア以外に立ち入らないこと。
7 ボルトやピトンを設置しないこと。
8 新たな課題を登った場合は笠置クライミングクラブ(KCC)に報告すること。
9 邪魔な岩の移動や雑木の伐採についてはKCCに相談すること。
10 エリア内で発生した事故については、当事者の責任で処理すること。笠置山クライミング協会およびKCCでは一切の責任を負いません。

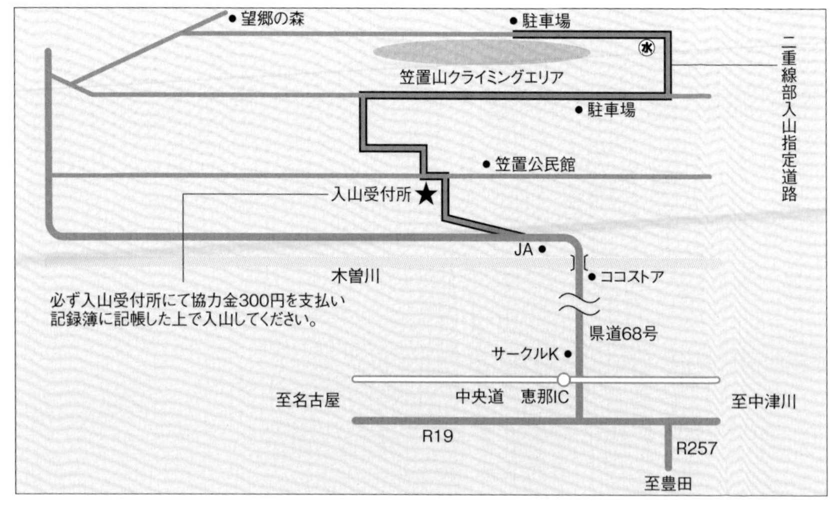

エグゾディアの岩のエモーション(五段)を登る小山田大　写真＝世良田郁子

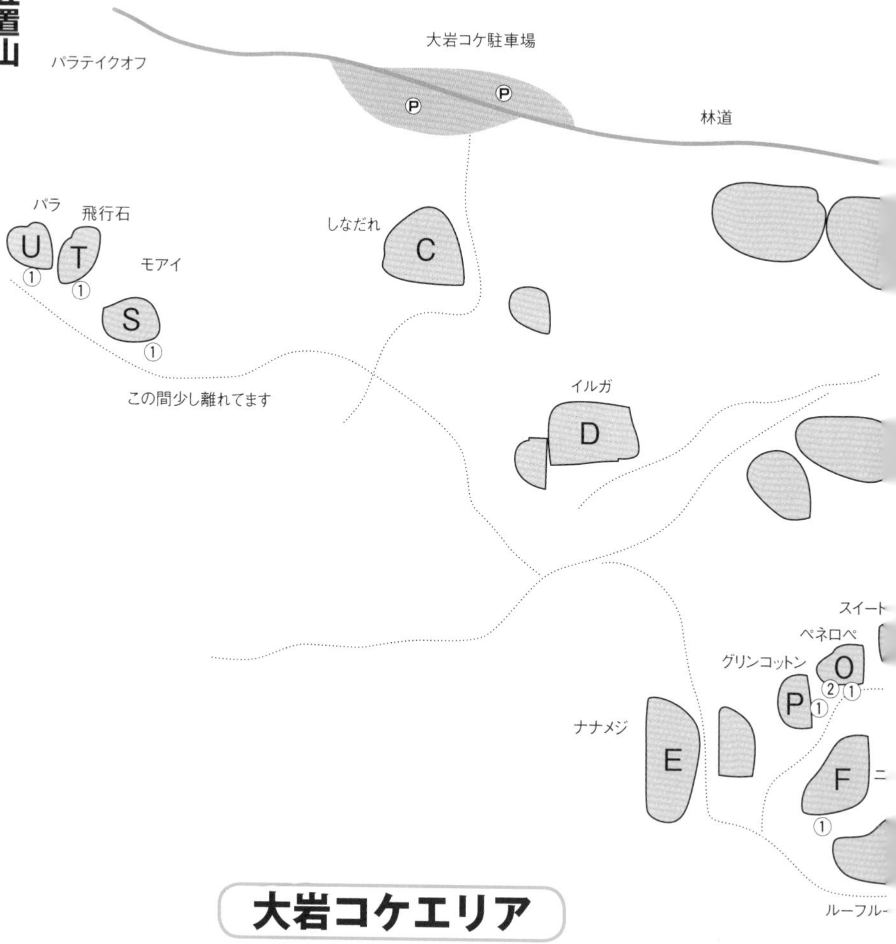

パラテイクオフ
大岩コケ駐車場
P
P
林道
パラ
飛行石
U
T
①
①
モアイ
S
①
しなだれ
C
この間少し離れてます
イルガ
D
スイート
ペネロペ
グリンコットン
O
②
①
P
①
ナナメジ
E
F
①
ルーフルー

大岩コケエリア

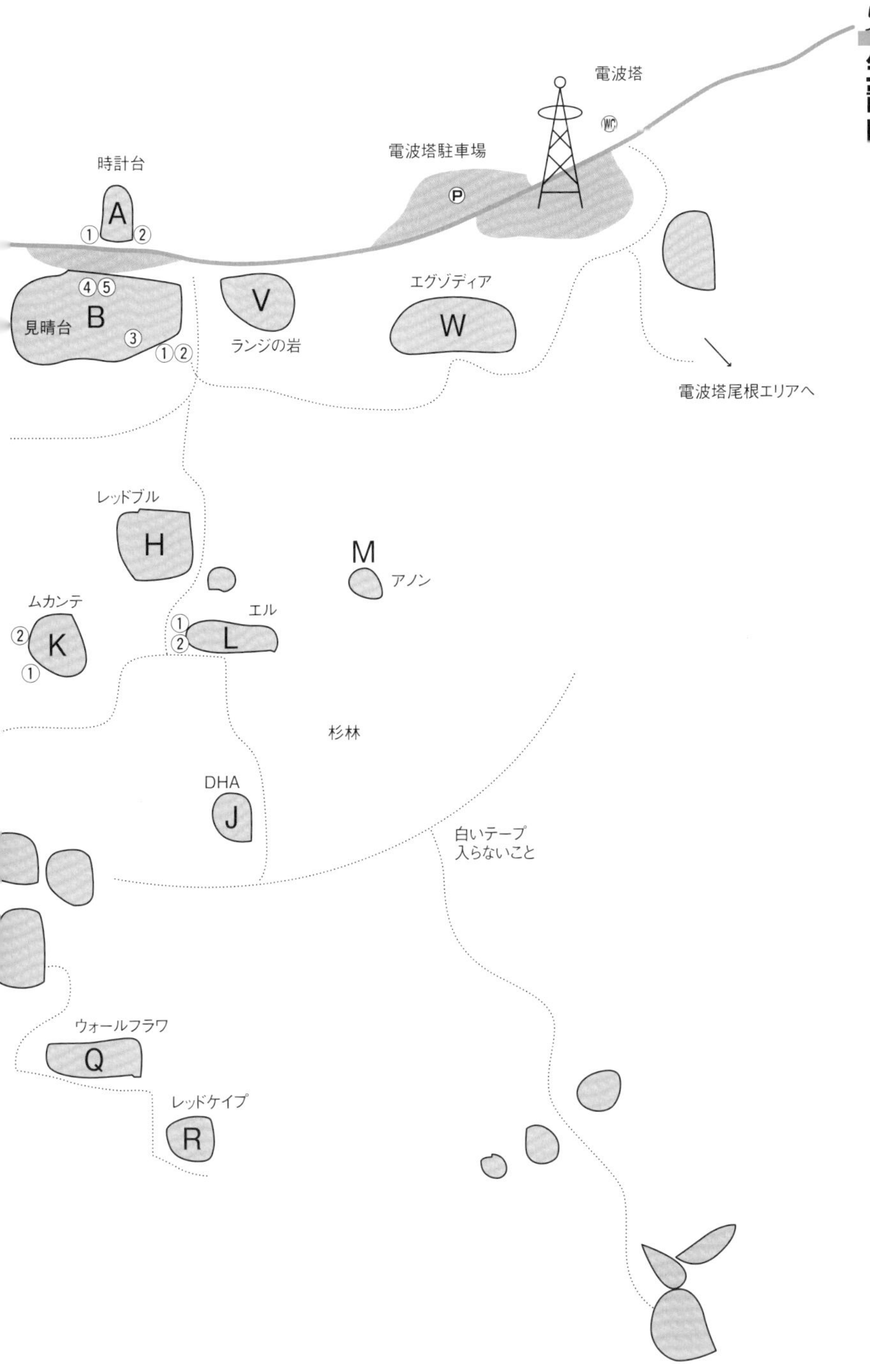
電波塔
電波塔駐車場
時計台
A
①②
B
④⑤
見晴台
③
①②
V
ランジの岩
エグゾディア
W
電波塔尾根エリアへ
レッドブル
H
M
アノン
ムカンテ
K
②
①
エル
L
①
②
杉林
DHA
J
白いテープ
入らないこと
ウォールフラワ
Q
レッドケイプ
R

※課題のすくない岩は図を省略しています。

大岩コケエリア

A 時計塔

①時計　4級
②トヨタッコ　4級

B 見晴らし岩

①　5級
②　2級
③　3級

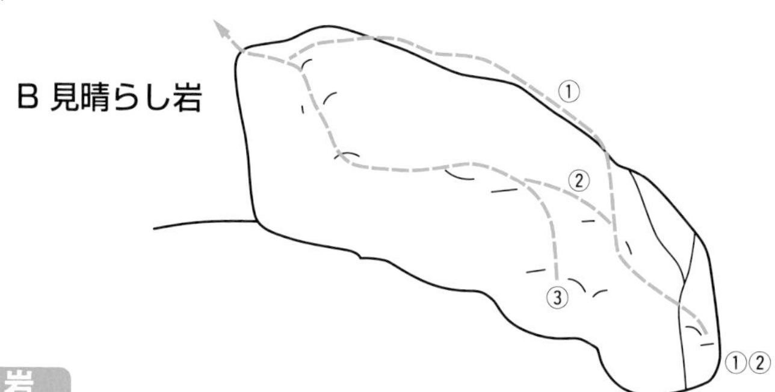

C しなだれ岩

①　5級
②シナダレ　三段
③アトム　初/二段
④ウラン　二段（SD）
⑤ウラダレ　三/四段（SD）

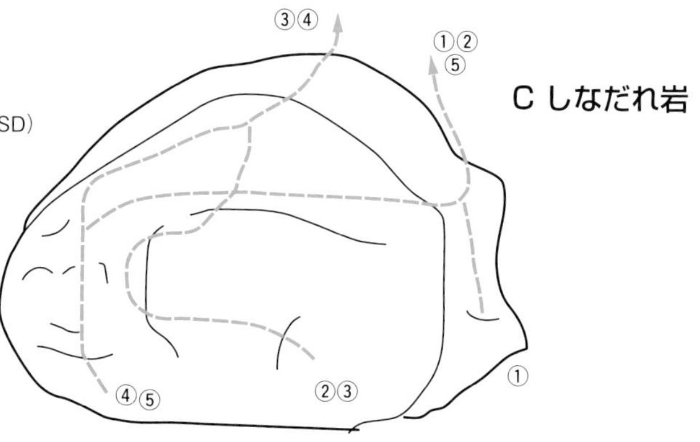

D イルガ

①　8級（SD）
②イルカ　1級（SD）
③イルガ　三段（SD）

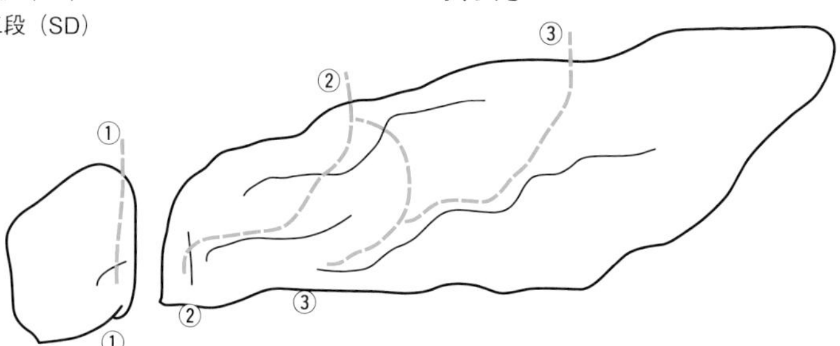

E ナナメジ岩

① ナナメジロング　二/三段
② ナナメジ　初段
③ バムズ　3級
④ ナメクジ　6級
⑤ 　二段

F ニキ岩

① ニキ　1級/初段 H
② オンラ　二段 H

※Hはハイボール

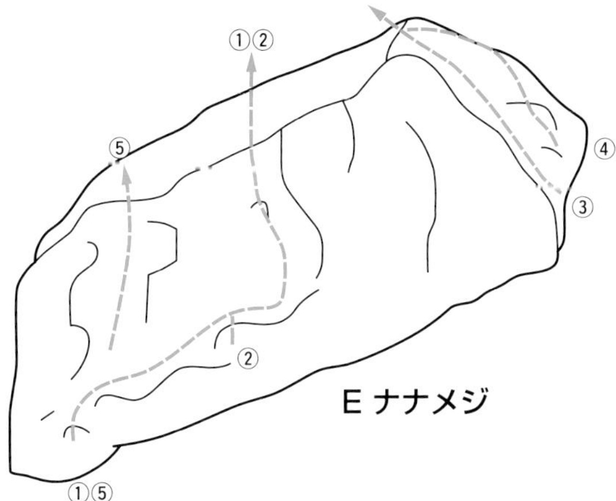

G ルーフルール

① トーマ　5級
② マクロ　1級
③ パキピド　初/二段
④ ゴキ　8級
⑤ パキタ　三段ー
⑥ ノムール　2級
SDは1級

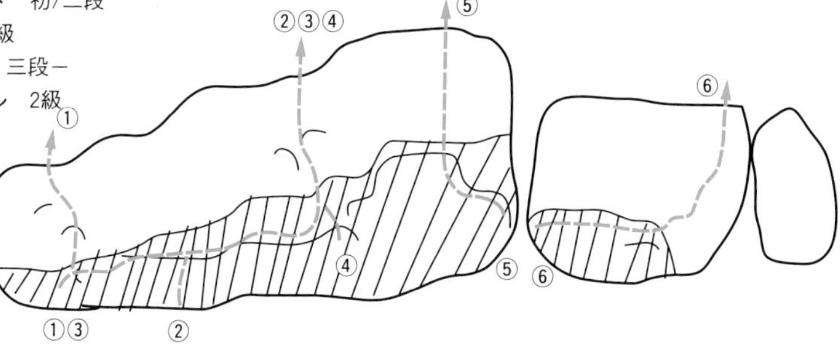

H レッドブル

① レッドブル　二段（SD）H
② 赤牛　二/三段 ランジ H
③ ドレッド　3級（SD）H
④ 　3級 H
⑤ アカベコ　1級（SD）
⑥ エキドナ　初段（SD）
⑦ ドナドナ　初/二段
⑧ アカドナ　三/四段
②から⑦へ。

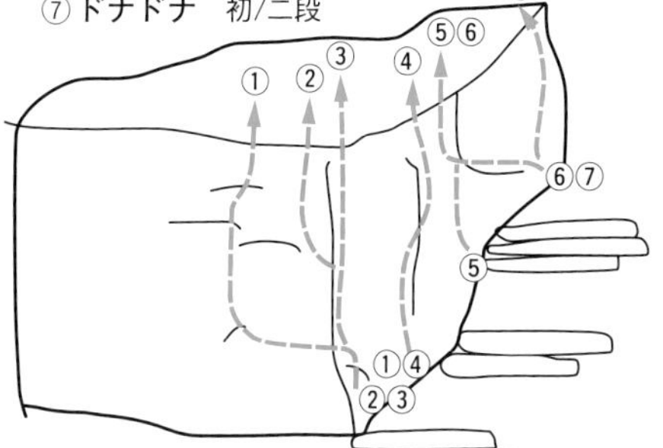

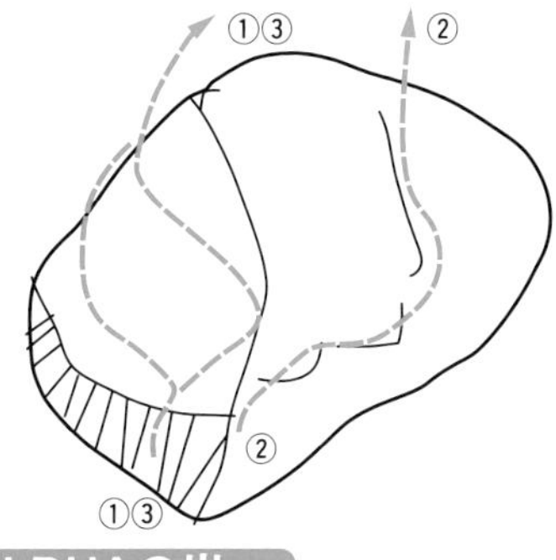

J DHAの岩

① DNA　4級（SD）
② DHA　4級（SD）
③ DMA　4級（SD）

K ムカンテ

①ムカンテ　二段（SD）
②コカンテ　2級（SD）

L エ　ル

①　4級
②　4級

M エ　ム

①アノン　4級

N スイートニコル

①スイートニコル　4級（SD）

O ペネロペ

①ペネロペ　5級（SD）
②ペネロープ　5級（SD）

P グリンコットン

①　5級

Q ウォールフラワ

①　7級
②ウォールフラワ　3級
③ブライル　2級
④　1級/初段

R レッドケイブ

①レッドケイブ　2級
②レッドケイブSD　三段－
③フォボス　三段＋

S モアイ

①モアイノーズ　8級

T 飛行石

①飛行石　4級

U パ　ラ

①パラ　2級

V ランジの岩

①ランジ　4級

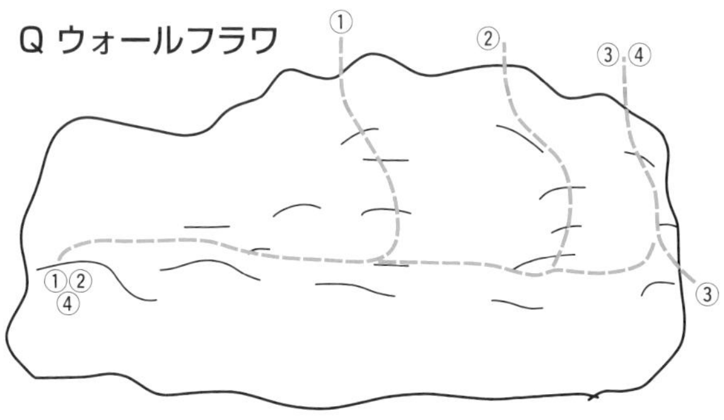

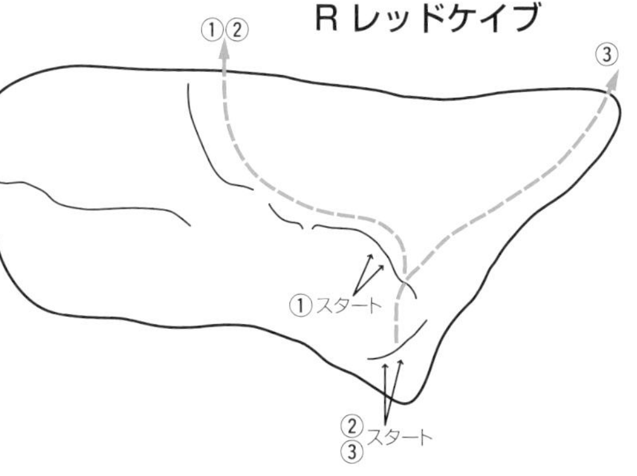

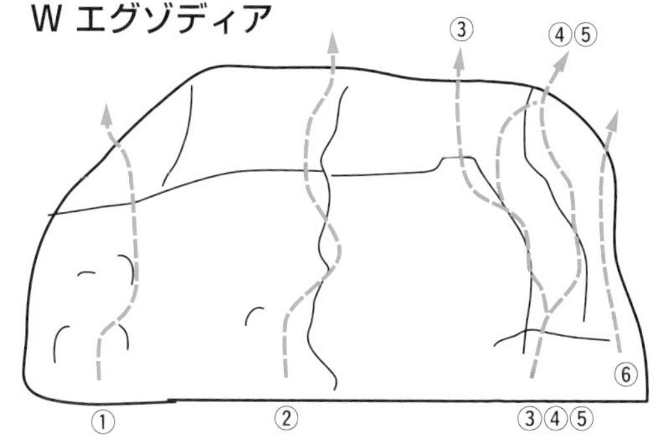

W エグゾディア

①グール　三段－（SD）
②エモーション　五段（SD）
③　1級
④ヤマワラ　2級
⑤ワラシ　2級
⑥　8級

電波塔尾根エリア

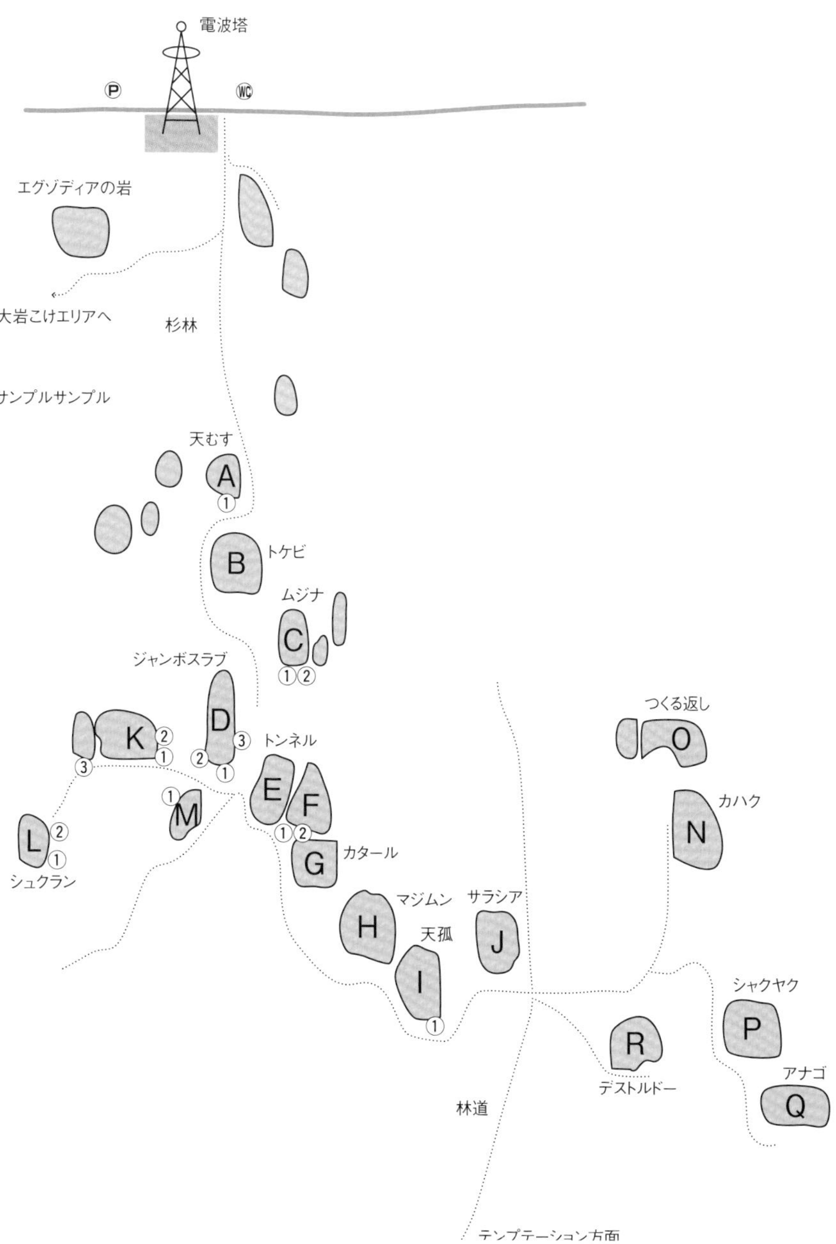
電波塔
P
WC
エグゾディアの岩
大岩こけエリアへ
杉林
サンプルサンプル
天むす
A
1
B
トケビ
ムジナ
C
1 2
ジャンボスラブ
D
3
2
1
K
2
1
3
L
2
1
シュクラン
M
1
トンネル
E
F
1 2
G
カタール
H
マジムン
I
天孤
1
J
サラシア
つくる返し
O
N
カハク
R
デストルドー
P
シャクヤク
Q
アナゴ
林道
テンプテーション方面

A 天むす岩

①天むす　10級

B トケビ岩

①　8級　H
②トケビ　3級　H
③スパム　4級（SD）　H
④ハクタク　2級　H
⑤ダイダラボッチ　初段　H
⑥ユズハ　二段　H
⑦ユズ　初段　H
⑧ケトビ　初段　H

C ムジナ岩

①ノズチ　2級
②ムジナ　1/2級
③オンビ　1/初段

D ジャンボスラブ

①　4級
②クリスカンテ　3級
③シンフォニー　四段+

E トンネル岩

①アホダ　二段（SD）
②パゴダ　二段（SD）
③空狐　三段＋
④ジャスラ　四段－
⑤ニゲラ　二段
⑥カルム　五段＋・V15
⑦wabisabi　3級
⑧サビ　2級
⑨ムササビ　1級
⑩アカサビ 初段

F エ　フ

①　8級 H
②　5級 H

G カタール

①　6級
②　8級
③ドーハトラバース　4級
④砂漠のラクダ　8級

B トケビ岩

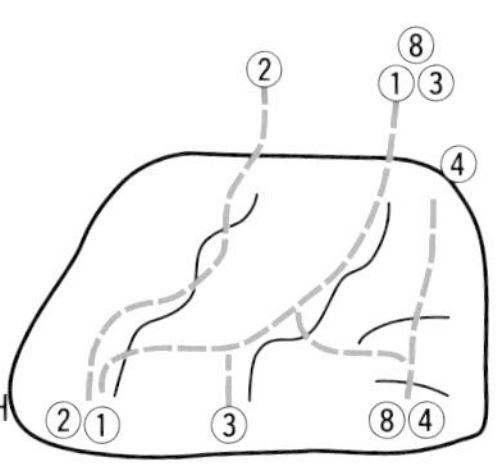

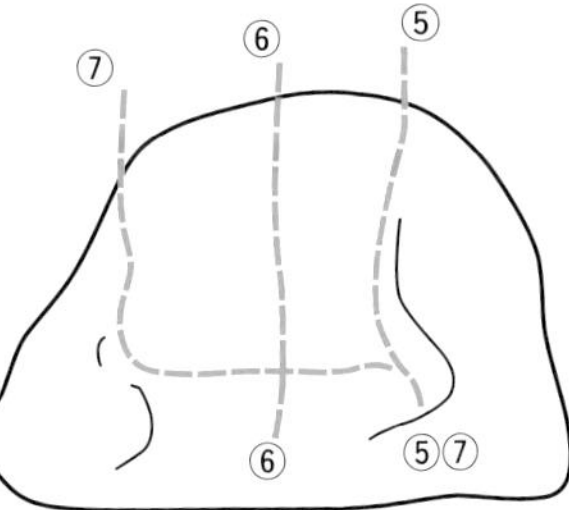

E トンネル岩　表

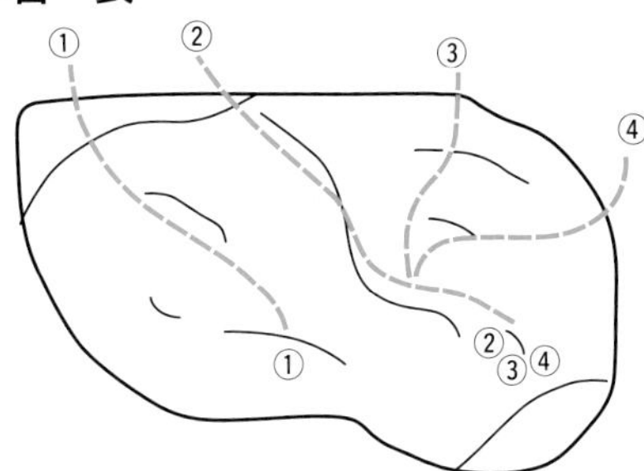

E トンネル岩　裏

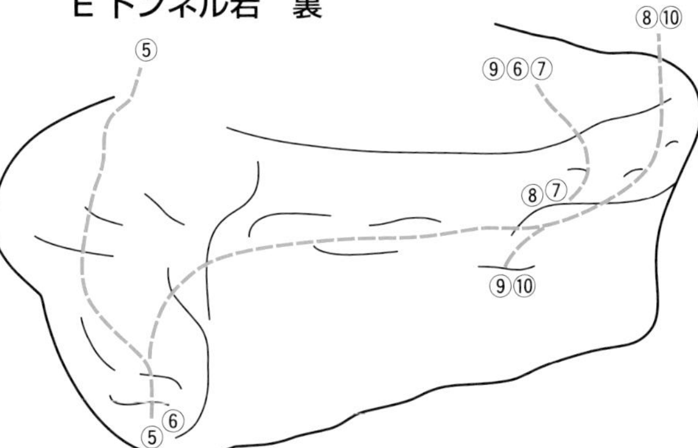

G カタール

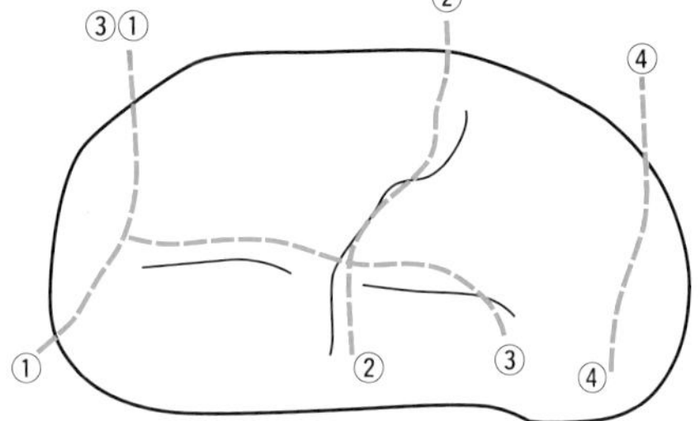

H マジムン

①マジムン　三段　H
②　6級
③　7級

I 天狐の岩

①天狐　3段ー

J サラシア岩

①サラシア　二段　H
②　1級
③　8級 H

K ケ　イ

①　2級
②　6級
③グリーンルーム　3級

Lシュランシュクラン岩

①シュクラン　1級
②シュラン　1級

M エ　ム

①　4級

N カハクの岩

①　5級（SD）　H
②　8級　H
③ボラーチョ　初段　H
④マッチョ　二段　H
⑤カマイタチ　三段　H
⑥カハク　三段＋　H
⑦ヤマジイ　初段　H
⑧ヤマイタチ　初段　H
⑨ピプト　3級　H
⑩　6級　H

※ Hはハイボール

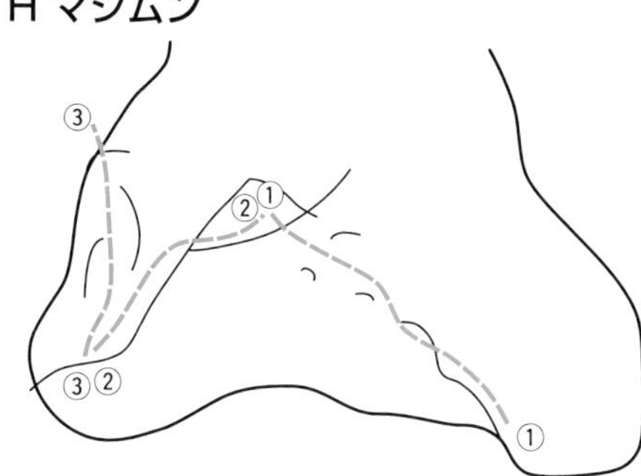

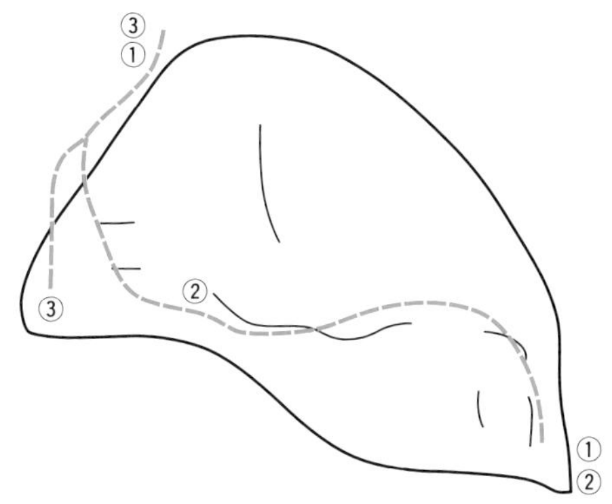

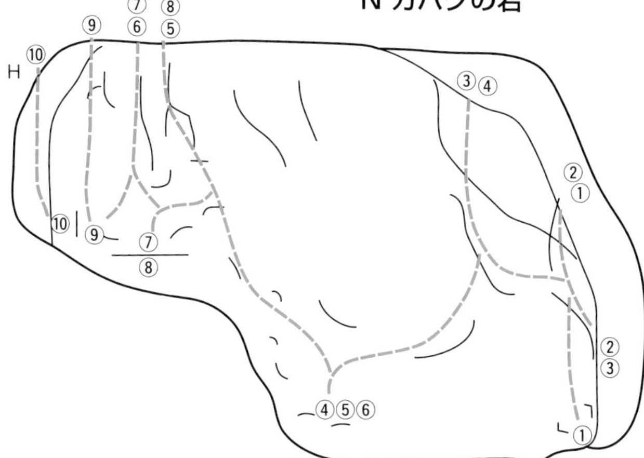

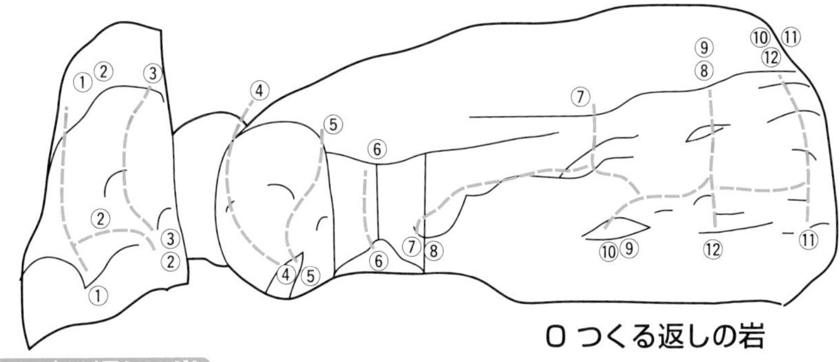

O つくる返しの岩

① 7級
② 2級
③ 1級
④ 初段
⑤ 1級
⑥ 8級
⑦ モアブ 2級
⑧ つくる無念 初段＋
⑨ ミアマイ 1級
⑩ ムアンバ 二/三段
⑪ セアトコ 初段
⑫ つくる返し 4級

P シャクヤク

P シャクヤク

① 4級
② シャクヤク 三段＋
③ ペシミスト 三段＋
④ 2級

Q アナゴ岩

① あなご 4級
② 4級

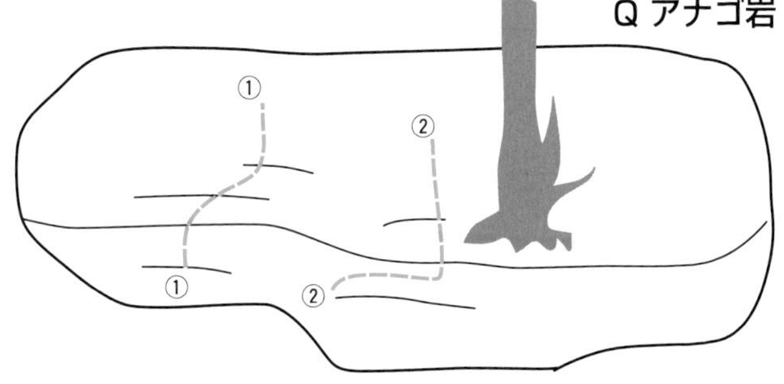

※Hはハイボール

R デストルドー

① デストルドー 二段 H

テンプテーションエリア・A地区

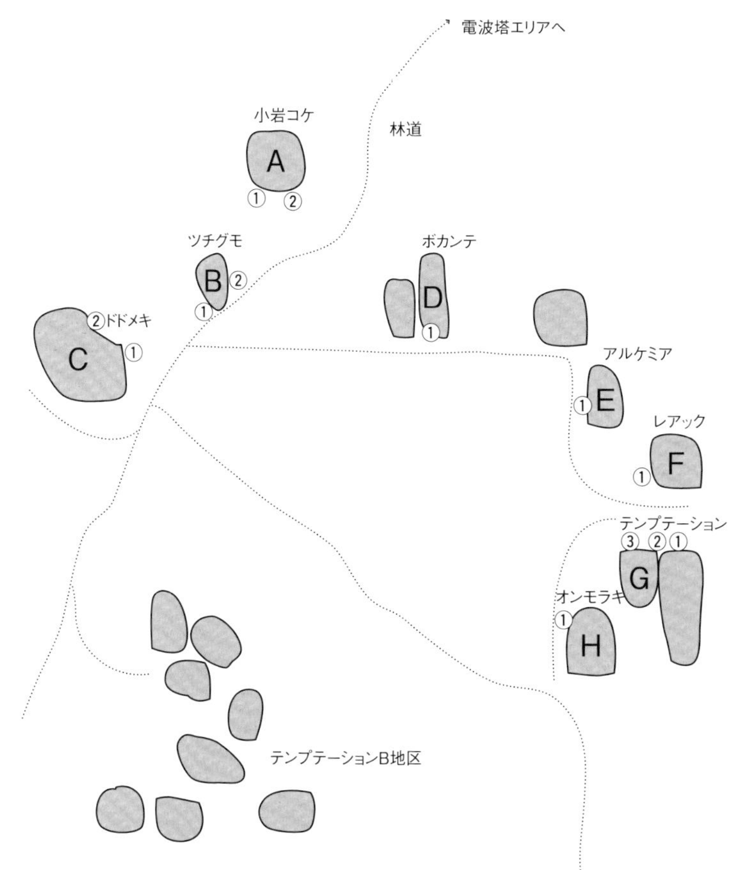

A 小岩コケ

① 6級
② 6級

B ツチグモ岩

①ツチグモ 三段ー
②モコイ 1級

C ドドメキ岩

① 3級
②ドドメキ 3級

D ボカンテ

①ボカンテ 7級 H

E アルケミア

①アルケミア 初段 H

F レアック

①レアック 二段

Gテンプテーション

① 8級
② 9級
③テンプテーション 3級

H オンモラキ

①オンモラキ 初段＋ H

テンプテーションエリア・B地区

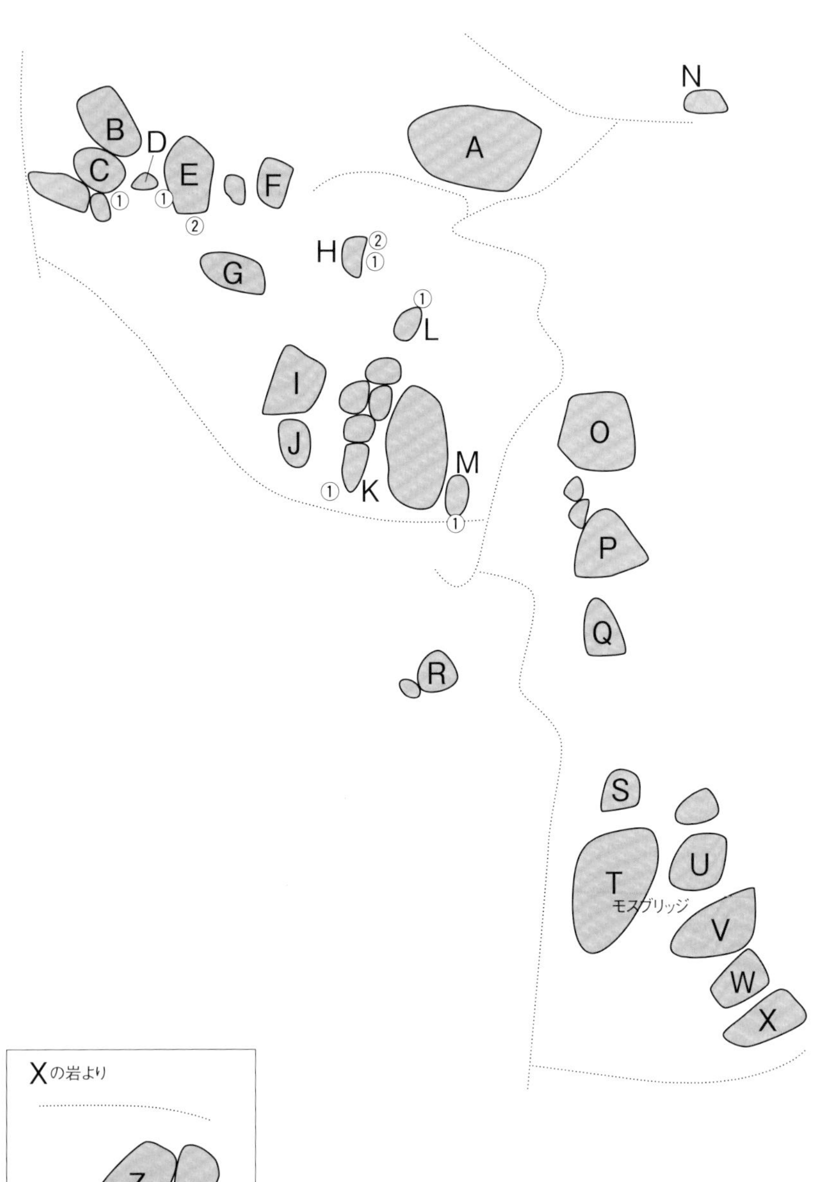

X の岩より

Z

A テーブル岩

①アメノクラド　1級
②アメノクラド2　2級
③アメノクラド3　3級

B

C

①　初段（SD）

D 薫風岩

①　4級
②薫風　4級

E

①　6級
②　二段（SD）

F モモ岩

①モモ　2級
②スノートップ　1級　H
③　1級

A テーブル岩

①　②　③
①②③

①　②

D 薫風岩

①
②

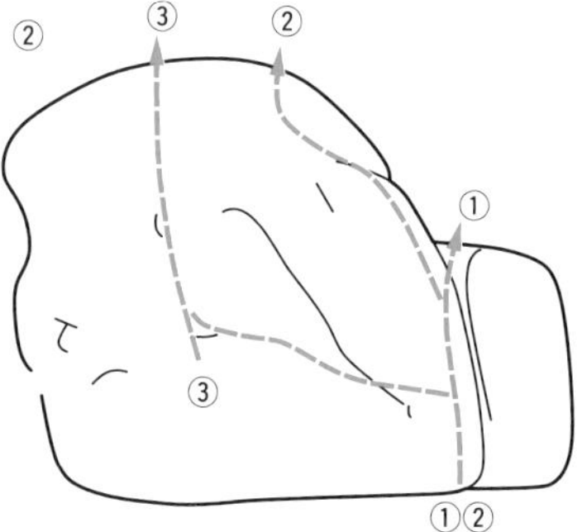

G 石神岩

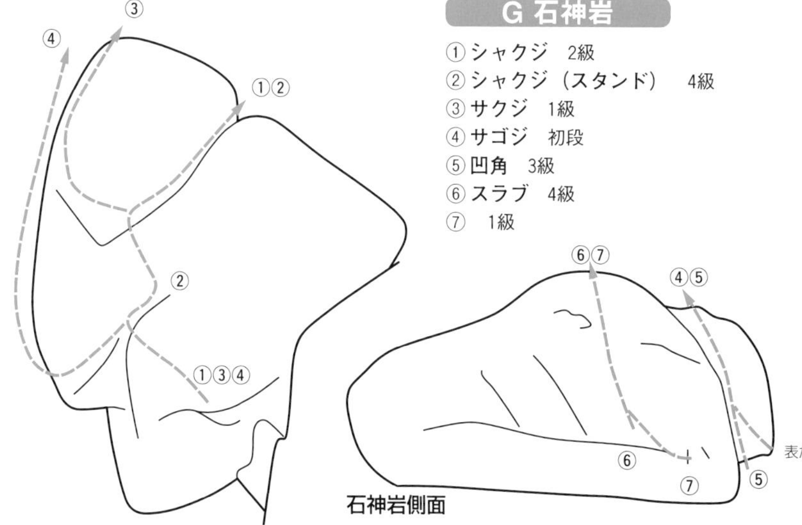

G 石神岩

①シャクジ　2級
②シャクジ（スタンド）　4級
③サクジ　1級
④サゴジ　初段
⑤凹角　3級
⑥スラブ　4級
⑦　1級

H 扇　岩

①扇　2級
②カンテ　7級

K ポワント岩

①ルルベ　3級

L エ　ル

①　5級

M エ　ム

①クラック　7級

N エ　ヌ

①　6級

O 孔雀岩

①トラバース　5級
②孔雀王　初段
③孔雀　3級
④孔雀2　3級

O 孔雀岩

①
②
①②
③
④
③④

R おでこ岩

①フォアヘッド　1級/初段
②　3級

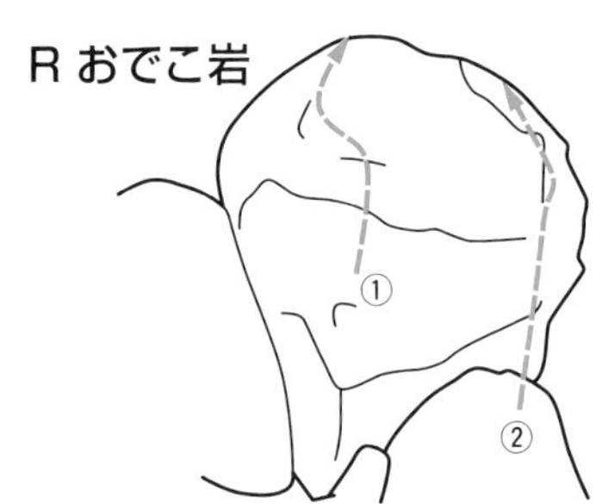

S ひぐらし岩

①ひぐらし　初段

T モスブリッジ

［内面］
①モスカン　6級
②モストラ　2級
③栗きんとん　初/二段
④五平餅　初段
⑤モスモス　初段
⑥ゲオ　2級
［正面］
⑦東風　6級
⑧ゴールデンルーフ　初段

T モスブリッジ内面

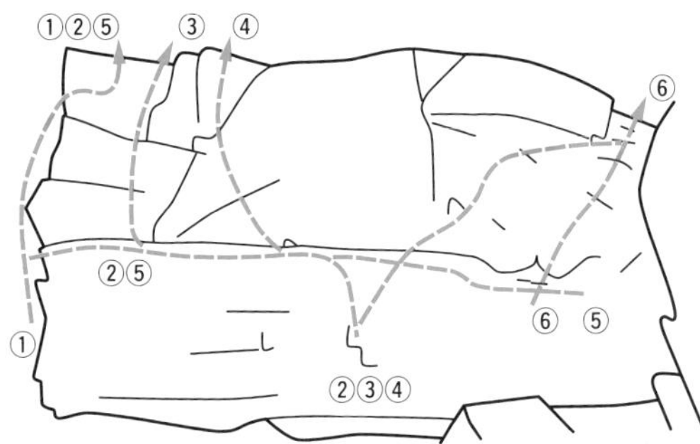

T モスブリッジ正面

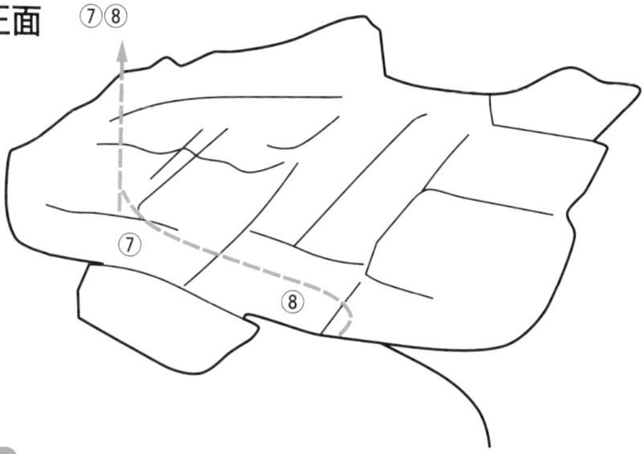

U カグツチ岩

［上段］
① 6級
② 6級
③ イザナギ 3級
［下段］
④ オモダル 1級
［裏］
⑤ カグツチ 1級
⑥ 4級

U カグツチ岩

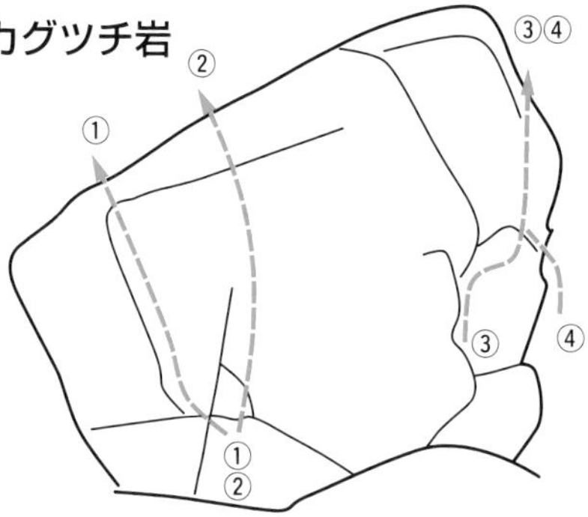

V プラット岩

① トラバース 4級
② 3級

V プラット岩

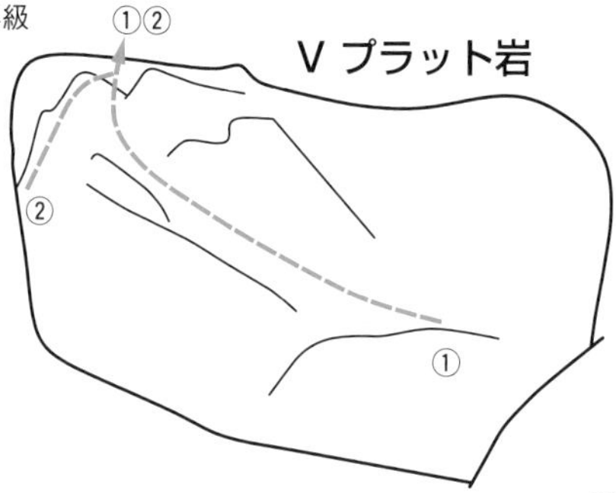

W キャベツ岩

① トラバース 4級
② コールスロー 2級
③ 8級

W キャベツ岩

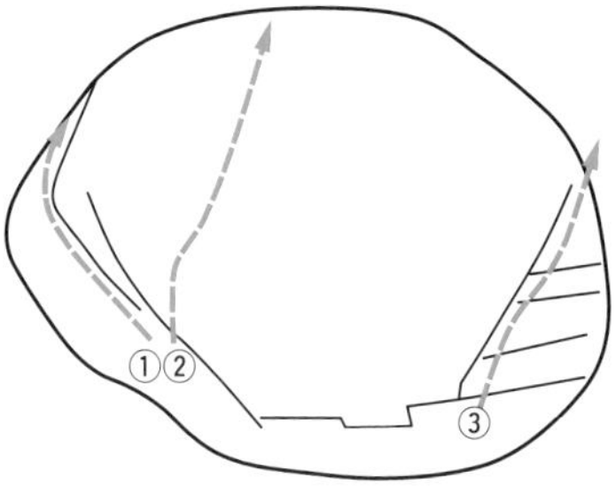

Z ペンキ岩

① 松風 2級

笠置山ルートエリア

▶**キャンプなど**／電波塔駐車場に無料キャンプ場あり。ただし、飲用水は「一望千金展望台」で。最新情報や周辺情報はKCCのHPや恵那のジム「ボンクラージュ」で入手可能。
なお、ここ数年、笠置山ではルート開拓も進み（総数約50本）ルートエリアとしても充実してきている。特に、展望岩周辺は約35本とルート数が最も多くアプローチも近いので、夏も登れるルートエリアとして東海地方では貴重なエリアとなった。

ボンクラージュ 5.11a/bを登る岡和憲

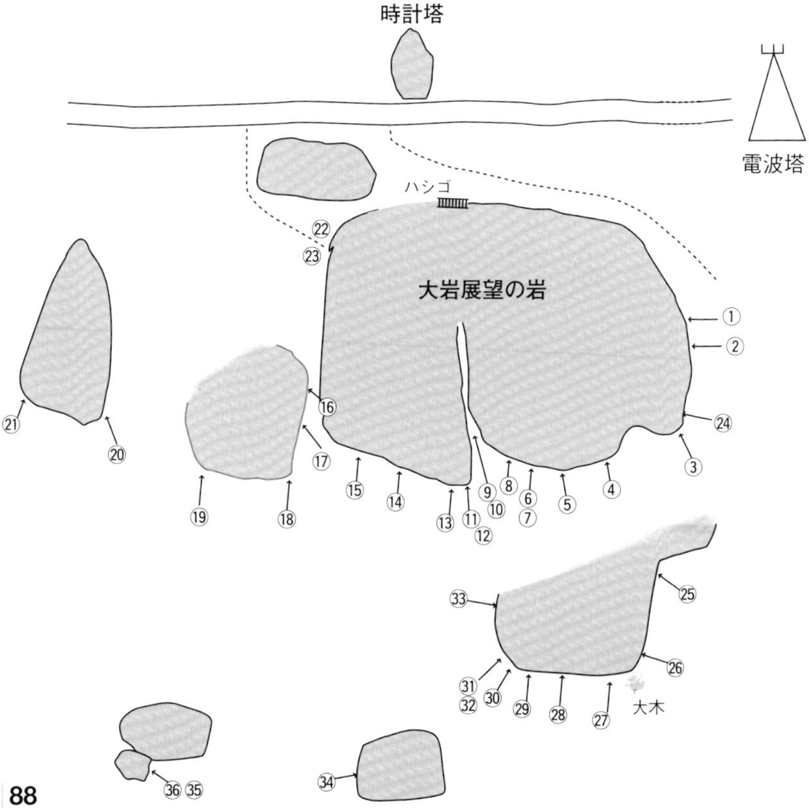

時計塔
電波塔
ハシゴ
大岩展望の岩
大木
①②③④⑤⑥⑦⑧⑨⑩⑪⑫⑬⑭⑮⑯⑰⑱⑲⑳㉑㉒㉓㉔㉕㉖㉗㉘㉙㉚㉛㉜㉝㉞㉟㊱

ルート紹介

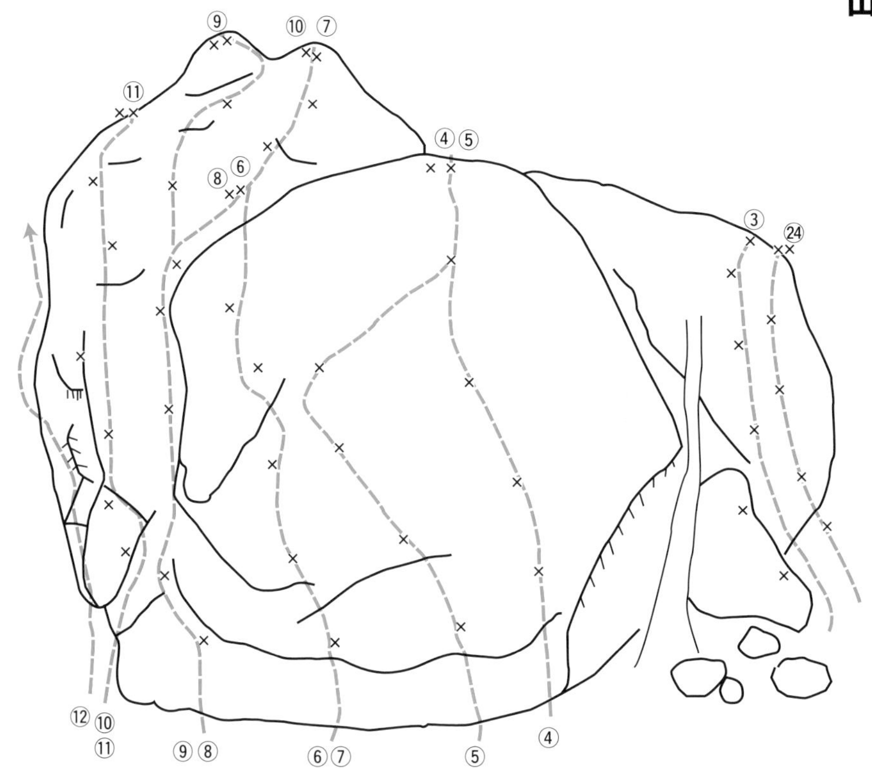

①**カロリ**　5.10d（小山田大）
上部は右からと左からと2通りの登り方ができる。フィンガーパワーが必要。

②**無名ルート**　5.11c（?）
ムーブの組み立てが面白い超好ルート。

③**BBG**　5.8（吉田茜、宗宮誠祐）
リード入門用ルート。最後が少し悪く思わず木をつかむ人も。

④**こっそりどう**　5.10c（磯部大助）
このグレードがギリギリの方は1本目のプリクリップを。

⑤**無名ルート**　5.10a（?）
出だしが悪い。

⑥**知足**　5.10b（宗宮誠祐）
核心は上部だが出だしも悪い。このグレードがギリギリの方はプリクリップを。

⑦**ボンクラージュ**　5.11a/b（宗宮誠祐）
知足の終了点から少し右上して上部まで登る。あまり右上し過ぎるとクリップ出来なくなるので注意（グレードも下がる）。上部はキャメロット0.3番があると安心。

⑧MOL　5.11（吉田茜、宗宮誠祐）
1本目プリクリ。不安なら2本目の下にカムを。おすすめルート。

⑨**破天荒**　5.11a/b（宗宮誠祐）
笠置山レイバックからボンクラージュをオールナチュラルで登る。ナチュラルプロテクションセットに慣れたらぜひ登ってほしいお薦めの1本。

⑩**笠置山レイバック**　5.10a（宗宮誠祐）
二本目と三本目がやや遠いので、この間にナチュプロ（ex.キャメロット1番）があると安心。レイバックとレスト技術（バック&フット、ニーバー）が身に付く。

⑪自由人 5.11a（宗宮誠祐）
笠置山レイバックから、直上し、その後、Anonymousの終了点を横目に右にトラバース気味に終了点へ。右上時に、横クラックにナチュプロ（ex.キャメロット0.3番）があれば安心。ニーバー有効。

⑫Anonymous 5.13a（宗宮誠祐）
持久系ルート。ムーブの組み立てが面白い。最上部ではリーチ差がかなり出る。上部で右のテラスにステミングしてレストすると5.12くらい。

⑬無名ルート 5.12c（?）
下部は２つのボルダー（3級くらい）から構成されている。その後のスラブはややランナウト。最後のフェイスは集中が必要。

⑭運否天賦 5.13 c（小山田大）

⑮曼珠沙華 5.13 d（小山田大）

⑯ダチカンテ 5.12a（成瀬洋平）

⑰シマヘビクラック 5.7（磯部大助）
オールナチュラルのルート

⑱ノーズ 5.12c（小山田大）
核心は下部のボルダームーブ。アノニマスの核心より遥かに厳しくリーチ差も出る。上部は快適な5.11。

⑲ズクナシ 5.10b（磯部大助）
フットホールドの見極めがポイント。最後は左からも右からも行ける。終了点クリップが悪い。

⑳岩茸スラブ 5.10b（磯部大助）
１本目下の出だしが核心。一段上からスタートすると5.7くらい。

㉑岩茸三昧 5.7 B1+NP（成瀬洋平）

㉒ゆず祭り 5.7（成瀬洋平）

㉓笠置山賛歌 5.8（成瀬洋平）

㉔BBQ 5.8（成瀬洋平）

㉕あかねクラック 5.11b（吉田 茜）B+NP

㉖ゆきんこ 5.10a（宗宮誠祐）

㉗鬼門 5.13d/14a（小山田大）

㉘亜門 5.13a（小山田大）

㉙激門 5.13b（小山田大）

㉚破門 5.12d（成瀬洋平）
上部でカム（C#3くらい）が使える。終了点は㉛と共通。

㉛右往 5.10b NP（成瀬洋平）
破門左の細いクラックからスタート。テラスから右の広いクラックを登る。

㉜左往 5.10b NP（成瀬洋平）
右往と同スタート。テラスから左のクラックを登る。

㉝クラックジョイ 5.6 NP（成瀬洋平）

㉞Mr.ベン 5.12b B2+NP（成瀬洋平）
短くボルダリー。スタートは左の岩から。

㉟ハリオ 5.11b/c（成瀬洋平）
二段に重なった岩を登る。上部は右寄りに登って直上。最後にカムがあると良い。

㊱天命反転地 5.11d（成瀬洋平）
㉟と同じスタートで、上部は足技を駆使しながらルーフを水平トラバースするユニークなルート。

ボンクラージュ 5.11a/bを登る宗宮誠祐

ズクナシ 5.10bを登るアナ・レドモンド

アノニマス 5.13aをリードする宗宮誠祐（撮影/早川百合子）

アノニマス 5.13a下部核心を登る吉田茜

カロリ5.10dと三ツ星の無名ルート5.11cで遊ぶ自由人のメンバー

北山岩

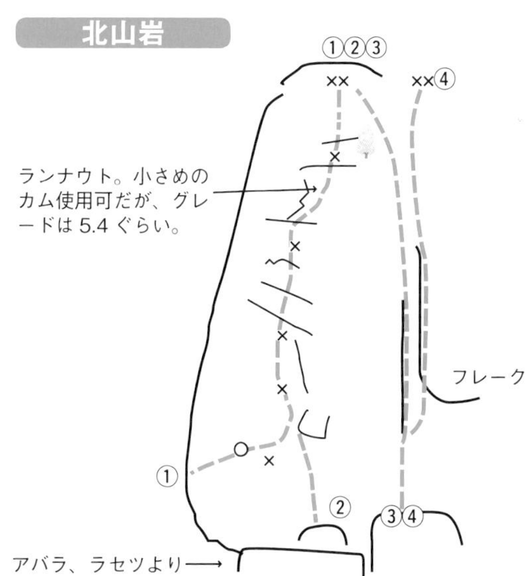

①**バウンダリー** 5.11b（北山真、飯山健治、遠藤由加）

②**バウンダリーダイレクト** 5.12b(飯山健治)

③あきん亭 5.10a NP （成瀬洋平）

④あきんめん 5.10a NP （成瀬洋平）

フレークへのダイレクトスタートも可能だが、 相当難しい。

59 美濃 フクベ FUKUBE

D A T A	
岩　　質	硬質凝灰岩
おもな傾斜	100〜135度
課題総数	400（本誌掲載分300）
シーズン	3〜6月、9〜12月
場　　所	岐阜県美濃市片知

▶**アクセス**／東海北陸道美濃インターから北へ。美濃市内に入り新美濃橋を渡り、片知方面へ。右手に自由の女神が現われ、その先を右折。片知川沿いに走り、神社の前の入山受付所で300円を支払い、入山記録簿に記帳。ここから5分ほど走れば大きな駐車場とトイレのある広場へ。

▶**キャンプなど**／▶上流の大駐車場横の砂利広場で可能。新美濃橋の下の河原は、橋を渡れば道の駅、コンビニもあるし、インター周辺に買い出しにも行けて便利。

概　要

昔からハイカーに広く親しまれる瓢（ふくべ）ケ岳、その下を流れる清流片知（かたち）渓谷、その周辺に点在するボルダー群は、2003年頃より、東海のクライマーを中心に開拓が始まり、2005年頃には関東や関西からも開拓に参加。初心者から上級者まで楽しめる、国内を代表するエリアの一つとなった。現在も東海地方のクライマーを中心に開拓が進んでいる。

今回、掲載に漏れたエリアの最新情報については、Facebookの「フクベボルダリング開拓チーム」のページで随時更新されているので、そちらを参照されたい

■**利用上のルール**

1 協力金（300円）を必ず支払い、入山記録簿に記帳すること。
2 用便は上流のトイレを使用する（冬季は閉鎖）。なるべくコンビニなどで済ませてくること。
3 ゴミは持ち帰る。他人のゴミでも落ちていたら拾う。
4 駐車は駐車場か広い路側帯に。工事車両が通ります。
5 地区のイベント開催のためキャンプできない場合があります。
6 ボルダリングは危険がともないます。万一事故が発生しても、当クラブおよび財産区議会は一切の責任を負いかねます。

瓢クライミングクラブ（FCC）

▲1163
瓢ケ岳
フクベ
ボルダーエリア
美濃和紙の里会館
（風呂200円）
ふれあいセンター
火曜休
午後6:30まで
片知川
高山方面
板取川
自由の女神
スーパー
YAMASAKU
新長瀬橋
武芸川温泉
（ゆとりの湯）
美濃ICより10分
入浴料600円
10:00〜21:00
（入館は20:30まで）
木曜休
ファミリーマート
新美濃橋
ファミマ
道の駅
東海北陸自動車道
長良川
美濃IC
岐阜
岐阜・名古屋方面

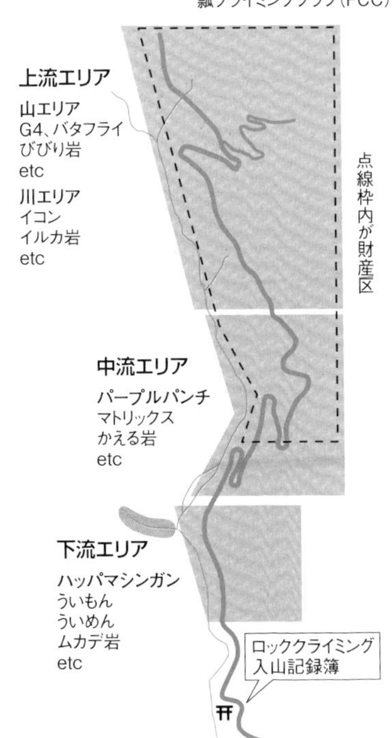

上流・山エリア

0 大駐車場前岩

左から右へ。7級、4級、3級、6級。

❶ ミニクジラ岩

① 太平洋　3級
② 　5級
③ 　6級

① ミニクジラ岩

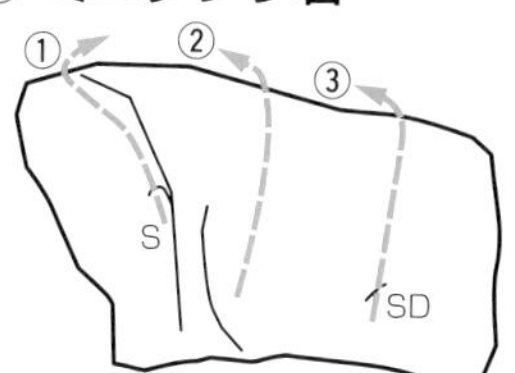

❷ オープンブック

① 　2級　下敷き石OK
② 冬の火　三/四段
③ 　二段
④ シンバル　三段
⑤ シンバルン　三段+
⑥ 　1級
⑦ シンバ　三段
ルーフカンテからスタートし、⑥に合流
⑧ すずめばち　二段
⑨ ハッチ　四段

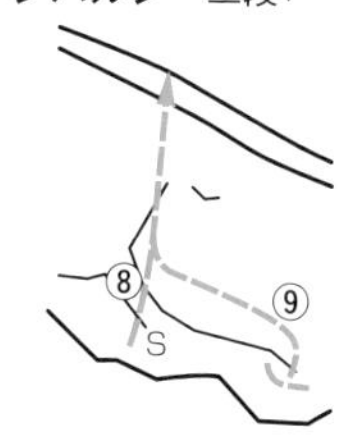

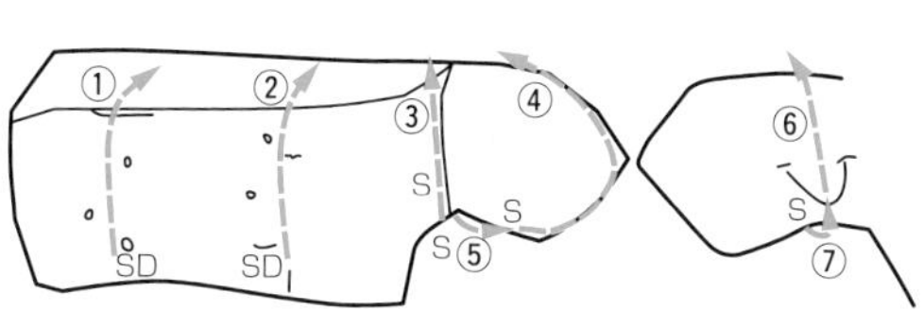

❸ うぐいす岩

① トラバース　6級
② ケキョ　3級
低めのカチからスタート

③ うぐいす岩

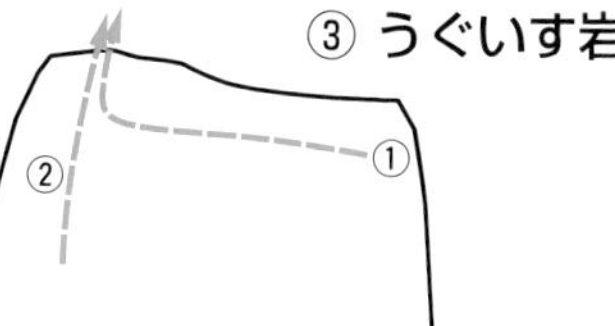

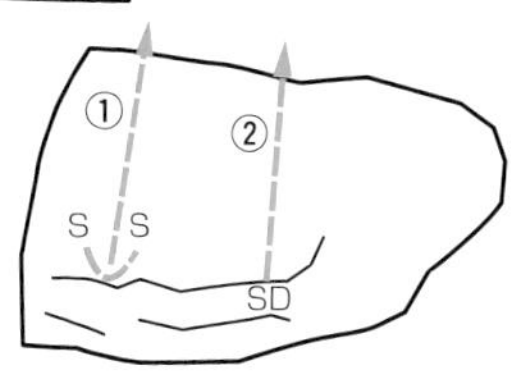

❹ 白い犬岩

① ミルモでポン　3級　カンテは制限
② スヌーピー　2級　右カンテ制限
③ ワルツ　4級
④ 　3級　左カチ・右ポケット
⑤ 小人のプライド　1級　三/四段（SD）

④ 白い犬岩

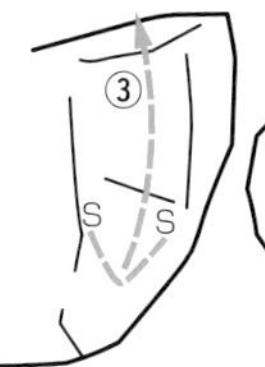

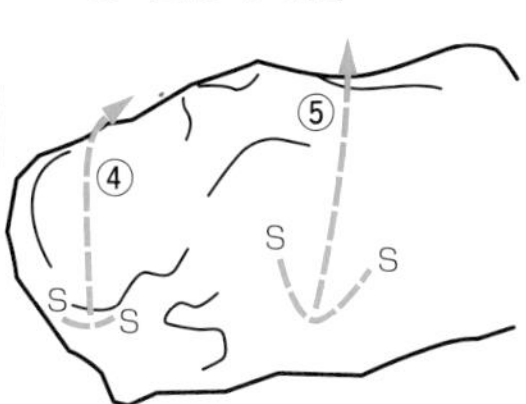

⑤ エメルの岩

①エメル　初段
②ちはる　1級/初段
③ちなつ　初段
①に合流

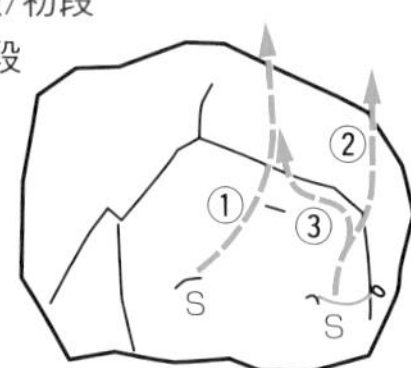

⑥ 化石岩

①シャボン　5級
②　10級
③純　4級
④　6級

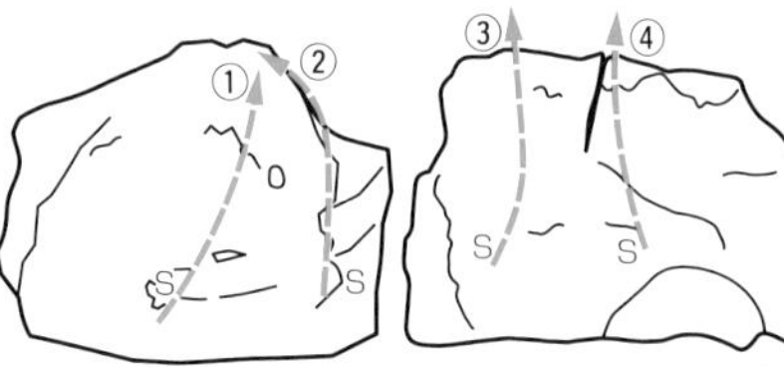

化石岩右面にはサンシャイン牧場（2級）、抜けがけ(4級)、逃げ腰(4級)

⑦ おおスラブ

①スローピーホッピー　二段
②左　6級
③中央ライン　4級
あと一手が核心
④右　9級
⑤ホッピングマシーン　初段
リップ～カンテ直上
⑥クロスゲート　三段
①～⑤に合流
⑦Slop Slope　三段+
⑧ポッピーエンド　2級

⑧ さざなみ岩

①　5級
②　4級
③　2級

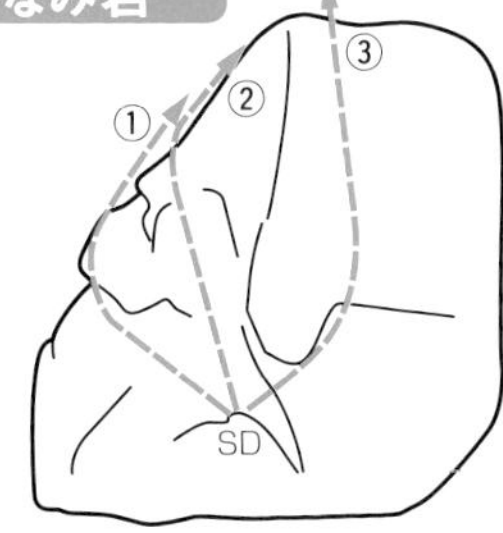

⑨ かぶと岩

①マイケル大佐　3級
②マントル少佐　4級
③サンダース軍曹　6級
④ボブ二等兵　10級

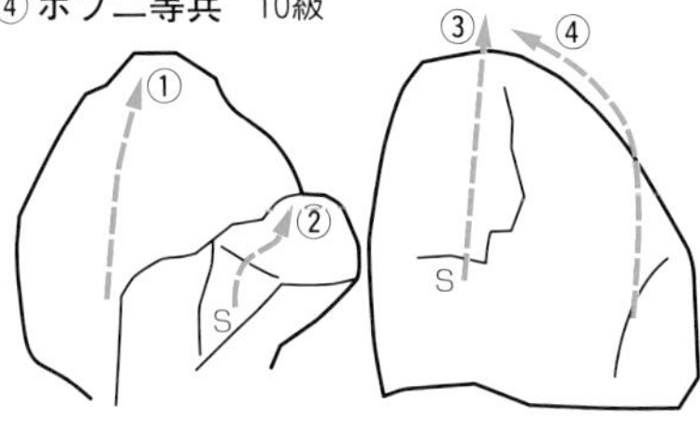

⑩ 木の下ロック

①カンテ　5級
②チェリー　4級
右面に移動したら左カンテは制限

⑪ カチロック

①ガバ　10級
②トリック　1級
ランジ課題の、だいなしトリック(1級)、ハットトリック(二段)がある。
③マジック　初段
④カンテ　4級
⑤おしめり　4級　リップ制限
⑥トレバース　6級

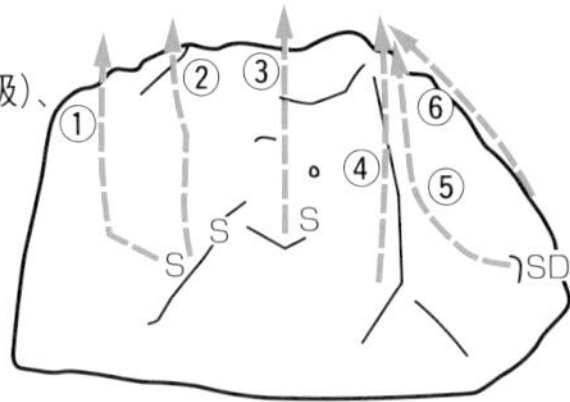

⑫ UFO

①宇宙1　3級　（トウフックをかけ、アンダーを
②宇宙2　3級　　両手スタート
③宇宙3　初段
かぶり面をトラバース　クラックは制限
④ナメック星人　初段
⑤星から来た友人　初段
⑥ベガ　初/二段　いちばん左奥をSDスタート

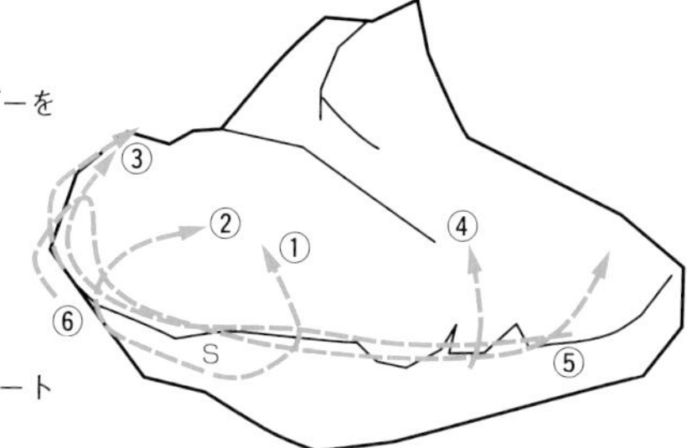

⑬ バター岩

①バターマントル　4級　左のガバは制限
②ショートラ　3級　①に合流
③トラバース　1級　②に合流

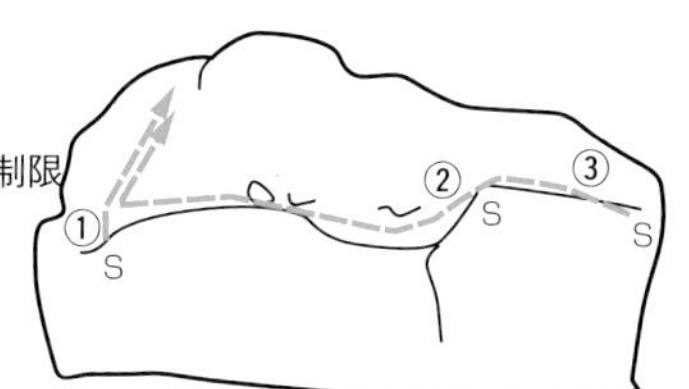

⑭ びびり岩

①びびり　4級　左面のガバスタート
②呼魂　1級
③のぞみ　初段
④ヒールポイント　4級
⑤バックドロップ　1級
⑥Tバック　二段
⑦夜陰　四段
⑧夜明け　四段+

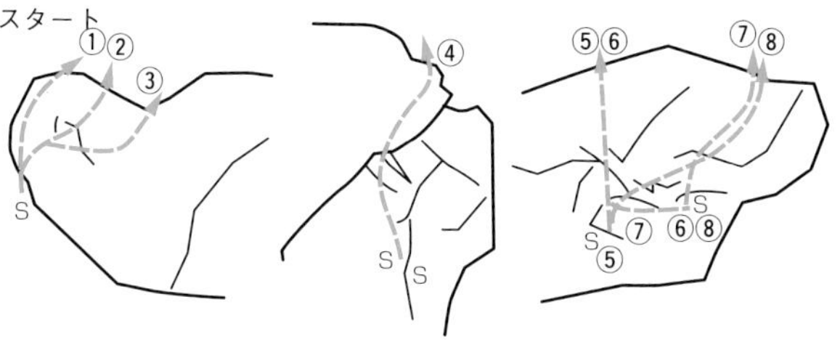

⑮ ペパーミントロック

トラバース　3級
スタート後のリップガバは、制限左側のカンテからはスラブでOK。回り込んでから左ガバで上がる

⑯ 枕　岩

①ぶよ　初段
②ぴっころ　1級
③サンシャインパワー　二段
トラバースから②に合流
④枕　初段
⑤　1級
⑥　5級

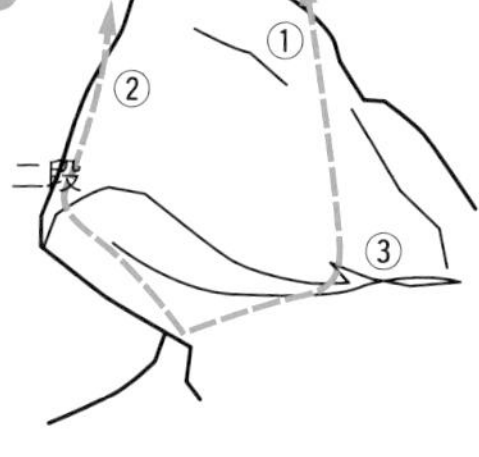

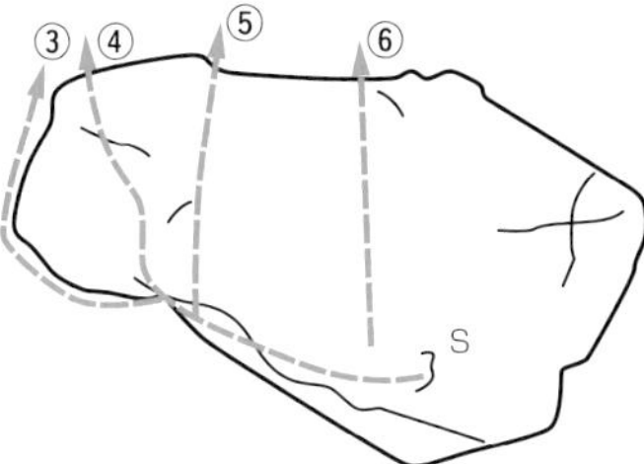

⑰ 師走の大掃除岩

①バイキンマン　8級
②ドキンちゃん　7級
③大掃除　5級

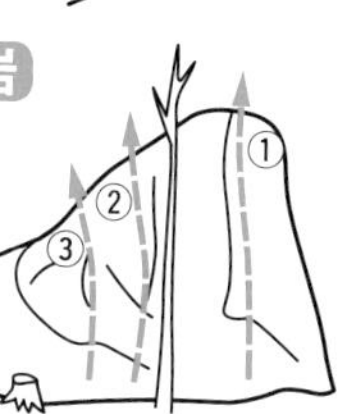

⑱ 砦 岩

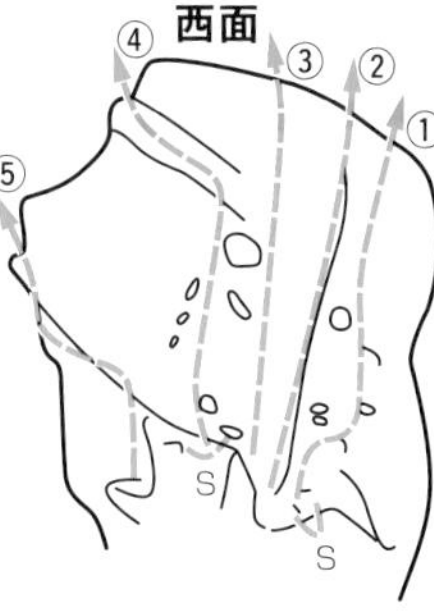

① **ロッサ** 初段
縦カチでSDスタート
② **クラック** 7級
③ **スラブ** 6級（危険）
④ **ポケモン** 3級
右手リップのポケ・左手ルーフのガバスタート
⑤ 2級
ルーフのガバスタート〜リップトラバース〜ランジ

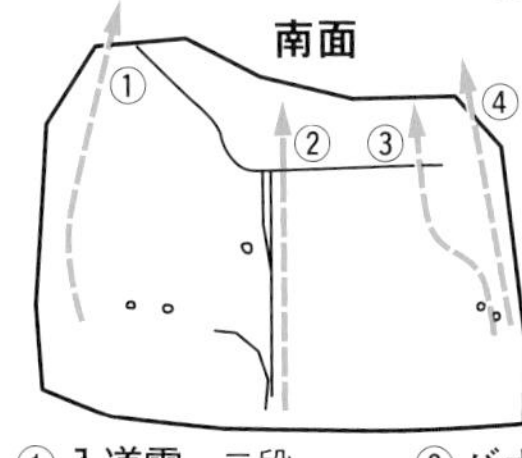

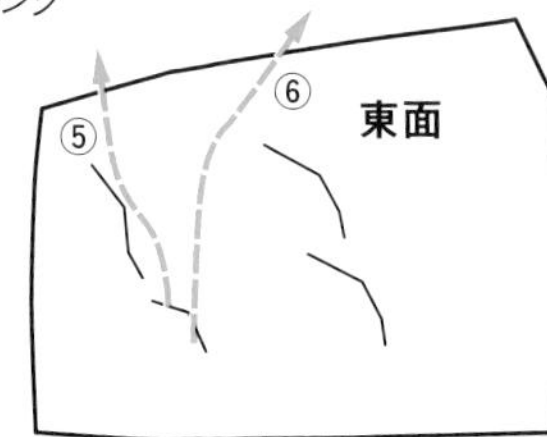

① **入道雲** 二段
② **バナ** 1級
③ **バナナ** 二段
④ **ナバ** 二段
⑤ 5級
⑥ **原始人** 3級

⑲ 見晴らし岩

① **はじめの一歩** 4級
② **ポコペンa** 4級
③ **アン** 4級
④ **トラバース** 1級

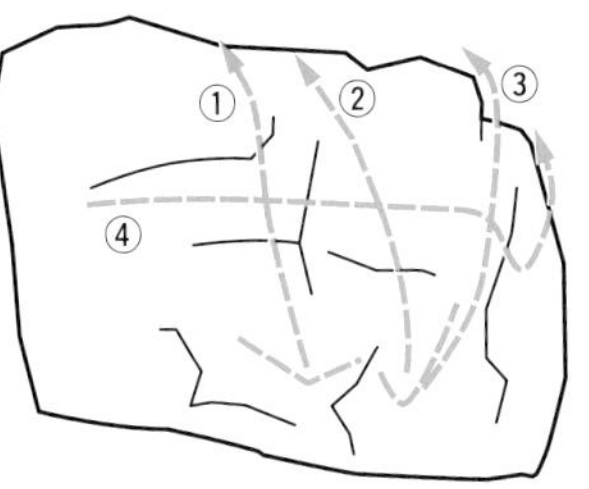

※課題のすくない岩は図を省略しています。

⑳ ミニハイカラ岩

① **ハイヒール左直上** 5級
② **ハイヒール** 5級
③ **Sライン** 二段
④ **KIWA** 1級
⑤ **タケコプター** 初段
⑥ **Mライン** 初段+
⑦ **モモコ** 7級
⑧ **ツノ右行き** 3級
⑨ **ツノ左行き** 2級
⑩ **ツノツノ** 1級 ⑧⑨往復

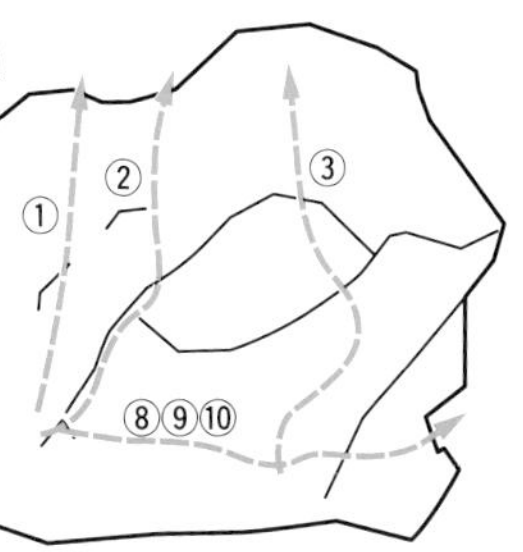

㉑ 突ガバ岩

① 6級
② 4級
③ 3級 ガバポケットからトップアウト

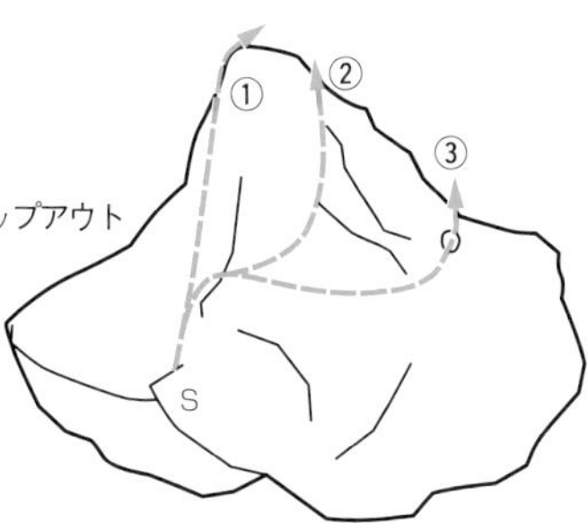

㉒ おけいこ岩

左から右へ
① 6級
② 5級 カチとポケットでスタート
③ 3級
④ **おさらい** 3級 右スラブに上がる

㉓ 古城岩

左　9級
右　3級　マントル核心
トラウマ　初／二段

㉕

箱庭　5級
ルーフいちばん奥のガバ穴からスタート

㉗

① 紅葉　1級
両手スローパー、右足をトウできめてスタート～右上

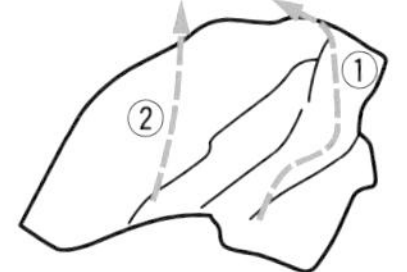

② スラブ　6級
両手ガバスタート～スラブ中央を直上

㉔

スネークヘッド　1級
ルーフのカチとカンテを持ってスタート

㉖

クラッカー　5級　クラック沿いに
腰掛け　5級　ガバでスタート
タペストリー　初級（右下SD二段）

㉘

① ヨイショ　5級
カンテを直上

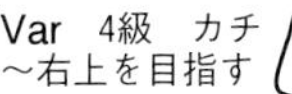

Var　4級　カチ～右上を目指す

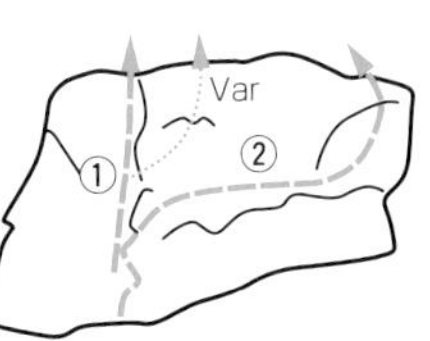

② 軽くヤバイ　3級
①のスタートから右トラバース～ルーフ～マントル

㉙ ミニハイカラの下岩

① ポチ　3級
右手ポケ・左手フレーク～ポケ経由
② ケチ　3級
右手ポケ・左手フレーク～ランジ
③ あーらよ　4級
右手カチ・左手ガバ穴スタート　カンテは制限

㉚ G 4

① G4　四段
② メインガ　四段－
③ ジェーヌ　初段
④ ボンボン　初段＋
⑤ CCCP　初段
⑥ CCCP　1級
⑦ CCCP　初段＋/二段－
⑧ 金華山　初段
⑨ 金華山　2級
⑩ ダバイ　2級
⑪ メインガエクステンション　四段＋

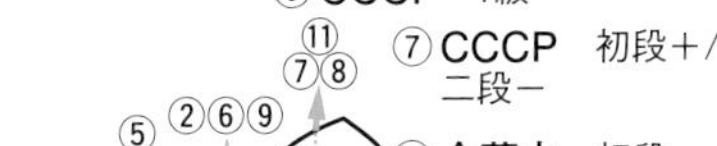

㉛ バタフライ

① モス　初段
② モスラ　二段＋/三段－
③ モスラ　初段
④ バタフライ　二段
⑤ バタフライ　8級
⑥ バタフライ　2級
⑦ ストーンライダー　三段
⑧ ガ　二段

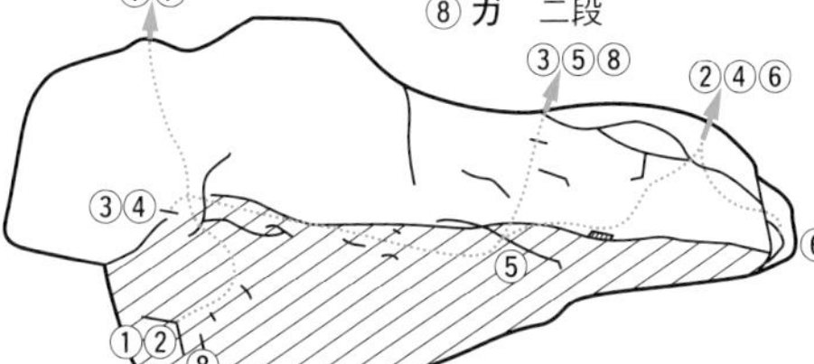

㉟

① シャム　三段
② 3級

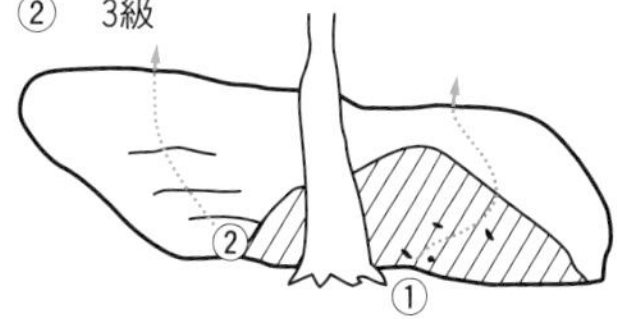

上流・川エリア

3級
左下のガバスローバーを両手スタート～右へトラバース～マントル

3

インビーダンス　二段
ルーフ下中央のガバ穴からスタート。途中のガバスタートで初段

1級
ルーフ下のフレーク状を両手スタート

5

3級
左端のガバ～右端までトラバースして上がる

6

① ミサイル　初段
岩の基部～先端～マントル

② デッキ　4級

7 イコン岩

① イコン　四段
中央ガバポケット～先端～マントル

②　3級　側壁を登る

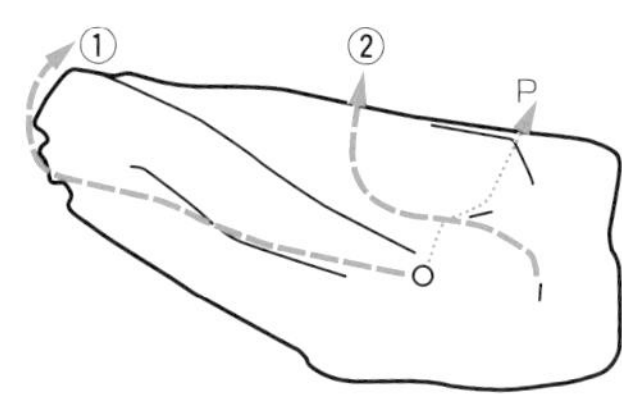

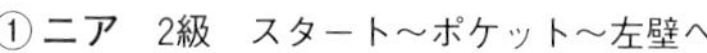

① ニア　2級　スタート～ポケット～左壁へ

② エル　2級　スタート～カンテを使って左抜け

③ ドルフィン刑事（デカ）　2級
スタート～正面

④ フック船長　2級　スタート～右抜け
①～④はすべて、左手ルーフしたのカチ・右手ルーフ下右側のガバカチでスタート

①　初段
下のガバ～直上

②　2級
右端のガバ～トラバース～①に合流

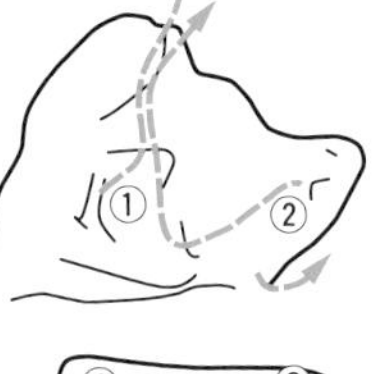

8-2

③ きなこ　二段

④　1級

⑧-3

⑤　5級

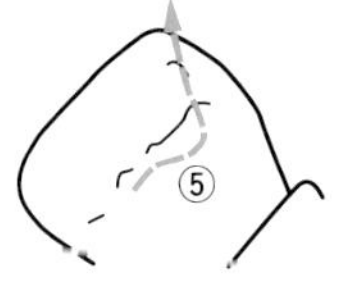

⑨ マントル岩

①左　4級
②右　4級

⑩ あねご岩

①あねご　3級（SD）
②あねき　3級（SD）

⑪ シャーロック

①さしがね　3級
②ものさし　4級
③プロジェクト

⑫ ペケスラブ

①真中　5級
②右ガバ　7級

⑬ がばマントル岩

⑭ ⑮ 三角岩

①カンテまわり　6級
②いかんて　3級　左カンテ制限
③あかんて　3級
④ブーメランスネーク　1級
⑤チョックストーンアタック　4級
⑥ケンショク　5級
⑦ポリンキー　初段
⑧プリングルス　初段

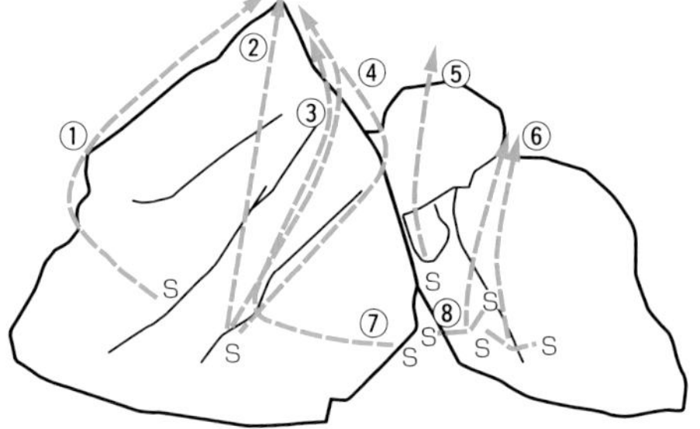

⑯ 無名岩

ガンシップ　初段
出だしのランジ核心

⑰ 通り雨の岩

通り雨　1級

⑱ まめ岩

18歳　2級

⑲ アニーロック

①　6級
②アニー　2級
サイド部分を両手スタートする
③　4級
④　1級

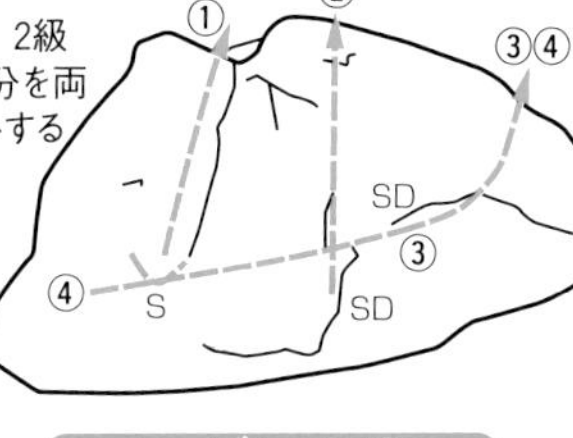

⑳ ダンカ岩

①ダンカ　4級　クラックからスタート
②ロッキー　5級　アンダースタート
③プロジェクト
④ゲリラトラバース　1級

㉑ 門の岩

①狭き門　2級
②幻の門　三段
ルーフ奥から①に合流
③破門　四段
④門　四段

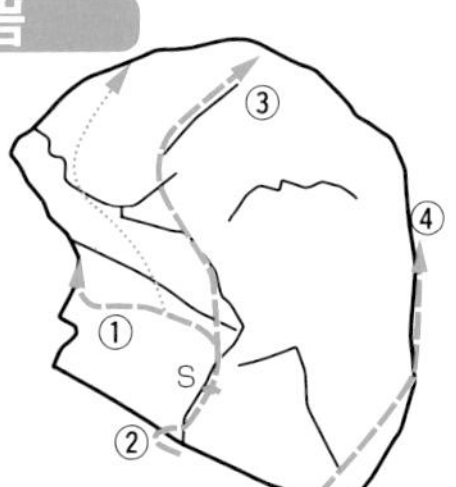

㉒ ぴょん吉岩

ガバポケットから両手スタート

①梅さん　3級
②ひろし　5級

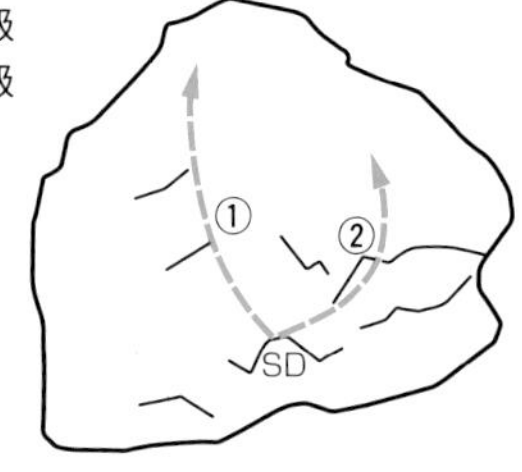

上流追加エリア

①門の岩
②裏山女魚岩
③山女魚岩
④もみじ
⑤朽木岩
⑥眠気
⑦チャンプ岩
⑧無名岩
⑨落ち葉

ダマスカス 三段
ジルコン 四段

❷ 裏山女魚岩

熊蜂 1級
外傾したカチでトラバース。傾斜もきつく足場が悪い。右手左手カチスタート。直上はプロジェクト

❹ もみじ

4級

❺ 朽木岩

① **朽木** 初段
両手スタートでポケット直上

② **ザワ** 初段
両手ポケットでリップにランジ

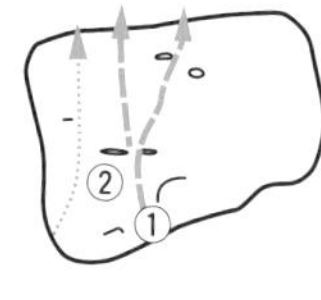

❻ 眠　気

① 4級 マントル

② 6級

❾ 落ち葉

3級

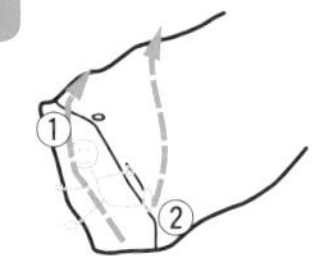

パープルパンチ

中流エリア

①小鯰岩
②ユージ岩
③オサム岩
④大鯰岩
⑤クイーン
⑥大滝岩
⑦幻カンテ
⑧ハイボルダー
⑨坊主岩

❹ 大鯰岩

① **大鯰** 1級
左右ポケットからスタート。SDは初段。

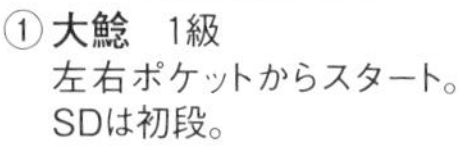

② **シュンサツ** 初段

❼ 幻カンテ

① **幻カンテ** SD 初級
② **無題**

❾ 坊主岩

グリーンレインボー 初段
SDスタート。スローパー課題

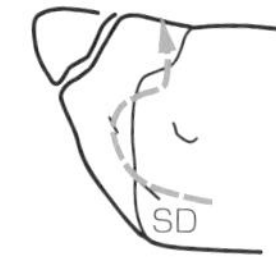

中流エリア

❶ レボリューションズ

① 予告編　4級
② 　2級
③ ブコヤング　1級

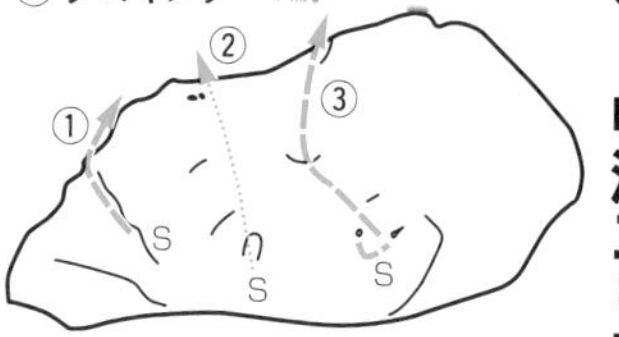

❷ マトリックス

① リアルアールド　初/二段
② 怒りの矛先　初段
リップスタート
③ トレインマン　二/三段
①②をリンク
④ EMP　初/二段
アンダースタート
⑤ アンフェア
三段+　④に合流

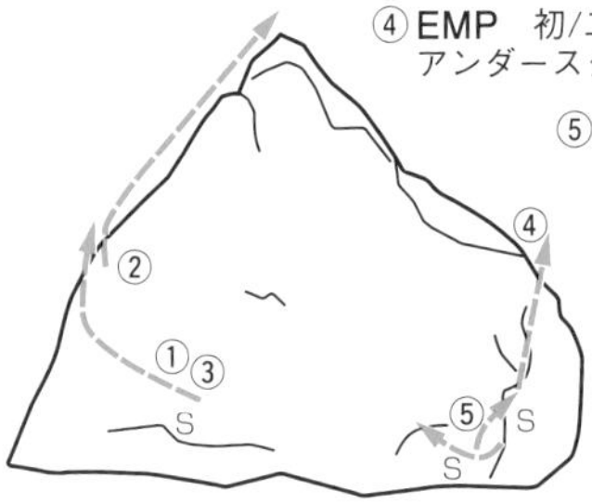

❸ ザイオン

① スミス　2級
② トリニティ　4級
③ 　3級
④ モーフィアス　3級
⑤ エージェントスミス　1級　①に合流

❹ リローデッド

① 伝家の宝刀　2級
② マロンの宝玉　初段
①に合流

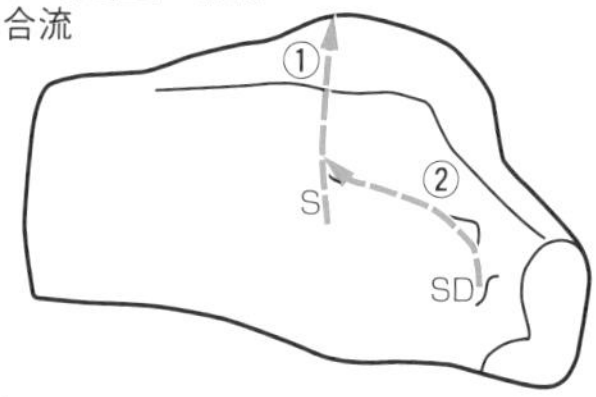

⑤ はぐれ岩

① 8級
② やもり 2級
③ ライディングスネネーク 3級
④ イヤン 4級
⑤ リーチ 3級
⑥ 逃げ道 6級

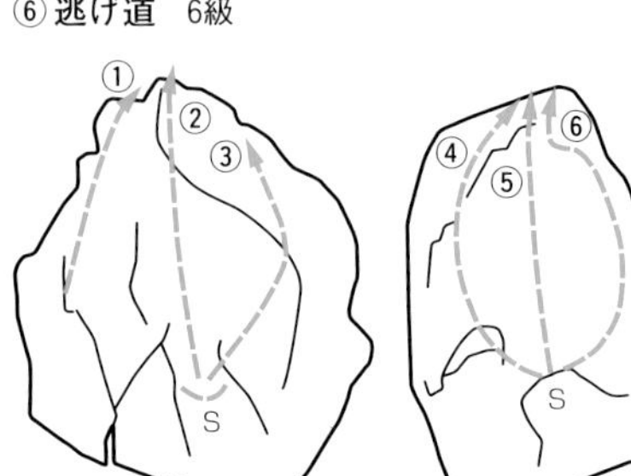

⑥ パズル岩

① 知恵の輪 3級
② ミニパ 2級

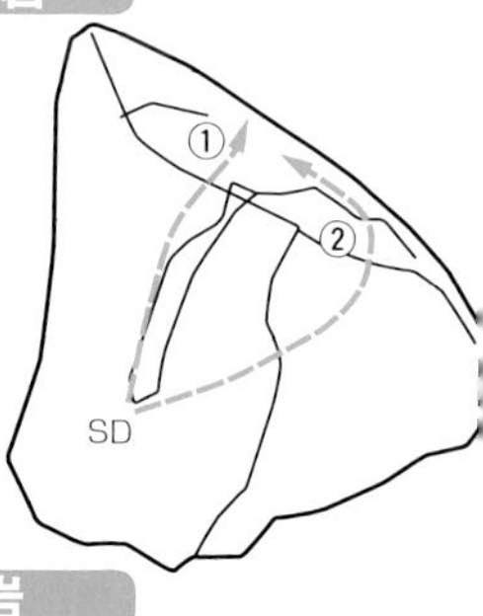

⑧ 砂防岩

① 5級
② WAG 2級
③ 4級
④ 6級

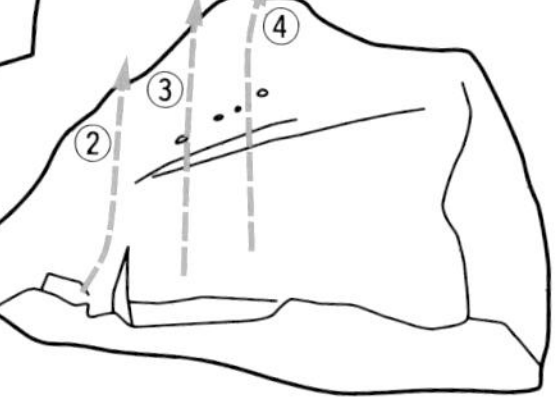

⑦ 忍者岩

③ 忍び足
④ 蟻地獄 初段
瀬戸

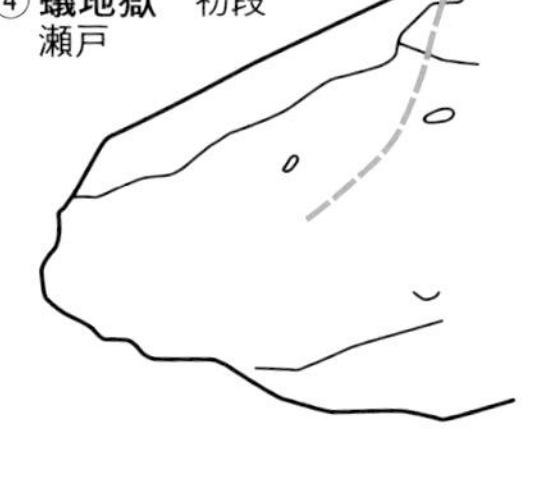

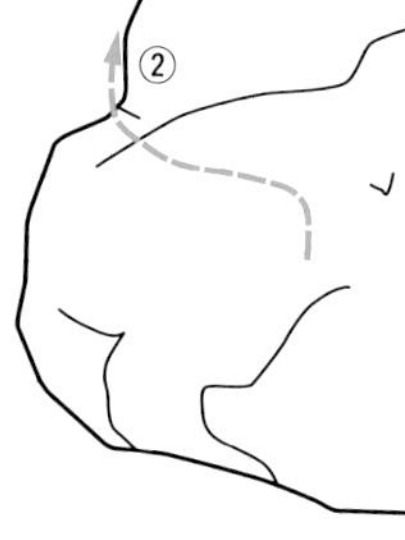

⑨ どてした子岩

① やんちゃ坊 3級
② ガキ大将 4級

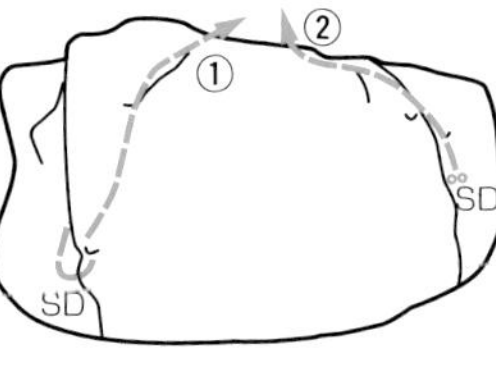

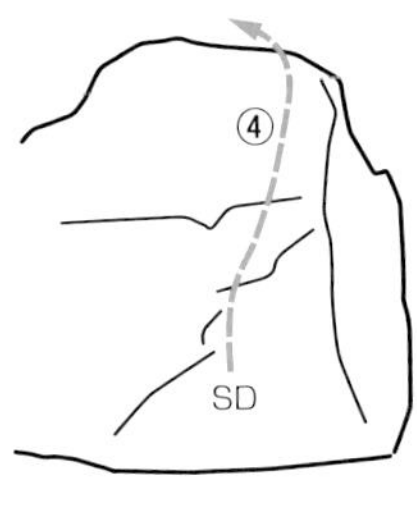

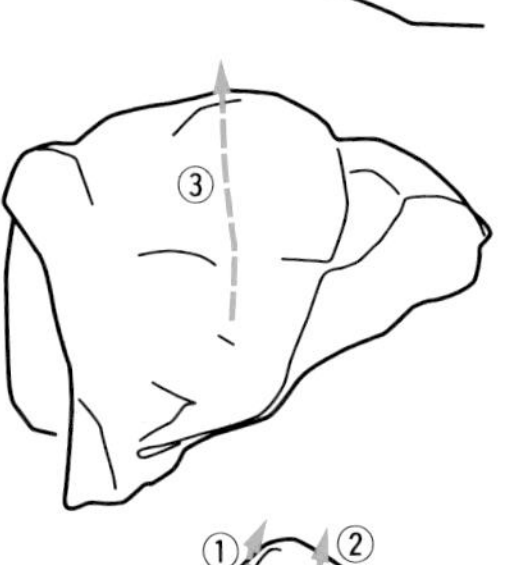

⑩ どてした親岩

① 足使い 4級
② 小遣い 5級
③ すねかじり 3級

⑪ ワイヤーロック

①②③ プロジェクト

⑫ ジーンズロック

パルスコントロール　2級

⑬ 無名岩

① 7級
② 4級

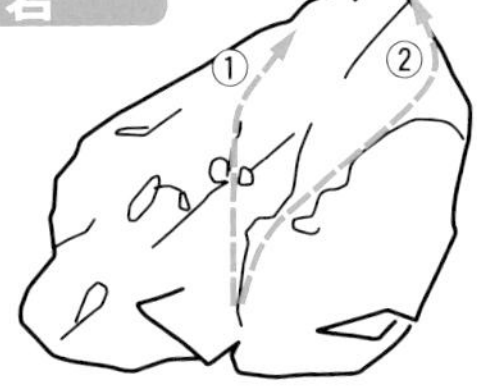

⑭ 無名岩

① 5級

⑮ 象さんスラブ

① 7級
② 6級
③ 5級
④ 7級
⑤ 6級
⑥ 4級

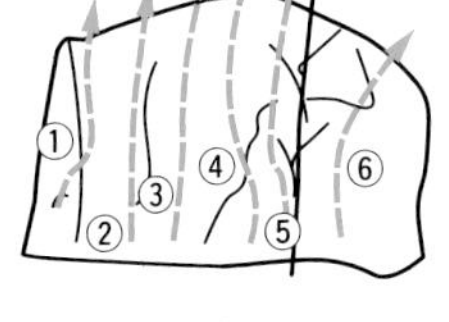

⑯ 楓　岩

①**メープルシロップ**　3級
右端ガバスタートで木の左側までトラバース

②**楓（かえで）**　2級
水平クラックスタート～スローパー　下の石は使用可

③**裏アンダーソン君**　5級
楓の下、アンダーソン君の裏側

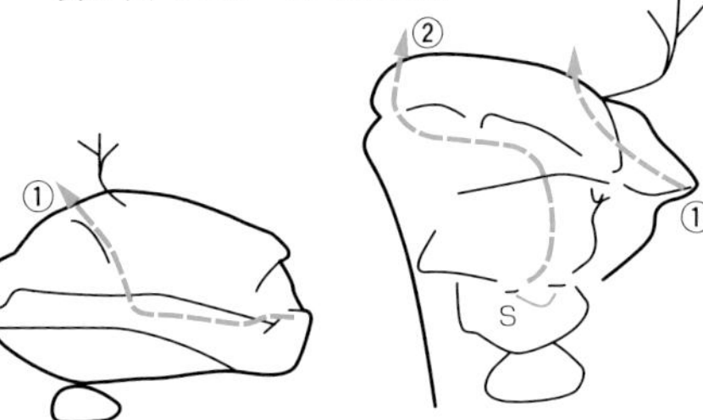

⑰ 楓岩の右上の岩

① 2級
カブリ中の両手カチでスタート～リップにデッド～マントル

⑱ カエル岩&大山椒岩

①**ガマ親分**　5級
ルーフのガバアンダー～直上

②**ガマトラ**　4級
①のルーフを越えたら左フェイスへ回り込み右側の上に抜ける。 大山椒岩は制限

③**カエルの背中**　4級
中央のカチを両手スタート。左側のガバは制限

④**カエルのシッポ**　4級
尖ったホールド～右上ぎみ～マントル

⑤ 3級　SDスタート～デッド一発

⑥ 4級　SDスタート

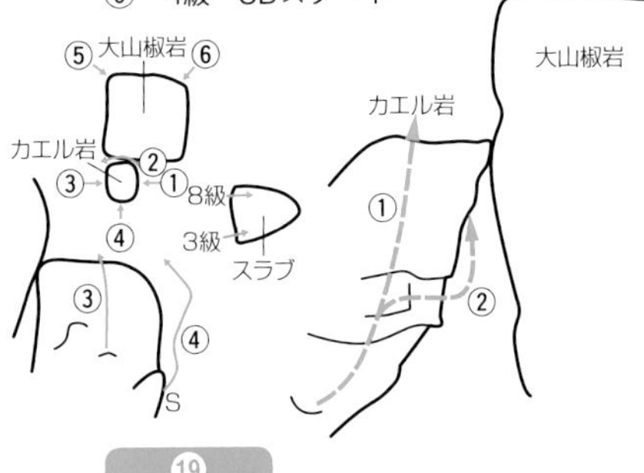

⑲

①**刃牙**　初/二段
右手カチ・左手アンダー、足はヒールで挟んでスタート～カンテ～マントル

② 5級
ルーフ下の両手ガバスタート～直上～マントル

③ 2級
Bのスタート～カンテ～マントル

④**ベリーロール**　3級
Bスタート～左のリップトラバースマントル

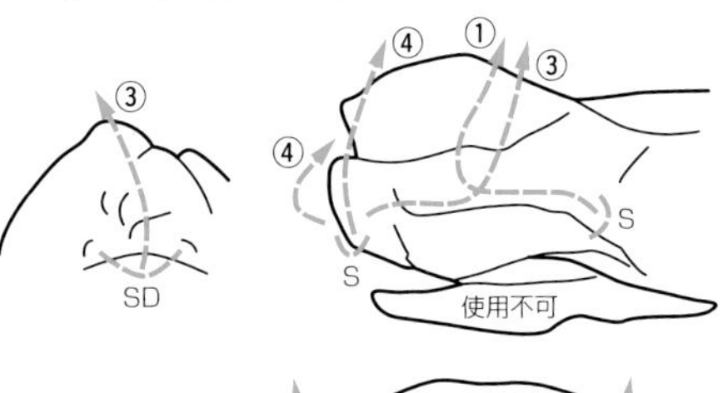

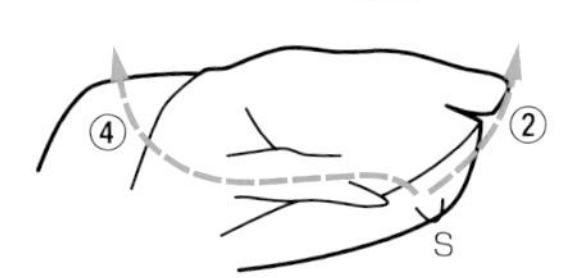

⑳

突き出し　5級

㉑

ひもパン　2級
両手ガバスタート。 右の石は制限

㉒

① **のむのむ** 二段
両手を水平ガバ、核心は右手ランジ

② 4級
Aのスタート〜左の
リップを登る

㉓

① **アナドレン** 3級
ガバのいちばん左〜
右側に回り込み右手
前凹角直上

② **不明**

㉔

① **白文字** 二段
両手ガバ〜やや右へク
ラックを目指す

② **黒文字** 5級
ランディング悪いので
注意!

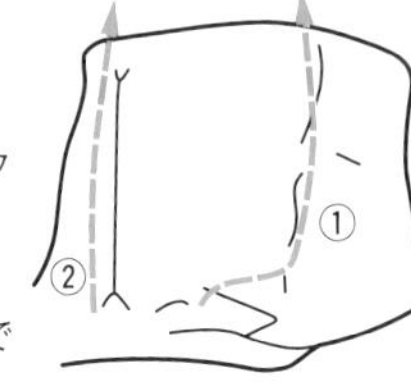

㉕

カンブリア宮殿 3級
縦カチを両手スタート、カンテ限定Varもあり

下流エリア

❶ かやの岩

① **(左)かやトンボ** 3級
② **(中央) かやのジャンプ** 二段?
③ **(右)モリアオガエル** 4級
下流側に、かやかや(3級)、カヤヤ(2級)

❷ 蛙 岩

① **青い苔** 2級
② 1級 アンダースタート
③ 2級 ヒキガエル
④ **アサガオ** 4級
⑤ **ハッパマシンガン** 二段

❹ ケーキ岩

① **マントル** 2級
② **紅葉** 2級
③ **ケーキ** 初段

❸ くもん岩

くもん 2級 (SD)

⑤ 表裏岩

① 豊田っ子　5級
② チョビヒゲ　3級
③ 黒ひげ　1級
④ 赤ひげ　初級

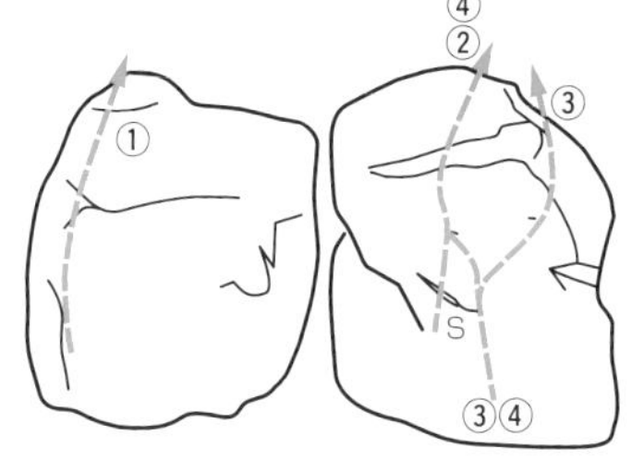

⑥ テスト岩

① 美濃虫　2級
② プロジェクト
③ ダブルリーチ　3級
④ JOY　5級
下地が悪い
⑤ 玉虫　初段

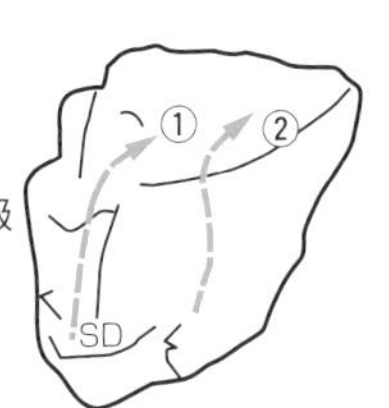

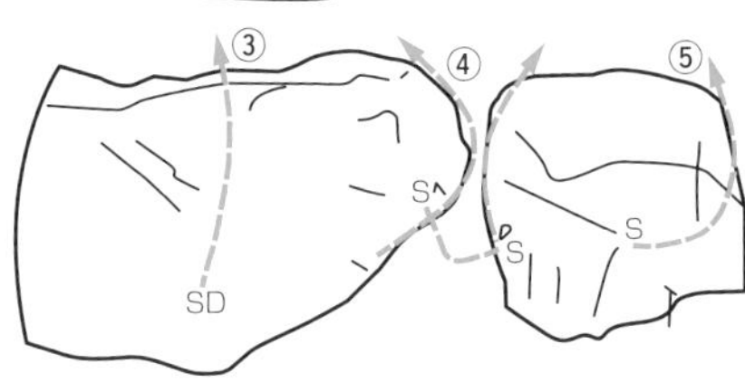

⑨ シエ

① HS クラック制限　3級
② クラック　7級
③ ななふし　1級（SD初段）
④ 　3級
⑤ 入門　4級
⑥ 　3級
⑦ かまどうま　2級
⑧ 右上がりのダンディ　2級
⑨ 　4級
⑩ 萌え　初級

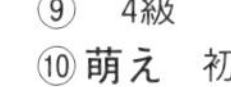

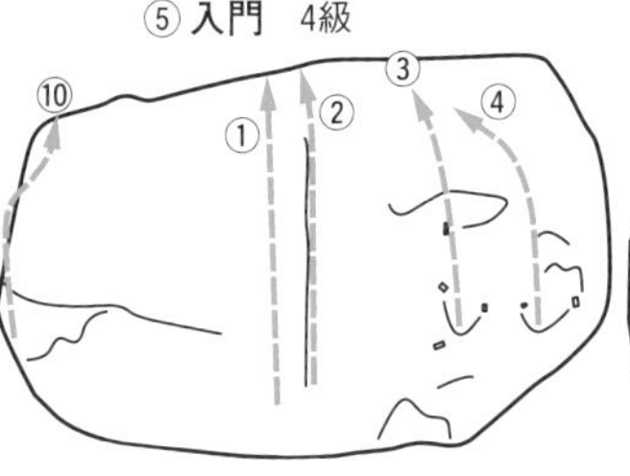

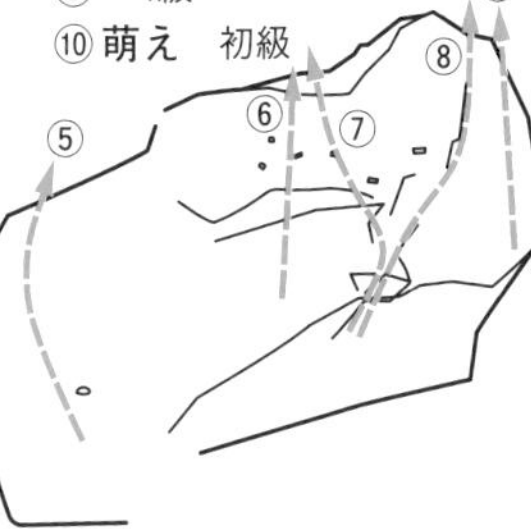

⑩ チビ岩

① チビツー　4級
② チビ　3級
③ まんとる　3級

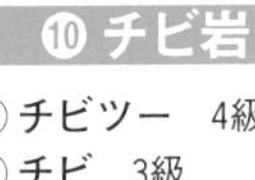

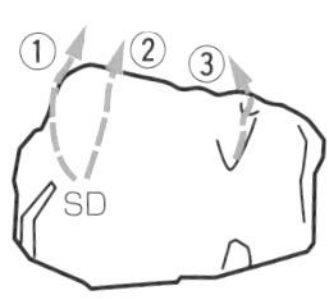

⑪ フリードロック

① バースター　3級
② 　7級
③ トラプター　初段
ランジー発

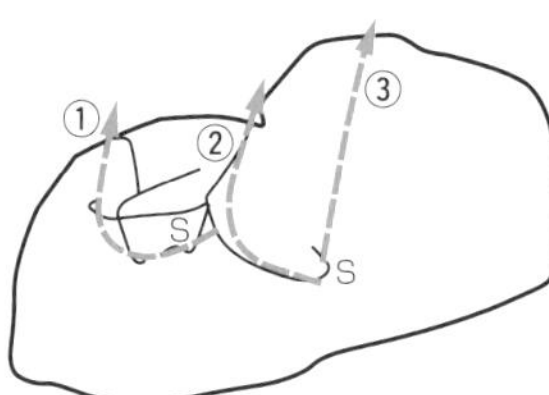

⑬ ハッスル岩

① 　8級
② 　6級
③ 　2級
④ 　2級

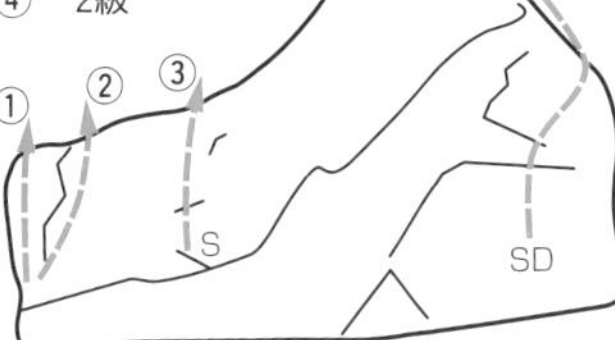

⑮ おはじき岩

マントル　4級

⑭ マッスル岩

①指トレ　3級
　クラック沿いに左上
②足トレ　4級
　フレークから直上
③夏至　三段
④燃える上腕二頭筋　2級
⑤夏の日　初段＋
⑥夏の日々　二段+
　右端ガバから⑤に合流する
⑦マッスルパワー　三段
⑧秋の香り　二段－

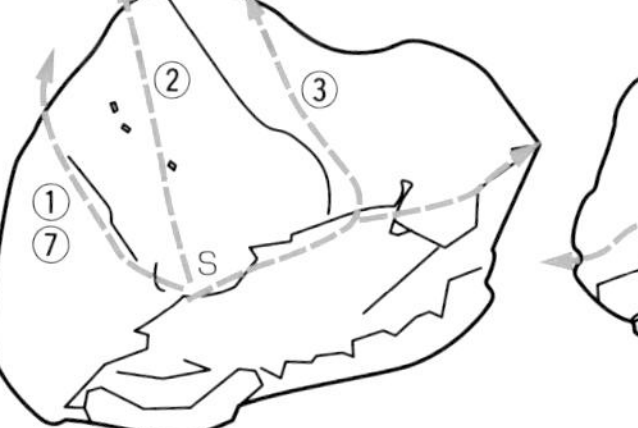

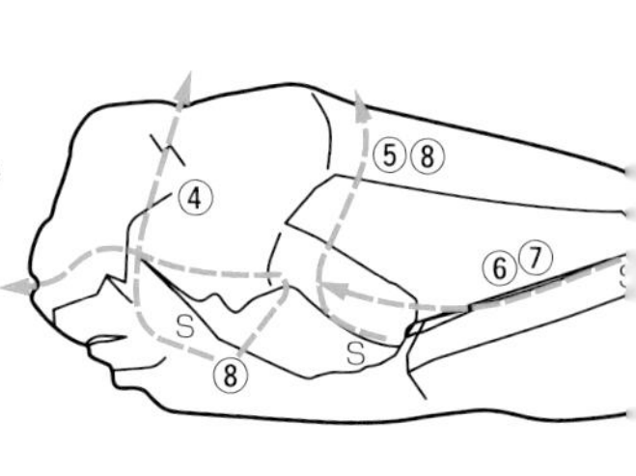

⑯ 河馬岩

クッパ　3級
　立ち上がりで終了

⑰ ムカデ岩

①トカゲ　2級
②ムカデ　3級
③ゲジゲジ　2級　カンテは手のみ
④じゃじゃまる　二段　小山田
　③に合流する

⑰ ムカデ岩

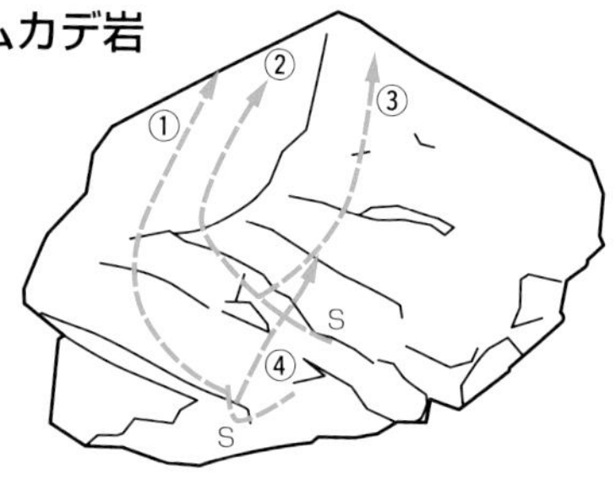

⑱ 肩掛け岩

①われめ　7級
②　2級
③ぽろり　初段　小山田

⑱ 肩掛け岩

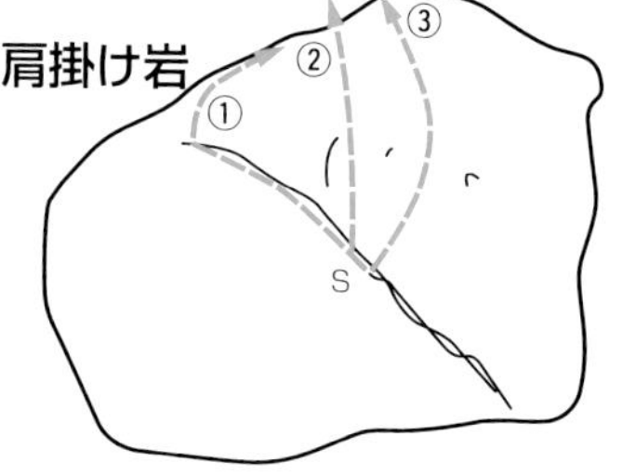

⑲ 土　台

マグマ　1級　田中

⑳ 中州の岩

①　4級
②　3級
③　6級

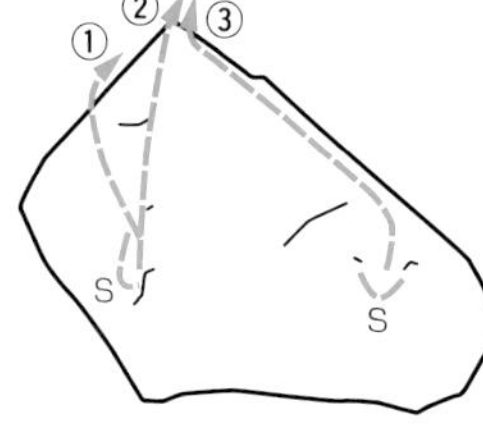

㉑ 跳び箱岩

8級

㉒ 無名岩

①　4級
②バサラ　3級　1手目はランジ
③プロジェクト

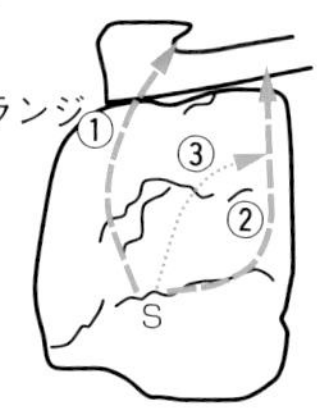

㉔ かかと岩

①　2/3級

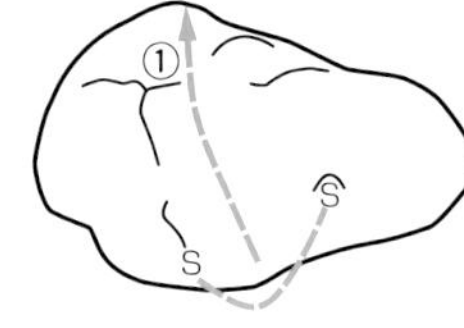

㉕ 橋向こうスラブ

①　4級　カンテ限定

㉖ ぎっくり岩

① ドロンジョさま　3級
② 　3級
③ かんて　4級

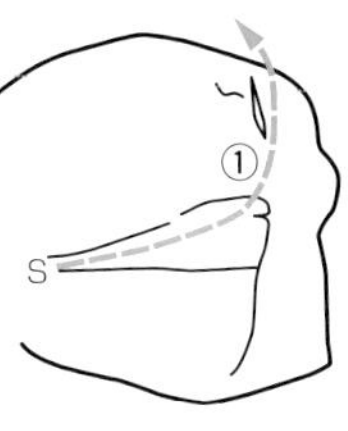

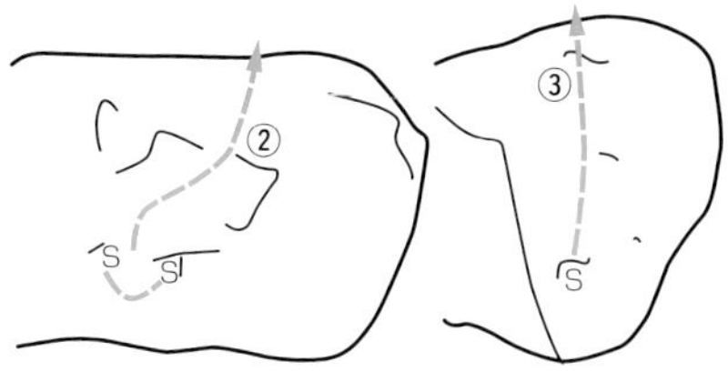

㉗ チビリ岩

①（左）　4級
②（右）　2級

㉘ テツの岩

テツ　3級

㉚ ネリンガ

ネリンガ　初段

㉜ ほおば岩

① ういもん　二段　小山田
② ういめん　二段　小山田
③ 　3級
④ 　3級

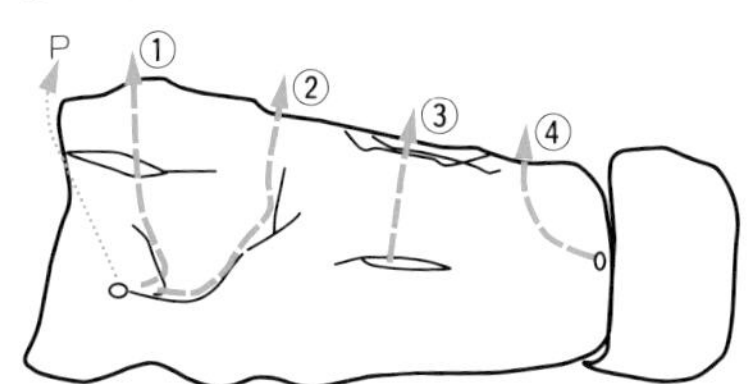

㉛ やぶ岩

① ラメント　三段＋　小山田
② ガルボ　初/二段　村岡

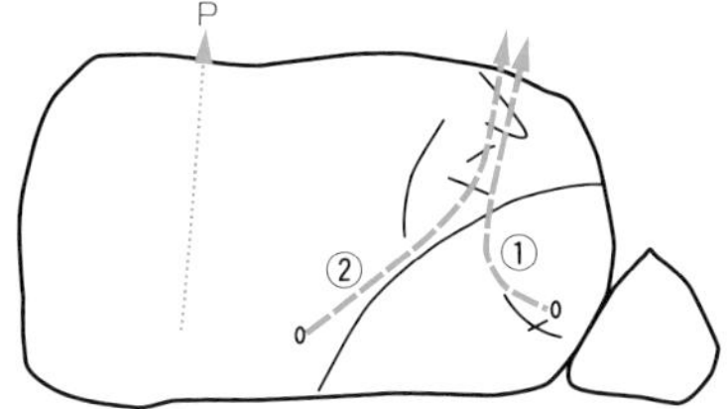

㉝ ごて岩

① 　4級
② 　4級
③ 　4級

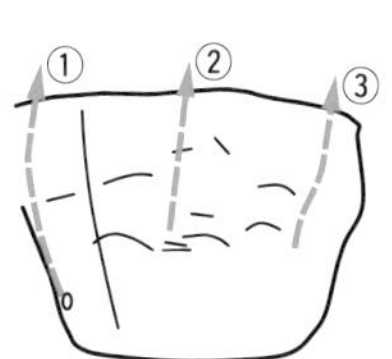

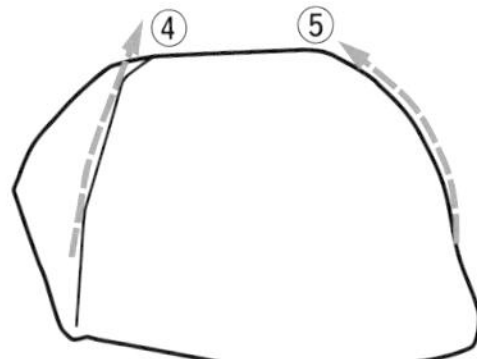

60 鈴鹿 御在所 GOZAISHO

DATA	
岩質	花崗岩
おもな傾斜	70〜90度
ルート総数	100本以上
シーズン	4月〜11月。11月以降は日陰になり寒くなるが、冬季クライミングのゲレンデとしても一の壁、前尾根は良く登られている。
場所	三重県三重郡

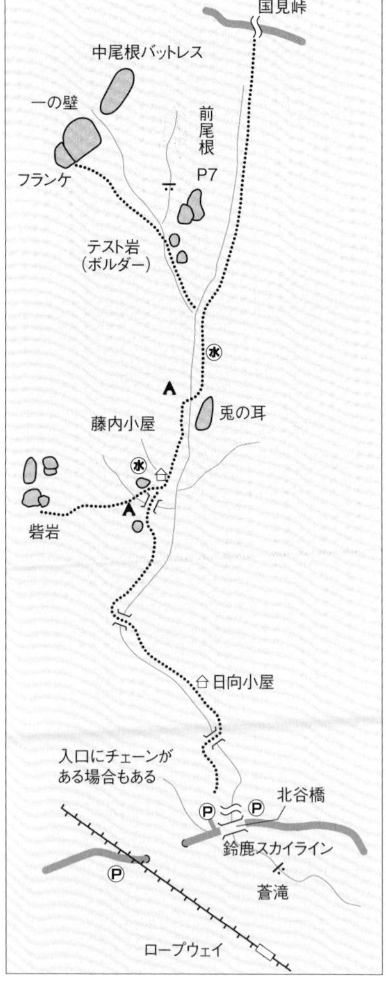

▶**アクセス**／新名神菰野ICを出たら右折し湯ノ山温泉方面へ、湯ノ山温泉の手前の信号を右折し鈴鹿スカイラインに入り5分で裏道登山道入り口に着く。駐車場は蒼滝橋の手前とトンネルの前後にあるが週末は早くから混雑する。裏道登山道から日向小屋、藤内小屋を経由して約一時間で藤内沢にあるテスト岩に着く。一の壁へは一ルンゼから左にさらに10分。

▶**キャンプなど**／裏道登山道に日向小屋、藤内小屋があり金、土、日曜日に営業。平日は要予約。キャンプサイトは藤内小屋、ウサギの耳周辺。北谷本流の水は飲用には不適なので枝沢からの水を利用する。温泉　日帰り入浴が可能な温泉施設が鈴鹿スカイライン沿いにある。希望荘、ヘルシーパル、グリーンホテル、片岡温泉等

▶**注意**／岩場は全体的にしっかりしていてプロテクション、ビレイポイント、下降支点も整備されている。クラックのルートではナチュラルプロテクションがあれば安心して登れる。一ルンゼ上部では何度か崩壊があり不安定な浮石があるので注意が必要。

概　要

藤内壁は御在所岳北面に広がる美しい花崗岩の岩場で、アルパインのゲレンデとして現在も良く登られ、アルプス、ヒマラヤへと夢をふくらませたクライマーも多い。前尾根、中尾根、中尾根バットレスはルートも長く、ここを目的に登るクライマーもたくさんいる。

フリーのルートも拓かれているが、アプローチが遠く、藤内壁にフリーだけを求めて訪れるクライマーは少ない。

三段ハングクラック(5.14a)を初登する浦野誠動

取り付き　①一の壁　②バットレス　③バットレス北面　④中尾根　⑤前尾根

三段ハング

三段ハングクラック　5.14a

2019年10月6日、浦野誠動が初登した。西日本最難のクラック。

アプローチは一の壁の頭まで、一の壁裏のガリーを登る。頭から尾根状になっているが、尾根沿いに行かず、右方向の藪に入って行く。笹原の中の沢沿いに数十m登り、沢が行き詰まる手前で右へと沢から離れて、笹藪へと乗越して行く。

視界が開けてくると、左手に三段ハングが見える。そこまでの踏み跡は不明瞭だが、そこからは明瞭になり、途中からフィックスロープが出てくる。ロープ沿いにトラバースしていくと、取り付きのテラスに出る。

ビレイ点にはカム0.5、0.75、1あたりが必要。頭から取り付きまでは5分ほど。ルートには0.3〜1まで使った。0.3、0.4 あたりは複数個ほしい。（R&S086号）

一の壁

藤内壁でもっとも人気の高いエリアで週末は順番待ちになることもある。フェイスクライミングが主体で長いルートでは50メートルロープが必要。プロテクションは整備されているが、クラックも多いのでナチュラルプロテクションを併用できる。

従来から登られている左トラバースは右トラバースとラインが交差するため、混雑するときは安全のため交差点より右トラバースは左トラバースへ、左トラバースは右トラバースへコースを変更すること。ルート名はそれぞれ左ルート、右ルートとした。

下降は終了点から左右に歩いて下りられる。

① 1ルート　Ⅳ
凹角内は浮石が多いので注意が必要。

② 2ルート　Ⅳ
一の壁入門は誰もがこのルートから。

③ テンクォーター　5.10a
細かいホールドに5.10クライミングの難しさを知らされる。

④ 3ルート　Ⅳ＋
ステップアップへの登竜門。下部は左に入らないように。

⑤ コンテスト　5.10a
中間のハングをこえて細かいフェイスが核心。

⑥ 左ルート　Ⅴ
ハングの一部が崩壊し、ハングの上の一歩が難しくなった。

⑦ 右ルート　Ⅴ
中間部のフェイスは意外と苦労する。最後のムーブもロープが重くて苦しい。

⑧ ダイレクトルート　Ⅴ
小ハング越えが核心。身長が低いとつらい。

⑨ ニュートライアル　5.10c
細かいホールドが最後まで続く厳しいルート。

⑩ **4ルート** Ⅵ
一の壁の卒業ルートで、リードできればクラシックルートに挑戦がOK。

⑪ **5ルート** Ⅴ
右端にありフリクションのよく効くフェイス。もろい部分もあるので注意。

⑫ **0ルート** Ⅲ
岩登り体験ルートで出口はかぶったフェイス。

⑬ **マーブル** 5.8
ハング右の滑りやすいスラブが核心。

⑭ **人工A** A2
ハングしたクラックに打たれたハーケンに沿って登る。

⑮ **宇宙遊泳** 5.10b NP
かぶった凹角から、手がかりの悪いレイバック、最後はマントルでハングをこえる。

⑯ **人工B** A2
前傾したボルト間隔の遠いルート。

⑰ **ブーメラン** 5.11b
ハング下を右にトラバースしハングを越える。出口で小さいカム類が1個欲しい。以前は人工ルートだった。

⑱ **サイドホール** 5.12a
核心はハング上のフェイス。ポケットをとった後もつらい。

⑲ **人工C** A2
人工のトレーニングによく登られている。

一の壁フランケ南面
⑫Oルート　Ⅲ
⑬マーブル　5.8
⑭人工A　A2
⑮宇宙遊泳　5.10b　NP
⑯人工B　A2
⑭
⑮
⑯
⑫
⑬
⑰
⑱
⑲
⑱
⑰
一の壁フランケ西面
⑰ブーメラン　5.11b
⑱サイドホール　5.12a
⑲人工C　A2

下降　①ヤグラのコルから前壁ルンゼを下降して裏道登山道へ②ヤグラのコルから藤内沢を下降してテストストーン（ヤグラ沢は荒れている）③P1を経由して裏道登山道〜御在所岳

前　尾　根

一の壁と並んで人気がある。展望も良く藤内壁の全体を把握することができる。P7、P6は初心者には難しくエスケープすることもできる。ヴァリエーションルートが多くあり、初心者にはやさしく、中級者にはハードに楽しめる。ジャミングやナチュラルプロテクションの練習が安心してできるので積極的に使用したい。下降はヤグラのコルから前壁ルンゼを経由して裏道登山道へ下る。

P 7

① **ノーマルルート（下部ルート）1P目**　Ⅴ−

かぶり気味のクラックを越えたら右に回り込んで木登り。クラックの中にホールドもあるがハンドジャムが有効。　初心者には難しい。

② **2P目**　Ⅴ

フェイスのたち込みは微妙なバランスが必要。

③ **3P目**　Ⅳ

蛇の皮　5.9　NP

ノーマルルートのクラックを越えたらそのままクラックを直上する。

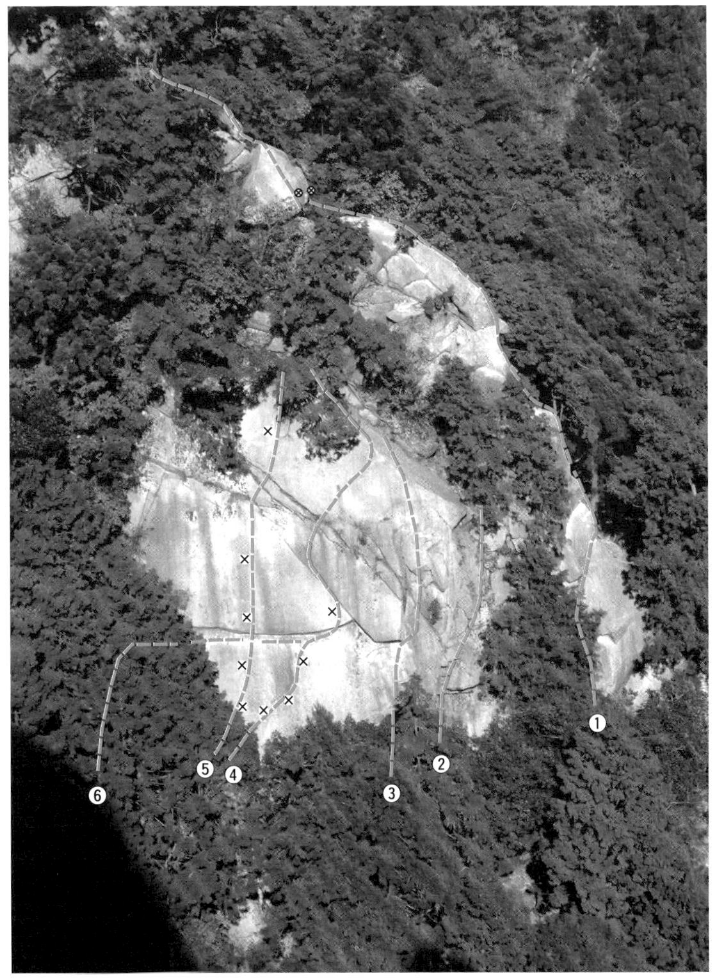

前尾根P7スラブ
①ノーマルルート　V
②アウトオブサイト　5.9
③人工ルート　A2
④シュミレーション　5.8
⑤ハブチスペシャル　5.10c
⑥にこにこトラバース　5.9　NP

P7スラブ

木立の中の明るいスラブ、ボルトが古いので要注意。

シュミレーション　5.8
スラブの入門コース。ホールドをつかむまでの一歩が微妙。

ハブチスペシャル　5.10c
下部は花崗岩の結晶をひらい、ハング越えの立ち込み、 最後のフェイスも厳しい。

にこにこトラバース　5.9　NP
ハング下を左から右へトラバース。

前尾根P7下部
①ノーマルルート1P目　V
②蛇の皮　5.9　NP
③フィンガー　5.9　NP
④クラック（木登り）　Ⅲ

前尾根P7藤内沢側
①コアラ　5.9
②アウトオブサイトvar　5.10b
③アウトオブサイト　5.9　NP
④タッチアンドゴー　5.12a　NP
⑤人工ルート　A2　支点老朽
⑥ビリーブ　5.11c　かぶったフェースから左に回り込む

P7藤内沢側

アウトオブサイト、アウトオブサイトvarは詳細が不明(ラインが違っているかもしれない)。

コアラ
カンテを直上する。

アウトオブサイト　5.9
コーナーからハングをこえる。

アウトオブサイトvar　5.10b
ハング下のクラックにハンドジャムを決める。

タッチアンドゴー　5.12a
かぶったカンテを左へ回り込みフェイスへ。

P 6

どこからでも登れてフェイス、クラック、オフウィズス、チムニーと多彩にそろっている。エスケープは北谷側がやさしい。

① **リッジルート** Ⅳ

② **チムニールート** Ⅳ
窮屈なチムニーは休まずいっきに登る。

③ **フェイスルート** Ⅴ

④ **クラックルート** 5.9 NP
下部はハンド、中間のクラックはレイバックでも登れ、上部は外側のやさしいチムニー。

⑤ **フライング** 5.9
北谷側へ回り込んだ日陰のフェイスでホールドが手も足も細かい。

P6 下部

ナムサハスミダ 5.11a
ムーブが多彩で変化にとんだ好ルート。

前尾根
①裸のランチ　3ピッチ NP 5.10b、 5.10c、 5.8
ハングルートのフリー化。
②御在所レイバック NP 5.11c
自然に還っていたボルトルートをリボルト＆ナチュプロ化。 6番のカムが必要。
③直登ルート A2　支点腐食
④マジカルミステリーツアー　NP 5.11d 35m
カラスの涙2P目からの派生ルート。
⑤柴田ルート　A2
⑥カラスの涙　3ピッチ　NP　5.10c、 5.10d、 5.10c

前尾根P5北谷側
①ノーマルルート　Ⅲ
②凹角ルート　Ⅳ　NP
③藤内沢側ルート

P5北谷側

ノーマルルート　Ⅲ

凹角ルート　Ⅳ　NP

ノーマルルートより変化があっていい。

P5フランケ藤内沢側

藤内沢側ルート　Ⅴ

高度感があり、すっきりしていておもしろい。

パールピアス　5.10b　NP

前尾根藤内沢側ルート
①・②北谷側ルート
③藤内沢側ルート
④A0ルート　A0
⑤パールピアス

P4藤内沢側

① すべり台　Ⅳ～Ⅴ
下部はレイバック、上部は高度感のあるフェイス。

② レイバック　Ⅳ
③ レイバック　Ⅴ　NP
④ 上部ルート　Ⅴ
⑤ スライドオーバー　5.10b　NP

P4北谷側

① 凹角ルート　Ⅲ
② クラックルート　5.9　NP
④ 藤内沢側すべり台

P 2

ヤグラ Ⅳ
上部の頭がつかえるマントルが微妙。

サスペンション
5.10b NP

前尾根P2·ヤグラ
①ヤグラ Ⅳ
②上部ルート NP
③サスペンション
5.10b NP

藤内沢2ルンゼ奥又

中尾根「ツルムのコル」（P2とP3の間）から5分程度の歩きで取り付ける。ツルムのコルまでは「一ルンゼ右俣 Ⅳ」を登る。帰りはツルムのコルから28mの懸垂下降。

①エアリアル 2ピッチ
1P目 5.10d 17m ダブルクックから途切れがちなクラックをつないで行く。
2P目 5.10c 28m クライムダウン気味に隣のクラックへ。最後はボルト3本のスラブ。
②クロスミッション 5.11a 23m
ジャミングテクニック、フェイスでのバランスが必要。
③サマーウォーズ 5.11c 15m
フェイスから前傾したクラックに突入。下降はロープがこすれるのでラペルで。

中　尾　根

フェイスクライミングの一の壁に対して、中尾根はクラッククライミングが主体になり、P4、P3ではザックがあると苦労する。P4、P3のプロテクションはハーケンが主なのでナチュラルプロテクションがあったほうが安心である。P1は登るパーティは少ないがおもしろいのでぜひ登りたい。P4からP1まで継続すれば5ピッチの本チャンルートとして楽しめる。

取付へは、1ルンゼ右俣を登って踏み跡を右へまわりこみ、ガリーを上がるとP4の取付に着く。一の壁から15分。下降は懸垂で、4通りある。後続のクライマーがいる場合はcかdが安全。

中尾根P1・P2(オニギリ)
①P2　1P目　Ⅳ・2P目　V
②P1　V＋　NP

中尾根P3ツルム・P4展望台
①P4　V　NP
②狭き門　5.10a　NP
③P3　V　NP
④ツルムクラック　5.10a　NP
a ： ールンゼ右俣から
b ： モンキーバックから
c ： 藤内沢から

中尾根P2下部フェイス
①こもの道　1P目　5.10b
②ールンゼ右俣　Ⅳ

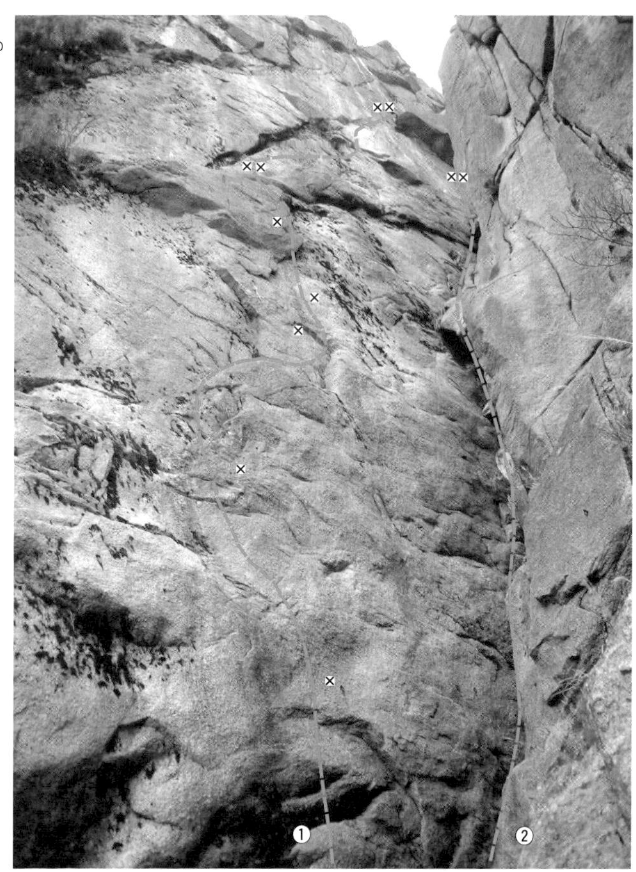

中尾根(ルート)

P4　V　NP
取り付きから少し上のクラックは、中に入ると苦しくなる。中間のテラスから上もかぶりぎみで厳しい。

P3　V　NP
広い凹角内の左右を利用して登る。もろい部分もあるので慎重に登りたい。P2へはツルムのコルへ懸垂する

P2　1P目　Ⅳ　2P目　V
取付が崩壊して不安定になっているので注意したい。

1P目：左にトラバースしてカンテをまわりこみ右上してテラスへ。

2P目：オニギリへの最後のフェイスが核心。

P1　V＋　NP
P2から奥又側に懸垂して取り付く。

ナチュラルプロテクションを持って取り付くこと。ハングの乗越し、凹角内のオポジション等苦しいムーブが続く。

P2下部フェイス

P2の下部フェイスからダイレクトにオニギリへつなげられる。

こもの道1P目　5.10b
中間部の細かいホールドが厳しい。

こもの道2P目　5.10a
バンドを右にトラバースしてから直上しもう一度右上する。

ールンゼ右俣　Ⅳ
ツルムのコルへ直接登れるルート。浮石に注意。

中尾根P2・2P目
①オニギリ　2P目　V
下降は懸垂
　a：同ルート　2P（50mなら一回）
　b：マイナスの滝上へ　2P（20m・40m）
　c：ールンゼ右俣へ　2P（25m・45m）
　d：ツルムのコルへ　2P（15m・45m）
　bを1P下降しオニギリ下部へトラバース

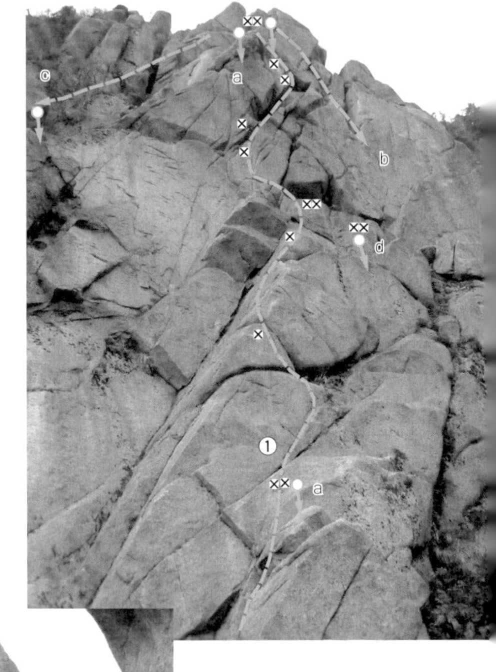

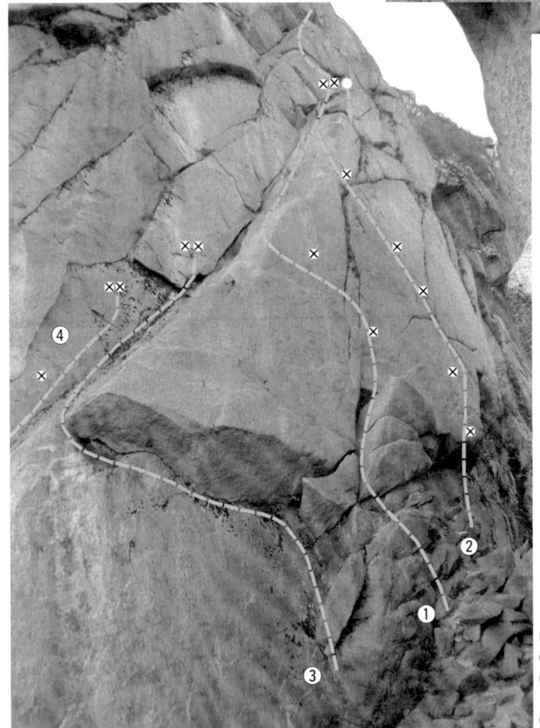

中尾根P2・1P目
①トラバースルート　Ⅳ
②ダイレクトルート　5.10b
（取付崩壊）
③マッドモイスト　5.10b

中尾根P3・P4北面

P3・P4北面

① **モンキーバック** 5.10d NP
藤内屈指のクラックルート。

② **モンキーフェイス** 5.10c
猿の顔の真中を登る。

③ **展望クラック** 5.10a NP
短いかぶったハンドクラック。

④ **ツルムクラック** 5.10a NP
大きいサイズのカム類が複数ほしい。

⑤ **こもの道** 2P目 5.10b

⑥ **ールンゼ右俣** Ⅳ

⑦ **ヘルタースケルター** 5.10b/c NP

中尾根バットレス
①カリフォルニアドリーミング　7P　5.9~5.12a
②オーバーザレインボー　5.11a
③山渓ルート　3P　A1　3P目は正面ルート
④大チムニールート　2P　5.10b
⑤オラージュ　5.11a
⑥碧稜ルート　2P　A2　支点老朽
⑦君へのメッセージ　5.11a　2ピッチ
大平栄が単独、グランドアップで初登。（R&S069号）

中尾根バットレス

白くて美しい花崗岩の磨かれたような岩壁で、中間部までがスラブで上部はフェイス。カリフォルニアドリーミングはフリーのロングルートとして、ぜひ上部までトライしたい。下降は同ルート懸垂が早い。後尾根へも下りられるがブッシュがひどい。

中尾根バットレス北面左壁
①オーバーザレインボー　5.11a　NP
②セプテンバーレイン　5.10a　NP
③キーホール　5.11a　NP
④パズル　5.11d
⑤サマーバケイション　5.10c
⑥アメリカンフィーリング　5.10b　NP
⑦山渓ルート　A1

北　面

左壁、右壁にも高難度のおもしろいフリールートがそろっているが、プロテクションの整備が必要。正面を登った後、トップロープで楽しむパーティーもいる。大チムニールートはほとんど登られていない。人工ルートはボルトが老朽化しているため山渓ルート以外は危険。

中尾根バットレス正面下部
① 正面ルート Ⅳ
①a 正面ルートvar Ⅳ
①b 正面ルートvar 5.8
②カリフォルニアドリーミング 1P=5.10a
③ウィンドサーファー 5.10b
④キャセイパシフィック 5.10b
⑤トカゲ 5.11b/c

中尾根バットレス正面

カリフォルニアドリーミング Ⅴ〜5.12a 7P
下部3ピッチはスラブの三ツ星ルートで、ここまでがよく登られている。

ウィンドサーファー 5.10b
カリフォルニアドリーミングの2P目よりこちらのほうがよく登られている。花崗岩の結晶をまさぐりながら、最後のピンからバンドに手が届くまでがつらい。

キャセイパシフィック 5.10b NP
スラブからカンテを右にまわりこみクラックを登る。

スカイセーリング 5.11b
プロテクションが古く登られていない。

トカゲ 5.11b/c
細かいホールドをつなげて登る。

中尾根バットレス正面上部
①正面ルート　Ⅳ・A1　NP
②カリフォルニアドリーミング　2P=Ⅴ　3P=5.10a
4P=5.12a　5P=Ⅴ　6P=Ⅵ－　7P=5.10a
③ウィンドサーファー　5.10b
④キャセイパシフィック　5.10b　NP
⑤山渓ルート　A1
⑥スカイセーリング　5.11b
⑦涼真　5.10b　NP

山渓ルート　A1　3P
中間部のひさしハングを越える人工のロングルート。

涼真　5.10b　NP
バットレス左のコーナーを登る好ルート。

うさぎの耳

藤内小屋からも近く登山道沿いにある目立つ岩塔。藤内のフリールートの中ではよく登られている。

① **ハングオーバー** 5.10b

② **ウェイクアップ** 5.10− NP
ナチュラルプロテクションの登竜門。

③ **Big Wednesday** 5.11c
マントルでの一手が遠い。

④ **ハッとしてグー** 5.11−
バンドの上が核心で、微妙なレイバックからあまいホールドをつかむ。

⑤ **カットインコーナー** 5.9 NP
ハンドジャムの登竜門。下部のフェイスも難しい。

61 小岐須渓谷 椿 岩 TSUBAKIIWA

DATA	
岩　　質	石灰岩
おもな傾斜	90～110度
ルート総数	約16本
シーズン	4月～11月
場　　所	三重県鈴鹿市

▶**アクセス**／東名阪自動車道を鈴鹿ICで降り右折。椿大神社の標識に従い、途中から小岐須渓谷の標識に従う。石大神展望台わきの「小岐須渓谷山の家」の駐車スペースに駐車。ログハウス風のトイレの横から3、4分ほどでケルンを目印に左の踏み跡に入る。駐車場より15分ほどで岩場。

▶**注意**／もろい部分があるので落石に注意。とくにケイブ左は要注意。風が通るので、年間を通じ防寒具が必要。トイレは済ませてから入山すること。

▶**キャンプなど**／基本的に日帰り。上柘植IC経由で京都方面へ帰るなら、油日に花風香の湯がある。

概　要

椿岩は御在所岳の南、小岐須(おぎす)渓谷の支流である滝ノ谷の右岸にあり、1996、97年で京都の明川浩之、永井久雄などによって開拓された。

スケールこそないが、石灰岩特有のコルネ、ポケットに加え、クラック、フレークなどホールドが多彩で、傾斜も垂直以上、そして初中級向きのグレードがそろっているということで、小さい岩場ながら人気は高い。

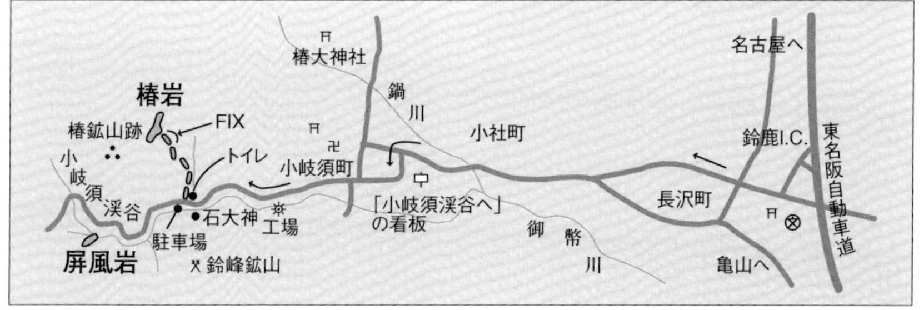

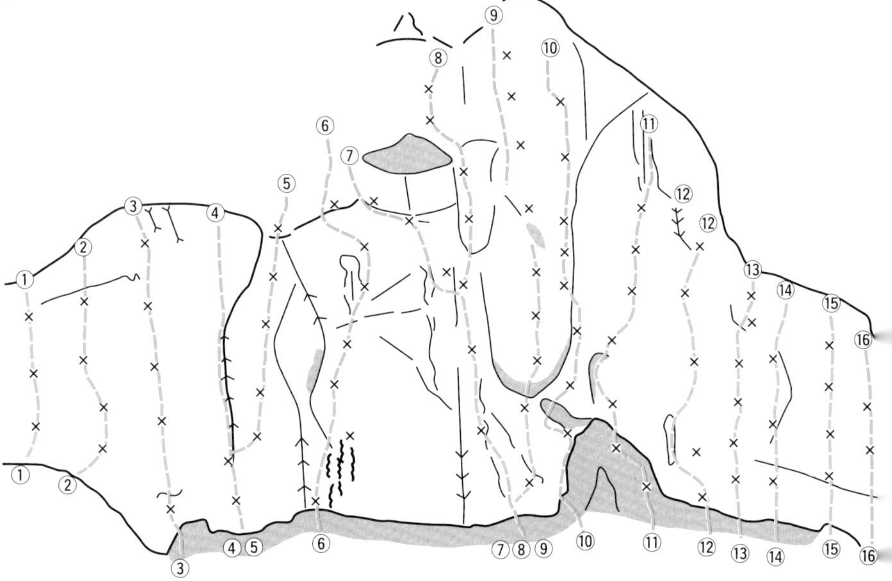

① マリエンタール　5.10b ★★（明川浩之）
② 棠記飯店　5.10b ★★（横山 哲）
③ シザーハンズ　5.12a/b ★★★（明川浩之）
ホールドが多彩なきれいなフェイス。
④ 奥村ライン　5.12b ★★
⑤ スターウォール　5.11d ★
⑥ Shall We Climb　5.12a ★★（明川浩之）
⑦ アトム　5.12a/b　★★（明川浩之）
⑧ メイストーム　5.11b（永井久雄）
⑨ いい感じ　5.11a ★（中村 新）
⑩ モンキー・ジャスティス　5.10b（横山 哲）
⑪ ケイブマン　5.11b/c ★★★（明川浩之）
小さなケイブからフレークを経て、快適なポケットのフェイスへ。 フレークの部分は慎重に。
⑫ 燃えろ！ドラゴンズ　5.10c ★（永井久雄）
⑬ アトランタ　5.11a ★（明川浩之）
⑭ マタ・マタ　5.9（永井久雄）
⑮ アスレチッククラブ　5.9（永井久雄）
⑯ マタニティ　5.9（中村 新）

いい感じ！ 5.11aを登る中村 新

関西 Kansai

日本100岩場 東海・関西

岐阜県
福井県
舞鶴
琵琶湖
山家立岩
芹谷屛風岩
京都府
兵庫県
金比羅岩
千石岩
御在所
京都
大津
滋賀県
行者山
椿岩
四日市
烏帽子岩
武庫川ボルダー
姫路
不動岩
保塁岩
小赤壁
北山公園
蝙蝠谷
笠置
津
大阪府
奈良
三重県
槇尾山
奈良県
白嵓
柏木
和歌山
七面山
魚跳峡
尾鷲
ナサ崎
白崎
和歌山県
日ノ御崎
熊野
楯ヶ崎
新宮
白浜

62 南紀 白嵓 *SHIRAKURA*

DATA	
岩　　質	石灰岩
おもな傾斜	90〜120度
ルート総数	19本
シーズン	秋〜春
場　　所	三重県度会郡大紀町藤ヶ野大字阿曽

▶アクセス／伊勢自動車道路を勢和多気ICで降りて、国道42号線を尾鷲市方面に約30分ほど南下するとJR紀勢本線阿曽駅付近に至る。岩場は阿曽駅よりさらに1㌔ほど行った先の右側山腹にある。進行方向からは直接岩場は見にくいが、岩場の付近では道路が大内山川に沿って大きく左にカーブしており、そのカーブを通り過ぎると背後に岩場がよく見える。駐車は通行車両の支障にならない箇所にすること。付近には適当な広場が何ヶ所かある。岩場の下部にはのり面工事が施されているが、その左側の小さな沢沿いの道を数十メートル登ると右側に入る小道があり、岩場へはそれを辿る。国道からは直登気味に5分ほど。

▶キャンプなど／町内には青少年旅行村があるが、キャンプ場は夏季のみ。阿曽駅の近所に「阿曽の風穴」という鍾乳洞があり、その付近の小公園には水場やトイレ・あずま屋がある。買い物は岩場から1㌔ほど南に行ったところにスーパーマーケットがある。

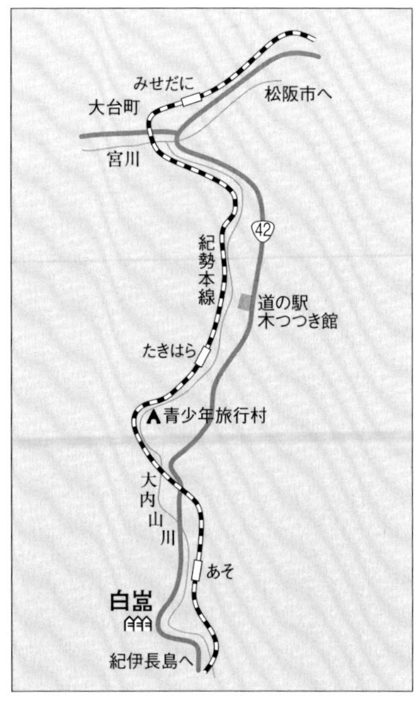

概　要

奥伊勢山系の南向きの斜面にある石灰岩の岩場。規模は小さいが、前傾の強い部分やコルネの発達した箇所もあり、ルート数は19ルートと比較的充実している。通年クライミング可能。冬季は暖かい日が多く快適だが、対して夏季は暑い。開拓後、一度道路のり面保護工事のため、岩場存続の危機に瀕したが運よく工事区域からはずれ現在に至る。

①**トトロ**　5.11c　B5本（前島由起子／東秀磯）
のり面工事によってクラックが埋められてしまい、半人工壁化したルート。以前は5.10aだったが、今やイレブン台に……。

②**まっ黒クロスケ**　5.10a　B4本（東秀磯）
工事前は脆くて登れなかった部分がコンクリートでコーキングされたため、初心者用のいいルートとなった。

③**葛藤**　5.12a　B4本（宗宮誠祐）
左上するクラック。下部は左壁に足を突っ張って楽々だが、クラックが途切れる上部が核心。

④**仙人掌**　5.10a　B4本　★（前島由起子）
下部は湿っぽい巨大コルネから入る。中間部がやや細かく核心となる。ハング越えも焦らず対処したい。

⑤**ヤボテン**　5.10b　B4本（東秀磯）
中間部の核心部を越えてから「仙人掌」と分れて右上する。

⑥**はいそれまでよ**　5.10d　B2本（長谷川ダンナ）
短い。バルジの上に立てればほぼ終了。ただしそのはい上がるムーヴはこましゃくれて悪い。

⑦**神戸女学院**　5.12a　B2本（山本宰甲）
バルジ状の部分を登る。掛かりの良いホールドを探してもムダである、ないのだから。

⑧**伊勢うどんはお好き？**　5.10d　B2本（北山厚美／北山真）
身長があると全然楽なように思える。ないと悪いスメアリングに泣かされる。

⑨ **寄り道** 5.11a B3本 ★★（北山真）
平行クラックの効く部分を的確に見つけ出すのがカギ。

⑩ **ごめんなすって！** 5.11a B4本（宗宮誠祐）
こんなにもルートが隣接したスペースに、オリジナルのラインを見出せるかクライマーの実力の見せ所（？）。ハンガーは青く着色されている。

⑪ **モア・パワー** 5.11b B5本 ★★（東秀訓）
縦のコルネと横向き浸食ホールドがミックスする内容あるルート。前傾度が強いので、非力だときびしく感じる。

⑫ **シリウス（天狼星）** 5.13a/b B4本 ★★★（東秀磯）
関西初の5.13ルートだが、内容はボルダー。その後、出だしのホールドが欠けてより難しくなっている。

⑬ **プッシング** 5.10b B4本 ★（東秀磯）
⑭か⑮のルートを登ってから継続することになる。高度感抜群で、眺めも良い。一気にロワーダウンする際はロープの長さに注意したい。

⑭ **目覚めの一発** 5.11b B4本 ★★（福留浩平）
エリアの前傾壁部にある石灰岩特有の変形クラックを登る。抜け口が核心で、フットジャムが恐ろしい。

⑮ **トンガリコーン** 5.11a B3本 ★（東秀磯）
ルート名は印象的な最終ホールドから。中間部のポケットホールドの位置がわかりづらいかも。最後は巨大ガバホールド。

⑯ **花ずきんちゃん** 5.11c B3本（東秀磯）
超トリッキー。このグレード通りに登るのは本当に困難。

⑰ **道普請は慌てずに** 5.10c B6本 ★★（木田研）
特徴的なヘチマ状のコルネをもつ、スケールのあるルート。

⑱ **私は大女様** 5.10a B5本 ★★（東秀訓）
大きな水平クラックを越えていく好ルート。

⑲ **ザ・キア** 5.10a マックス
工事前は良いルートだったが、今や金網に寸断されて途中までしか登れない。

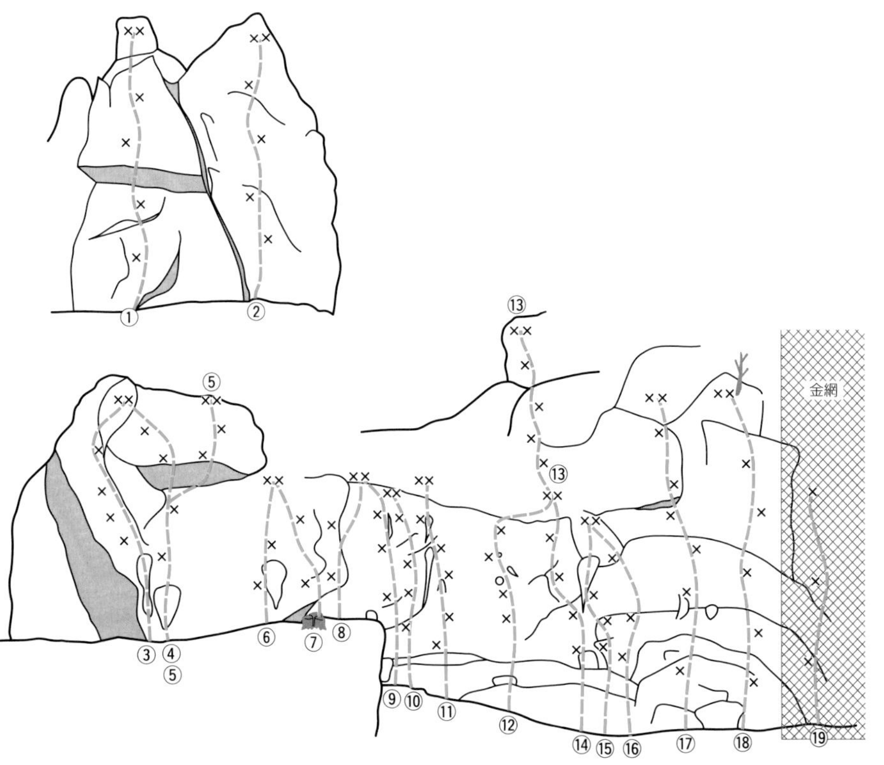

63 南紀 ナサ崎 NASAZAKI

DATA	
岩質	花崗斑岩
おもな傾斜	80～180度
課題数	約80本（主要課題のみ掲載）
	（ボルダー約70課題＋トラッド約10本）
シーズン	秋～春
場所	三重県熊野市浦母町

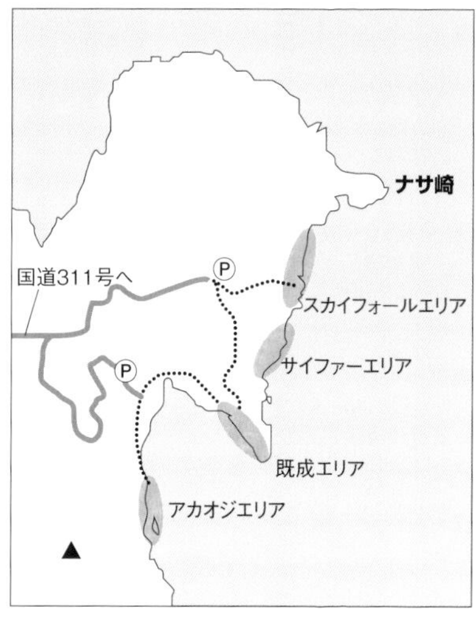

▶アクセス／国道311号を経由し、早田町の少し北側の分岐からナサ崎の展望台方面に進む。途中で分岐があり、各エリアで駐車スペースは異なる。駐車スペースから各エリアへは徒歩5～10分。残念ながら各エリア間のショートカット移動はできない。波が高いとアカオジエリアに辿りつけない場合がある。

▶キャンプ・風呂／三木里キャンプ場があるが、地元の民宿も多数あり、海の幸がたらふくご馳走になれる。風呂は夢古道の湯が便利。

▶買い物・食事／尾鷲市内で買い出しするもよし、地元の居酒屋に入るもよし。江戸っ子、おふくろ、割烹田舎、もりば、魚処豆狸がオススメ、肴が旨い。

▶注意／海に面している岩場ゆえ、支点は確認のうえ使用すること。終了点を設置していないルートもあるので、支点構築できる装備で臨むこと。地元の人や釣り師への挨拶と配慮を忘れないこと。

オーマ　三段

スカイフォールエリア

新規開拓したメインのエリア。エリアの北側にスカイフォールがあり、隣にはゴリアテの岩が鎮座する。

①泡沫（うたかた） 2級
カチカチしたフェースの課題。

②神龍 3級
ポケットとカチをつなげるライン。シットスタート。

③ゴリアテ 1級
カチとマントル返しのテストピース的ライン。ヒールフックの確実性も大切、なかなかに難しい。この岩を『ゴリアテの岩』とした。

④オーマ 三段
見事なまでの美しいカンテライン。この素晴らしく綺麗なラインは濱田健介氏によって初登された。直上すると「無垢 2級」となる。

⑤スカイフォール 1級→初段
見事なハンドサイズのルーフクラックだったが、台風の影響によりインバージョンのルーフワイドとなった。

⑥ドナルド／トランプ 初/二段
2段ハング形状を越えるライン。右抜けで「ドナルド」、左抜けで「トランプ」。

⑦カーテンコール 4級
波打ち際のクラックで、波が高いと濡れる。

⑧ワイドマニア 三段→1級
日本最難級のルーフワイドボルダーだったが、サイズが広がり易しくなった。見た目は地味で冴えないが奮闘的である。

⑨パンチドランク 2級
被りの中に豪快なムーブが詰まっている。両手両足を挟み込む系。

⑩ビッグ・ウェンズデー 3級
バランシーな好課題。足元の隙間に落ちるとヤバい。

⑪タイガー＆ドラゴン 3級
飛行石の岩とゴリアテの岩の隙間を縫うルーフ課題。「神龍」の右下の岩からハンドジャムして足先行でスタート。

⑫WATER CRUSH 5.8(TRAD)
取り付き核心、波が高いとビレイ不可能。一見ワイドと思いきや…

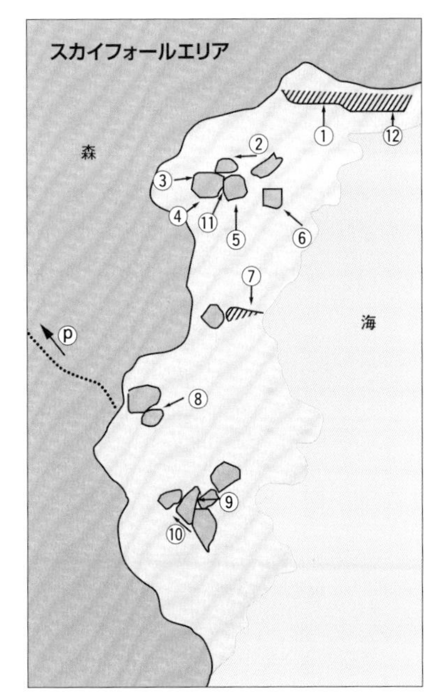

スカイフォール 初段

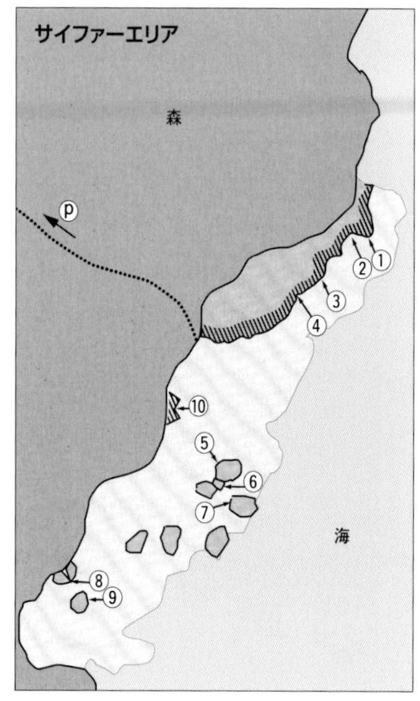

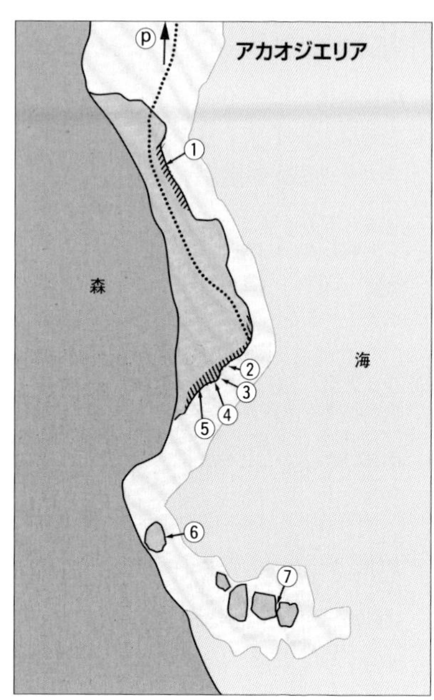

サイファーエリア

個性的な課題がたくさんある楽しいエリア。トラッドのルートも幾つかある。

①**Rocket Bunny**　5.11(TRAD)
アンダークラックから悪いポケットを経由する、マントル返しも侮れない。B4＋カム

②**Rap Dance**　5.11(TRAD)
クラックからポケットをつなぎ、フレーク、マントル返しと、ムーブの内容は濃い。B2＋カム

③**ACE**　5.9(TRAD)
左上クラックをたどるライン。ボルダーでもトラッドでも。

④**Solar Power**（None Grade）
スラブのハイボール課題。

⑤**早雲**　2級
細かいカチをたどる。出だしの角みたいな岩がいやらしい。

⑥**テキサス**　初段
早雲の裏側にある挟み込み系課題。

⑦**波/風**　5級
左が波、右が風。どちらを登っても5級くらい。

⑧**DOTAMA**　5.10(TRAD)
見た瞬間そそられるルーフワイド。身長次第で体感は変わる。

⑨**禁断の惑星**　4級
薄いカチとポケットをつなぐ。

⑩**切刃**　1級
悪いフットホールドとスローパーに悩まされる。最後まで侮れないラインである。

アカオジエリア

課題数は少ないが、どれも個性的である。トラッドのルートも幾つかある。満潮のときはボルダー群の先端まで辿り着けない、もしくは帰れない可能性があるので注意。

①**リップサービス**　3級
アカオジエリアの入り口にあるフェースの好課題。

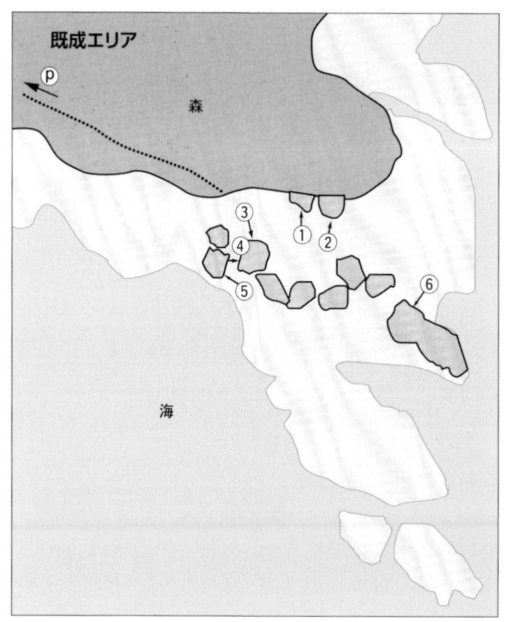

ツンダール　2/3級

②Parting Line　5.11(TRAD)
短いが厳しいフィンガークラック。プロテクションに迷っていると消耗する。

③TREAD STONE　5.11(TRAD)
UKトラッドのような、水平クラックのプロテクションとホールドを拾う。

④Under Siege　5.10(TRAD)
細いクラックをステミングと横のクラックを駆使して登る。

⑤黒猫道　5.10(TRAD)
かぶっていて狭苦しい。

⑥ラー　2級
薄かぶりのフェースを左にトラバースし、カンテ沿いを登る。

⑦フナ虫　4級
チムニー課題。チムニーに入るまでが難しくて、パワフル。

既成エリア

昔からナサ崎で登られていたエリア。

①シイラ　1級
バランシーなカンテ

②Sカンテ　1級
実質4手で核心はリップ取りの1手。

③キャプテン・ネモ　初段
ナサ崎の看板課題。高さがあって、最後のマントルが核心で緊張する。

④トレジャー　初段
キャプテン・ネモの左にある、少しかぶったライン。

⑤鮫肌　初段
薄かぶりの初手が難しい課題、それを越えれば豪快で楽しいムーブが連続する。

⑥ツンダール　2/3級
綺麗なフィンガーのハイボール。波が高いとマットが敷けないうえ、下地がフジツボの聖地となっており迂闊に落ちられない。

鮫肌　初段

64 南紀 楯ヶ崎 *TATEGASAKI*

DATA	
岩質	花崗班岩
おもな傾斜	80～90度
ルート総数	約30本　ボルダープロブレム 20以上
シーズン	秋～春
場所	三重県熊野市浦母町

▶アクセス／名古屋方面からは国道42号線を南下。大阪方面からは『柏木』を経由して大台ヶ原を抜けてくるのが早い。熊野側からの場合、国道42号線から国道311号線に入り30分ほどで二木島につく。しばらく行くと、国道沿いに楯ガ崎を示す看板がある。遊歩道手前にPあり。8～10台可能。

▶キャンプなど／国道311号線を20分程度戻ったあたりの新鹿海岸にキャンプ場がある。

▶風呂／新鹿には温泉センターがあり露天風呂は格別。また熊野市内には銭湯がある。

▶買物・食事／小さな商店は新鹿や二木島にあるが、スーパーは尾鷲や熊野に。

▶注意／車上狙いがあるので貴重品は必ず携帯すること。

灯台下南面

ステップサイド　5.11c（堀地清次）
下降路の右手にある上部に丸いハングを持つクラック。ムーブはそれほど難しくないが、シンストッパーを多用するので注意が必要。

オリーブ　5.11d（吉田和正）
ステップサイド右のフレアしたクラック。中間部右のレッジは使わない。

楯ヶ崎南面

ピクニック　5.10d（堀地清次）
取付にテラスがある顕著なコーナー。ラペルで取付く。クラックは細くシンストッパーを多用する。

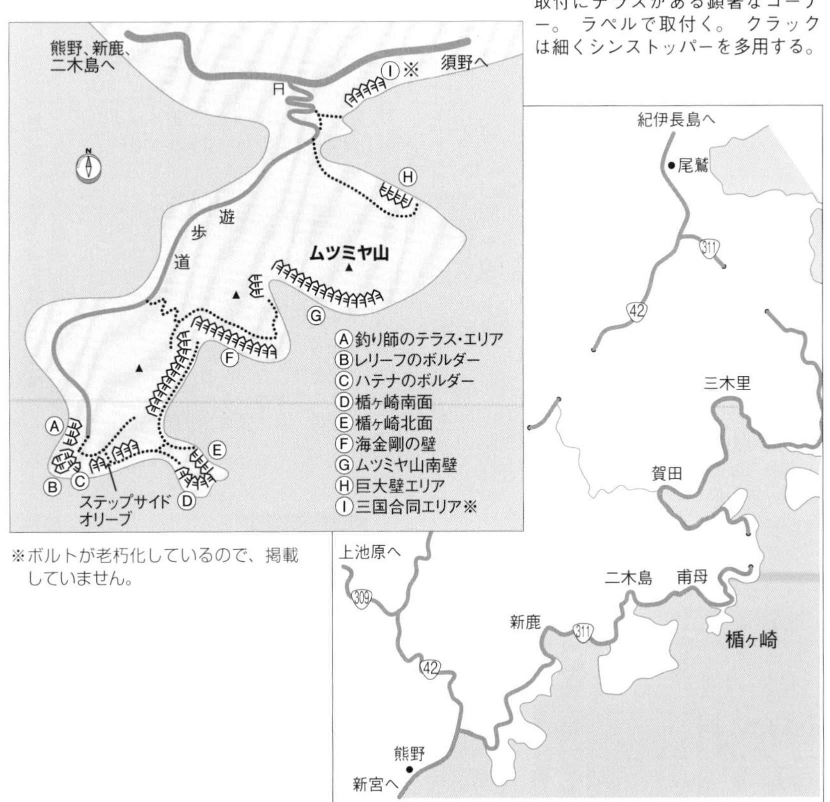

※ボルトが老朽化しているので、掲載していません。

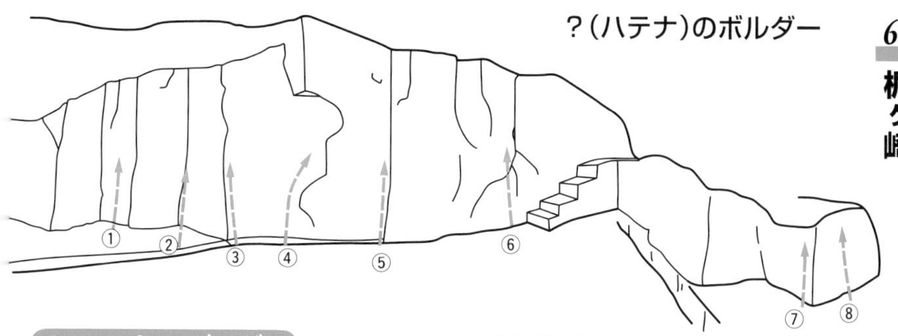

?(ハテナ)のボルダー

すばらしいロケーションと良質の課題。なかでもハテナとヒロミは★★★。スケールは高いものでは８メートルもあり上級者向けのエリア。初登者の意向を尊重しトップロープの使用は控えたい。

① **ランジ** 3級
近いように見えてけっこう遠い。豪快で気持ちの良い課題。

② **凹角** 2級
バランスが悪く緊張する。最後は左に抜ける。

③ **カンテ** 3級
露出間があり、けっこう怖い。

④ **ハテナ** 1級
ハテナの形に乗り込んでからが難しい。上部は二通りあり、左は悪いホールドで耐えて左の一段低いリップへ。右はかかりの良いホールドから真上の外傾したリップへデッドポイント。グレードは変わらない。

⑤ **ヒロミ** 1級
いろんなムーブがある内容の濃い課題。

⑥ **フェイス～クラック** 5級
上部はガバだが取れそうなホールドに注意。

⑦ **冷蔵庫カンテ** 1級
右のフェイスのホールドは使わない。

⑧ **冷蔵庫フェイス** 5級
ウォームアップにも適したなかなかの課題。

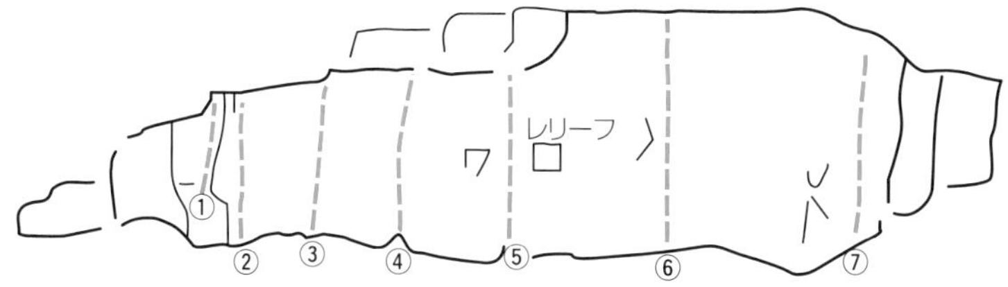

レリーフのボルダー

開拓当初から登られていた。新しい課題も拓かれている。

① 3級
② 2級
③ クオンクラック　二段
④ ムオンクラック 二段
⑤ レリーフ左のクラック
初段（5.12a）
⑥ 不明
⑦ 不明

釣り師のテラスエリア

当初はトップロープで登られていたが、現在はボルダーとして登られているようだ。

① **ルーフクラック**　三段？
② **行き止まりクラック** 5.10c
③ **エッジ・オブ・いくつテンション**
未登？
④**サンシャイン・ダイヒードラル**
5.11a/b

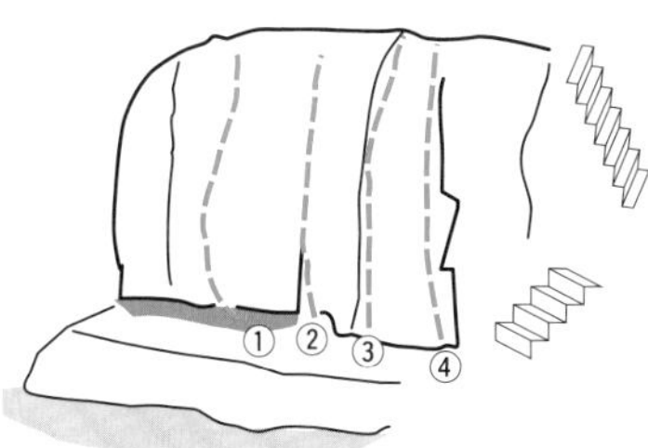

65 彦根 芹谷屏風岩 *SERIDANI-BYOBUIWA*

DATA	
岩質	石灰岩
おもな傾斜	100〜110度
ルート総数	44本
シーズン	3月〜11月(真夏は暑い)
場所	滋賀県犬上郡多賀町屏風

- ▶アクセス／名神高速彦根ICから「河内風穴」方面に向い15分(京都方面からだと八日市ICからR307を利用することもできる)。小学校のあと地から山道に入り15分。駐車は県道脇の空き地に。
- ▶キャンプなど／キャンプ場はなし。飲料水、トイレは途中の「野鳥の森」駐車場で。
- ▶注意／アプローチではマムシに注意。また大雨のあとや、上部ブッシュ帯にサルの群れがいるときなどは落石に注意。ブヨが多いので虫よけスプレーは年中必携。焚き火厳禁。

デッドラインを登る奥村晃史

概　要

京都・滋賀周辺で唯一の石灰岩の岩場である芹谷屏風岩は、87年より永井久雄など同人蜘蛛の糸を中心とした京都のクライマーによって拓かれてきた。

明るく、ルートのまとまりも良く、ストレニュアスな前傾壁、テクニカルな垂壁、どちらも石灰岩特有の多彩なムーヴを楽しむことができる。5・11台が多く、中級者はとくに充実するだろう。

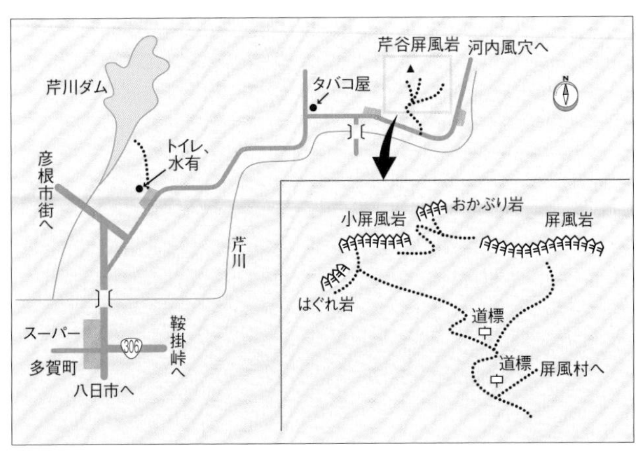

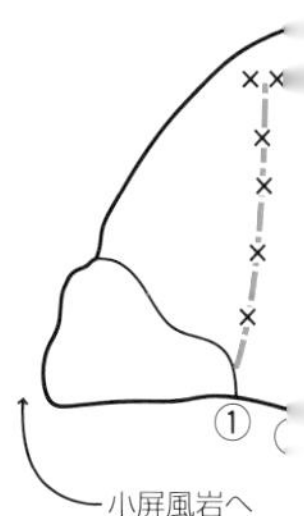

①ファイナル・カウントダウン　5.11c　★（永井久雄）
リーチのない人はいきなりランジから始まる。

②SAMURAI　5.11d　★（明川浩之）

③ムササビ小僧　5・11c　★★★（永井久雄）
前傾壁の登竜門ルート。

④ハイカラサン　5.12a　★★★（明川浩之）
芹谷で最初の5・12a。人気ルート。

⑤ダーティフィンガー　5.12a　★（明川浩之）
露出感満点。これも指を酷使するルート。

⑥エスニック　5.11b/c　★★NP&B（明川浩之）
見た目より変化に富んだ好ルート。要フレンズ。

⑦サスケ　5.10d　NP&B（酒井 誠）

⑧ミステリアス　5.12b/c　★★★（大坪良一）
出だしのハングはボルダームーヴ。乗越してからも厳しい。1本目はプリクリップが無難。

⑨誘惑のカギ穴　5.11b/c　★（永井久雄）

⑩ALL　RIGHT　5.11d　★（上中成介）
フィンガーパワー全開。芹谷最強の5・11d。

⑪サースティ・ボディ　5.12c★★★（上中成介）
最後まで気の抜けない、玄人好みのハードルート。

⑫コアラのマーチ　5.11c　★（大西一彰）
背骨状をグイグイ登る。石灰岩ならではのルート。

⑬ラ・バンバ　5.11a　★★（大坪良一）
芹谷でまず登りたいスタンダード。

⑭舞姫　5.11a/b　★（永井久雄）

⑮デッドライン　5.12c ★★★★（大西一彰）
スケールも内容もすばらしい、芹谷の顔。関西ベスト10で5位に入賞。

⑯バイタルポイント　5.11c/d　★★（永井久雄）
上に行くほど難しい。見かけよりストレニュアス。

⑰ゴーアウェイ　5.10b（永井久雄）

⑱プレッシャーフレーク　5.10b NP&B（永井久雄）

⑲芹谷万歳　5.10c NP&B（永井久雄）

⑳猿（マシラ）　5.12a　★★（大西一彰）
前傾部はボルダームーヴ。上部クラックも気が抜けない。2本目のクリップは慎重に。

㉑骨折り男のダンス　5.11c／d ★★（大西一彰）
前傾コーナーを窮屈な体勢で攀る。要柔軟性。

㉒ブロークンフィンガー　5.11c／d　★（大西一彰）

㉓リハビリテーション　5.10a　F.R

㉔湖彦（うみひこ）　5.10d（永井久雄）

㉕ハングルーズ　5.10a　★（大角康之、大溝英樹）

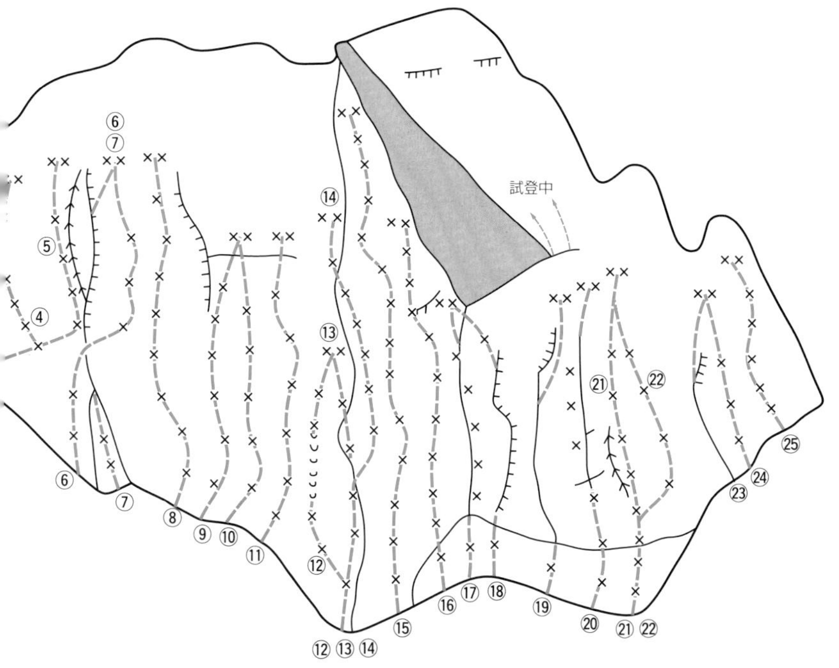

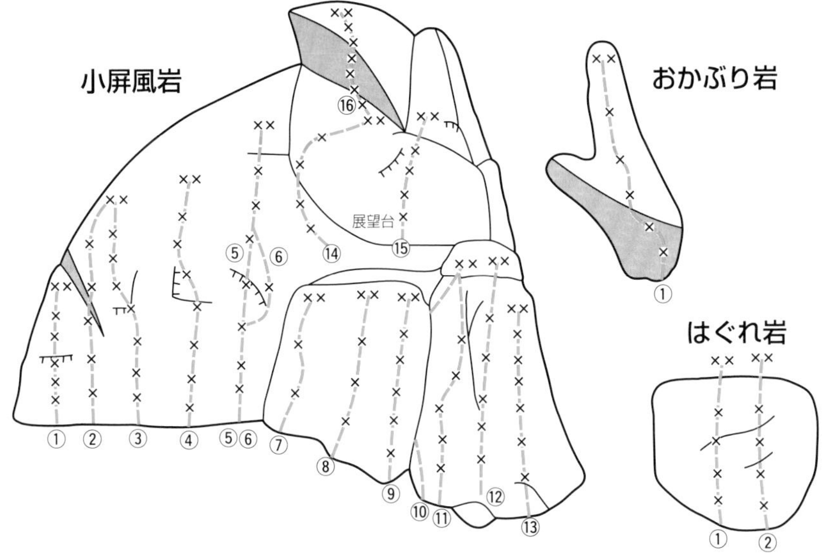

[小屏風岩]

① **ショートバージョン** 5.10d/11a（宮本泰伸）
② **入門ハング** 5.10c（宮本泰伸）
③ **チキンボーン** 5.11a/b ★（宮本泰伸）
すっきりした上部フェイスが楽しい。
④ **とちん** 5.11b（川端謙一）
⑤ **バーバリアン** 5.11a（明川浩之）
⑥ **イエスタディズヒーロー** 5.10d（明川浩之）
⑦ **おさるさぁ〜ん** 5.11b ★（上中成介）
短いが面白い！
⑧ **ソニア** 5.11d ★★（明川浩之）
フィンガーチップのルート。
⑨ **ツイストウォール** 5.11a ★（川端謙一）
出だしが迷いやすい。右のクラックは使わない。
⑩ **木枯らし1号** 5.9（永井久雄）
⑪ **ボーイズマインド** 5.11a ★★（永井久雄）
⑫ **ダイアモンドダスト** 5.11b/c ★★★（上中恵子）
芹谷を代表するルートのひとつ。
⑬ **ブラボー** 5.10a/b（中野伸次）
⑭ **ロマンチック街道** 5.9（永井久雄）
⑮ **LADYBUG BLESS** 5.12a ★★（木村紀一）
⑯ **春爛漫** 5.11a ★（永井久雄）

[おかぶり岩]

① **シャトル** 5.11c ★（明川浩之）
ルーフ上の立ち込みが核心。クリップは慎重に。

[はぐれ岩]

① **キビダンゴ** 5.11b/c（広瀬茂行）
② **ラッカセイ** 5.11b ★（広瀬茂行）
変化に富んだ好ルート。

ミステリアス 5.12b/cを登る上中成介

66 大津 千石岩 *SENGOKU-IWA*

DATA	
岩　質	花崗岩
おもな傾斜	70度～110度
ルート総数	30本以上
シーズン	通年
場　所	滋賀県大津市

▶アクセス／JR湖西線西大津駅下車－皇子山運動公園－早尾神社－千石岩約30分。車／早尾神社から徒歩15分。又は京都市内より山中越え～比叡平～皇子山カントリークラブ近くの路肩に駐車～徒歩10分。ゴルフ場内には駐車不可、ゴルフ場の駐車場は駐車厳禁。ゴルフ場内を通過する場合は信号厳守。ゴルフ場スタッフやお客さんとのトラブルに注意。ゴルフ場からの場合クラブハウス横を通るため通らせていただいていることを忘れずに！　マナーの徹底をお願いする。

▶キャンプなど／不可

▶注意／岩場は私有地で、ボルト、ハーケンなどの設置を禁止する看板が地主の方により立てられている。そのためネイリングのトレーニングに登られていたルートは実質登攀禁止で、ボルトの追加などもしないように。また、岩場はナチュラルプロテクションが非常に有効で、それらを最大限に利用する、できることが必要。

▶その他／広場の面は特にルートはないがスラブなどで楽しめる。右端はTRセット時の登下降路にもなっている。

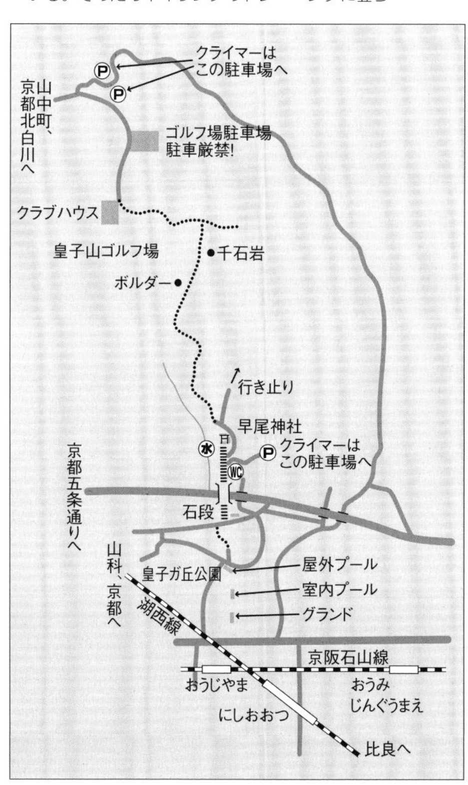

概　要

千石岩は琵琶湖を見下ろせる高台にあり、爽快なクライミングを楽しませてくれる。

岩場はひとつの岩塔でそのまわりにルートがひしめいている。花崗岩独特のクラック、フレークが発達していてそれらを利用したナチュラルプロテクションのセットも、リードを目指すクライマーは身に付けていなければいけない。

その反面、TRでのクライミングも盛んで、80年代に入り、オーバーハングしたフェイスもTRで解決、リードされ、一部を除いてフリーのルートとして定着している。いずれのルートも核心部は短くボルダリング的で、TRクライミングが盛んな理由かもしれない。ナチュラルプロテクションでのリードクライミング、傾斜の強い豪快なスポーツクライミング、そして壁の下部を利用したボルダリングとコンパクトにまとまった岩場である。広場の面は特にルートはないがスラブなどで楽しめる。右端はTRセット時の登下降路にもなっている。

ボルダリングサイド

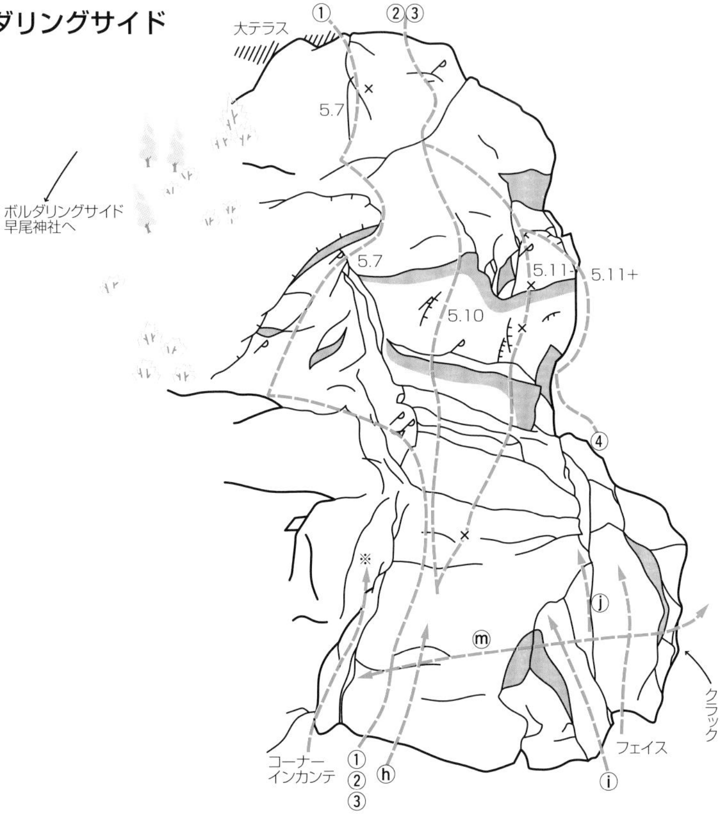

大テラス
ボルダリングサイド
早尾神社へ
5.7
5.7
5.10
5.11-
5.11+
コーナー
インカンテ
フェイス
クラック

ボルダリングサイド／ホープウォール　15m

① **ノーマルルート**　5.7　ボルト7
ハング部を迂回して弱点を登り最後は終了点へ直上。ロープの流れを考えヌンチャク＋スリングを利用したい。

② **オダハング**　5.10c　ボルト5

③ **YOU**　5.11b　ボルト4

④ **カツミカンテ**　5.11a/b　ボルト2　NP
ボルト一本目まではNP。ボルトクリップからバランスの悪いカンテ状ハングを登る。

⑤ **前傾フェイス**　5.11d〜5.12　ボルト3
カツミカンテの始まりから右へ出てフェイスを登る。コース取りによりグレードが変わる。

⑥ **いじましカンテ**　5.10　TR

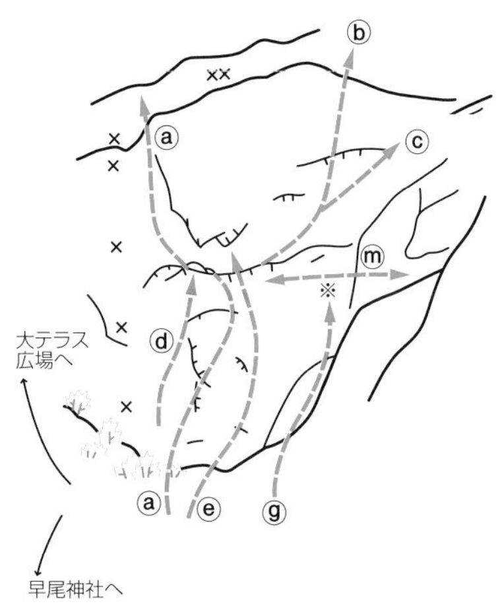

ホープウォール

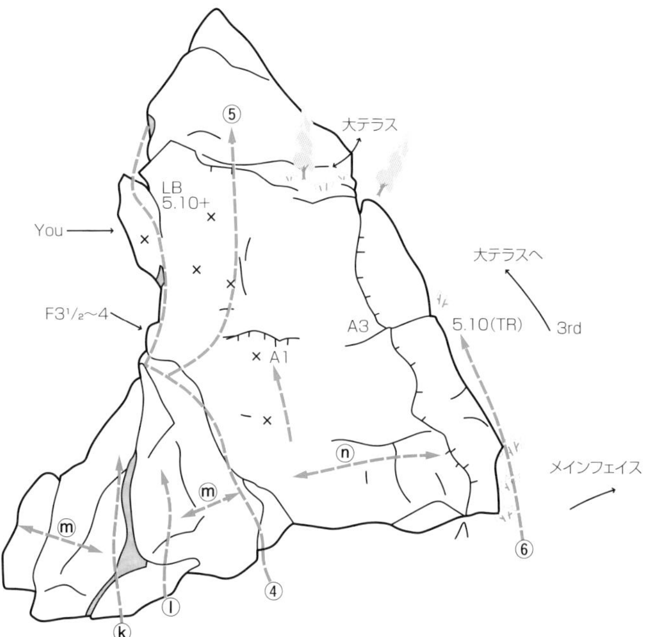

ボルダリング＆TRプロブレム

TRで解決されたものがほとんどだがボルダリングとしても登られている。TRの支点あり。

「ボルダリングサイド」

ⓐ **半分少女**　2級
ボルトラダー右のフェイス。

ⓑ **トップアウト**　2級
中間ガバから右へトラバース後左上したクラックを登る。

ⓒ **ブリッコフェイス**　3/4級
中間部〜右へトラバース。

ⓓ **ハーフランジ左**　3級
中間のガバへ左手を飛ばす。

ⓔ **ハーフランジ右**　2級
中間のガバへ右手を飛ばす。

ⓕ **ハーフランジダブル**　2/1級
中間のガバへ両手を飛ばす。

ⓖ **コーナーインカンテ**　4級
右のスラブをいっさい使わずカンテをのぼる。

ⓗ **ノーハンドスラブ**

ⓘ **良竜スラブ**　10級〜
カンテなど限定を加えて遊ぶといがいとエキサイトする。 限定なしだと10級。

ⓙ **コーナー**　9級

ⓚ **クラック**　6級

ⓛ **フェイス**　5級
見た以上に悪い。

ⓜ **トラバース**　6級

ⓝ **トラバース**　4級

ⓞ 5.10

ⓟ 5.11-

ⓠ 5.11

ⓡ 5.10

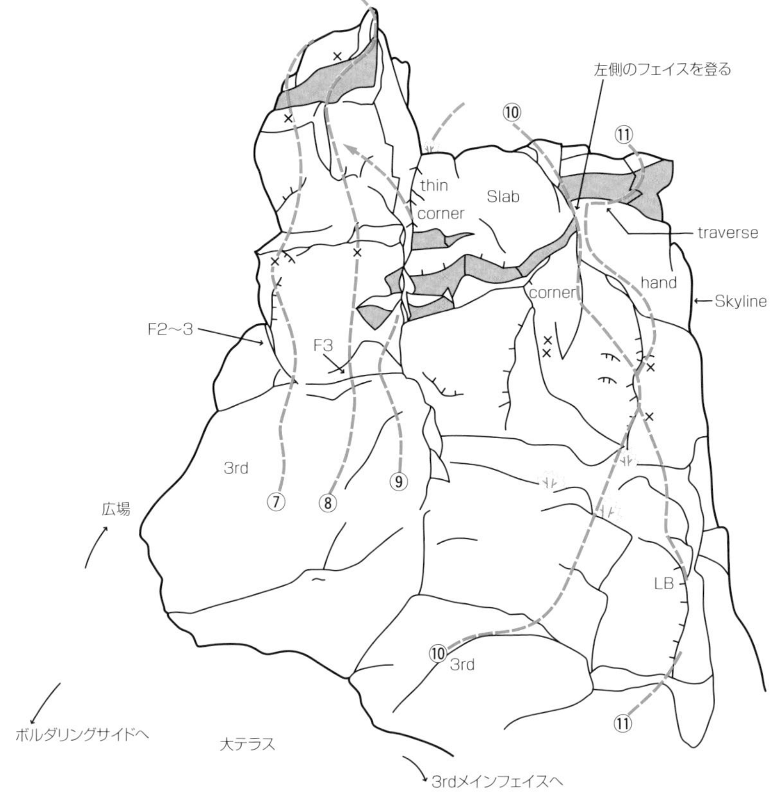

三段ハング周辺

⑦ **ミシガン**　5.10b　ボルト2　NP
左のカンテへ出ずにハングを越える。一本目のボルトは安全環付カラビナ一枚掛けが良い。

⑧ **B5.11sライン〜かみなかカンテ**　5.11c　ボルト3　NP　★
トリッキーな下部ムーブと豪快な三段目のムーブが楽しい。オリジナルのかみなかカンテは右のコーナーから登る。

⑨ **コーナー**　5.10a/b　ハーケン　NP

⑩ **白鳥の湖**　5.10b　ボルト5

⑪ **バフフェイス**　5.10a　ボルト5　or　ボルト3&NP

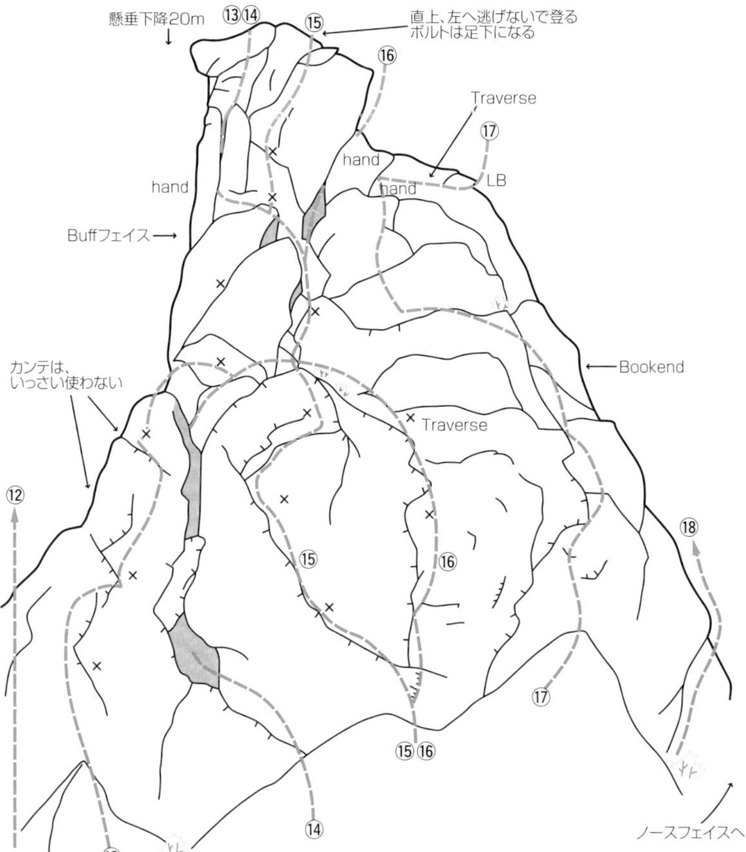

メインフェイス

⑫ **バフフェイス下部**　5.9　ボルト2
これから通常バフフェイスへつなげる。

⑬ **すごいですね！**　5.11a　ボルト3　ハーケン1　NP
三角形をした前傾フェイス〜⑭スカイラインへ合流。

⑭ **スカイライン**　5.10a　NP　★★
クラックをつなげて登る。 取り付きのハーケンはナッツの抜け防止に。 あとはオールNP。

⑮ **OLDNEW**　5.11d　ボルト5　NP　★
⑯のガバを使わずにカンテを忠実に登る。上部はムーブの読みづらいフェイスで恐怖心も加わる。

⑯ **フレークルート**　5.10b　ボルト3　NP
2本目のボルトからランナウトするので注意。上部は快適なクラック。

⑰ **Keiちゃん頑張れ**　5.10a　ボルト3　NP
取り付きがトリッキー。 上部は右へトラバースしてフレークを乗越す。

ノースフェイス

⑱ **ルート201** 5.10b ボルト5

⑲ **ブックエンド** 5.10d ボルト4
左のカンテへ出ずにスラブを直上。
傾斜が緩いのでフォールに注意。

⑳ **クリンクリン** 5.8 ボルト1 NP ★

㉑ **ミセスロビンソン** 5.11b ボルト4

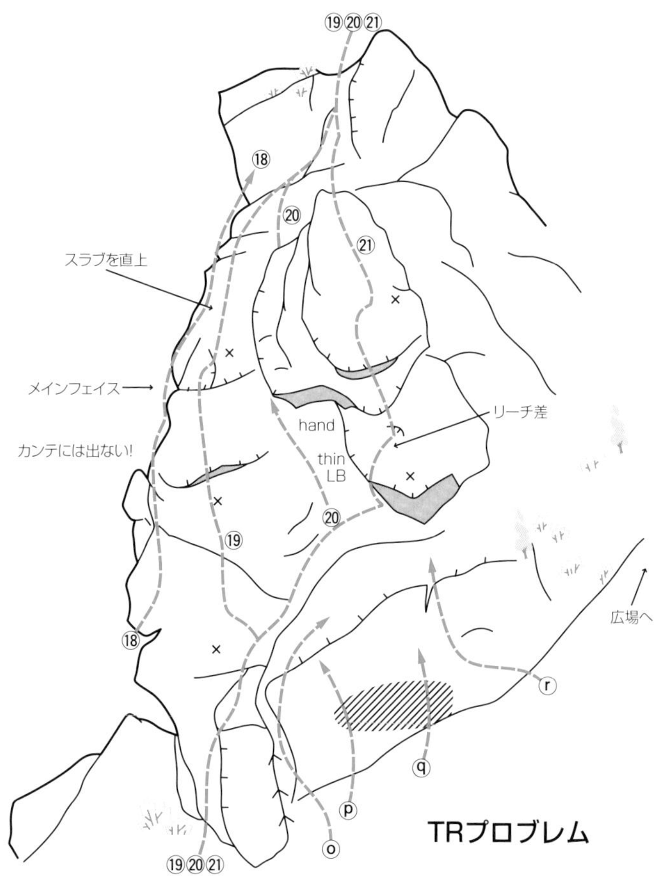

67 京都 金比羅山 *KONPIRA-SAN*

D A T A	
岩　　質	チャート
おもな傾斜	80度
ルート総数	約70本
シーズン	通年
場　　所	京都市左京区

▶**アクセス**／京都バス、大原行きに乗車し、花尻橋又は戸寺で下車、江文神社まで徒歩20分。車／R367から花尻橋手前(京都方面から)を左折。又は野村町の信号(コンビニ手前)を左折。神社付近及び国道367から江文峠へ抜ける道路の神社側の路肩は駐車禁止。また、駐車しないにしても神社への車の乗り入れは控えること。旧馬屋跡付近にも駐車できるが地元の方の車の出入りもあり、できるだけ路肩に詰めて駐車するように。以前にも地元の方とのトラブルがあり金比羅山がクライミング禁止の危機にさらされたことがあるため、地元の方の注意は必ず聞くように。

▶**キャンプなど**／神社付近及び駐車場所でのキャンプは禁止。民家も隣接しているので金比羅山でのキャンプは不可。

▶**注意**／岩は概ね安定しているが、まれに剥離することがある。各岩場の上は通り道になることがあるため落石に注意。特にMの岩場ではKスラブ取付及び終了点からの落石が多々あるので注意が必要。

▶**装備など**／現在ある金比羅山のルートは、そのほとんどがクラックにセットしたナッツ類や木でトップロープの支点を作ることができ、フォローのビレイも問題なく行える。オールナチュラルというわけではないが、カム、ナッツは有効なので、積極的に使用することをすすめる。代表的なところではホワイトチムニーのコーナーハング(レイバック)ルートは逆さうちの浅いハーケンが残置されているが、カムナッツ(キャメロット#1～2)が決まる。リングボルトのリングが老朽化しているところもしばしばあり、ナッツのワイヤーなどでタイオフしたほうがよいところもある。

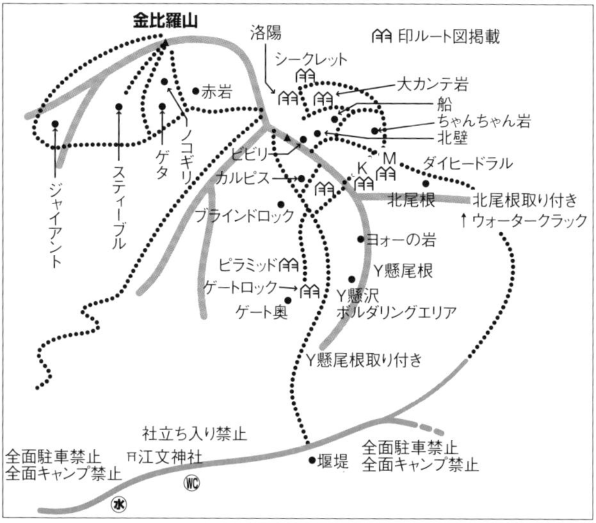

概　要

金比羅山は非常に古くから登られている岩場であり、登山靴で岩登りをしていた時代から、いわゆる日本のアルパインクライミングの練習場としての性格が求められ続けられているとともに80年代のフリー化を経て、フリークライミングの岩場としての性格が共存している岩場である。

今回ルート図を掲載した岩場は、フリーの岩場としてポピュラーなものを中心に紹介している。

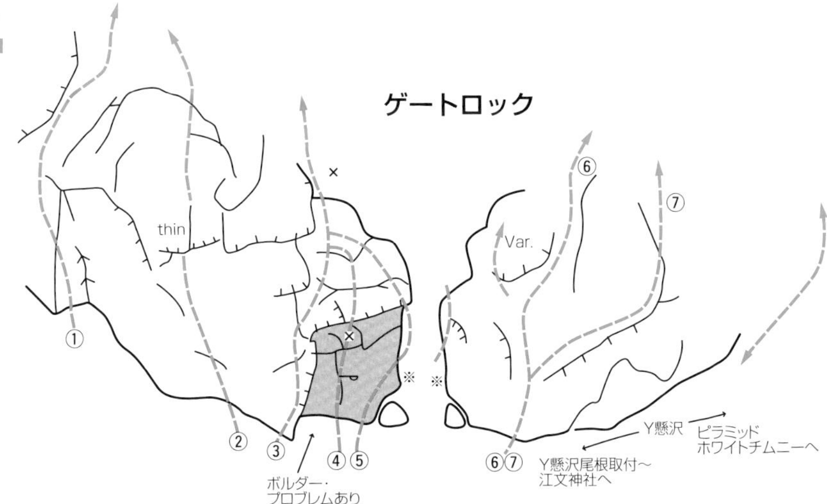

ゲートロック

①左カンテルート　5.5　ハーケン
②逆層フェイス　5.10a　ハーケン＆NP
③ノーマル　5.8　ハーケン
④アラプリーズハング　5.10c　ボルト＆ハーケン
⑤カンテルート　5.9　ボルト＆ハーケン
⑥右壁中央ルート　5.7　ハーケン
⑦右壁右ルート　5.6　ハーケン　×
下部ボルダリング課題あり

Y懸尾根、Y懸ノ頭へ
下降路
懸垂下降
thin
Var.
カルピスへ
fist
Corner
①
②③
④
⑤
⑥
⑦
Y懸沢ピラミッド・ゲートロックへ

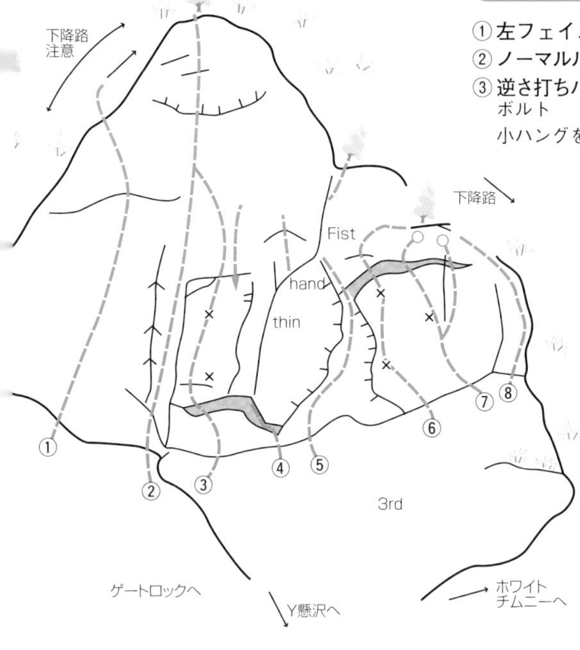

ピラミッド

①**左フェイスルート**　5.5　ハーケン

②**ノーマルルート**　5.7　ハーケン＆ボルト　★

③**逆さ打ちハーケンルート**　5.10c　ハーケン＆ボルト
小ハングを直上。

④**クラックルート**　5.10a/b
ハーケン＆NP（ストッパー）

⑤**凹角状ハング**　5.8　ハーケン

⑥**バナナスキャンダル**
5.10b/c　ボルト＆ハーケン
★（上塚三美）
コーナーからハングを右へトラバースして終了点へ

⑦**メロン**　5.11b　ボルト＆ハーケン（江良竜一）

⑧**右ルート**　5.8　×

懸垂下降
左へよると
やさしくなる
thin
Y懸尾根
3rd
Crack
hand
TR(5.10)

ホワイトチムニー

①**ノーマルルート**　5.6　ハーケン

②**サラワリ**　5.10a　ボルト＆ハーケン　★
すっきりしたフェイス

③**チムニールート**　5.4　ハーケン＆NP　★
弱点をついた好ルート

④**コーナーハング**　5.9
ハーケン＆ボルト＆NP　★

⑤**右ハングルート**　5.10b　ハーケン＆ボルトorNP

⑥**凹角ルート**　5.6
ハーケン　×

⑦**TR友の会ルート**　5.10
ハーケン＆NP　×（杉森誠）

⑧**ナンジェ**　5.10c　NP（上中成介）
若干前傾したクラック右のフェイスはTR（5.10c）

⑨**チャイチャイ**　5.10b/c
ボルト＆NP　★（江良竜一）

⑩**たかしぃ～**　5.8　ボルト＆NP（久野隆）

ブラインドロック

Every Day Sunday Man　5.11b　ボルト　★
（上中成介）

K

①ヘアークラック　5.10c
ボルト＆ハーケン

②直上ルート　5.9　ボルト

③ノーマルルート　5.7
ハーケン

④エスケープライン　5.6
ハーケン

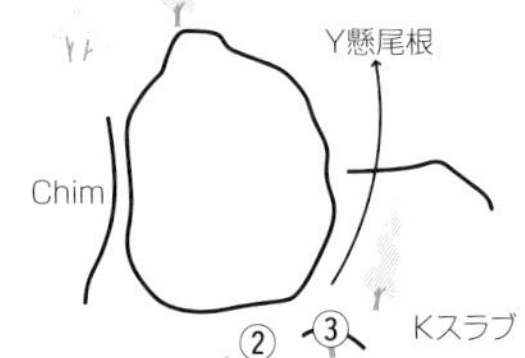

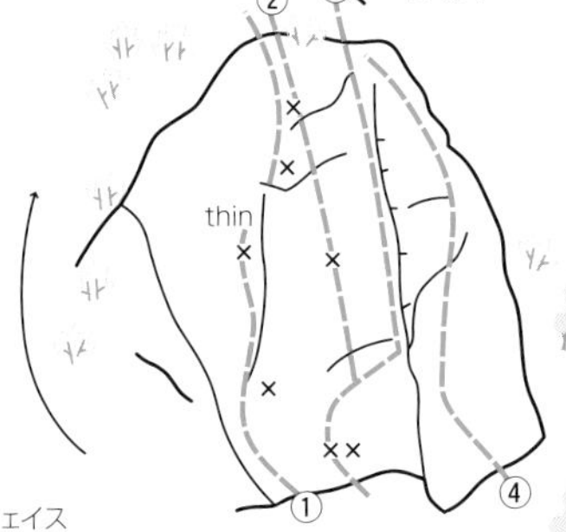

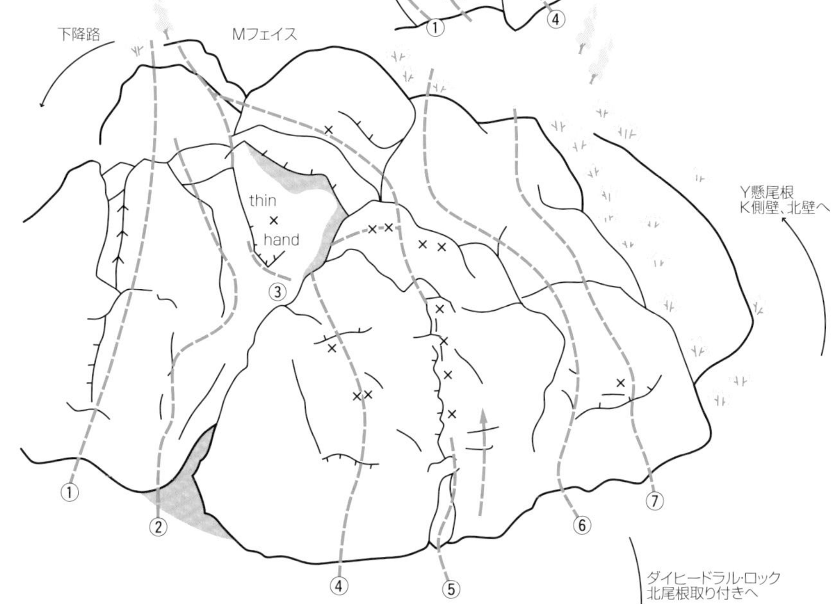

M

①岩峰会ルート　5.9　ボルト＆ハーケン

②低血圧　5.10b/c　ボルト

③高血圧　5.10c　ボルトorNP＆スモールストッパー（初登時）　（木村紀一）

④ボルトフェイス　5.10c/d　ボルト　★

⑤Mクラック　5.10a　ボルト　★
金比羅山フリーの登竜門

⑥ノーマル左　5.9　ハーケン＆ボルト

⑦ノーマル右　5.5　ハーケン

⑧右ノーマル　5.7　ボルト＆ハーケン

下降路
Y懸尾根へ
ピナクル
LB
thin
もろい
プロテクション注意
カンテ
①
②
③
④
船へ

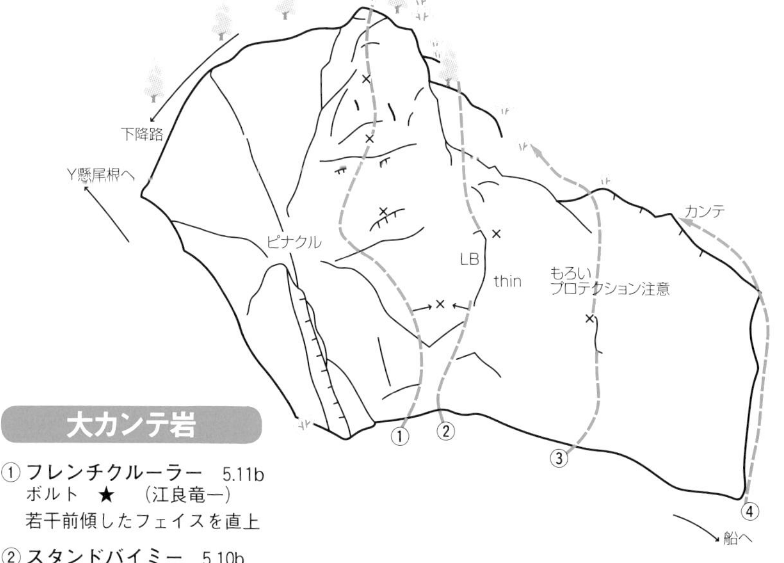

大カンテ岩

① **フレンチクルーラー** 5.11b
ボルト ★ （江良竜一）
若干前傾したフェイスを直上

② **スタンドバイミー** 5.10b
ボルト（明川宏之）

③ **おいちゃんルート** 5.9 ボルト ×

④ **ダイカンテルート** 5.8 ハーケン

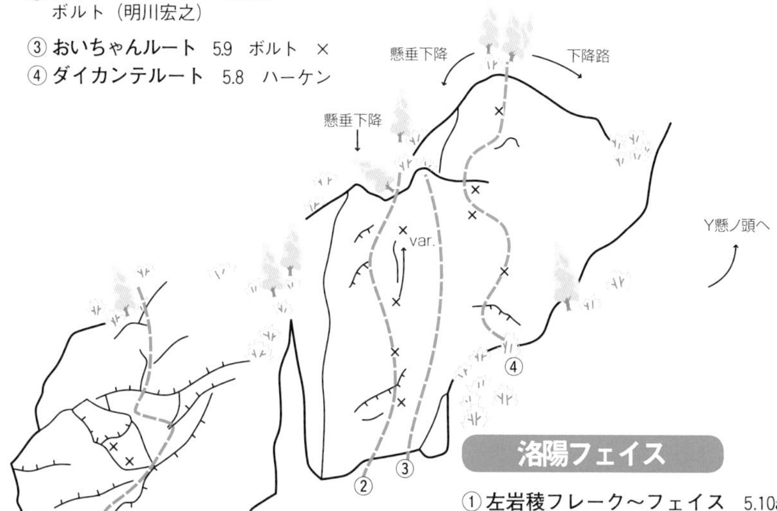
懸垂下降
下降路
懸垂下降
var.
Y懸ノ頭へ
①
②
③
④
チャンチャン岩へ

洛陽フェイス

① **左岩稜フレーク～フェイス** 5.10a ×

② **洛陽フェイス** 5.11a ボルト ★

③ **二人の天使** 5.11c ボルト （上塚三美）
現在ハンガー無し

④ **ロイヤルチャッソーすでにのお客さん**
5.11d ボルト （上中成介）

シークレット

① **シークレット** 5.11d ボルト ★（森）

※著しい限定のあるルートは除外しています。 初登時スティッククリップのルートは無し

68 木津川 笠置ボルダー KASAGI

DATA	
岩　質	花崗岩
おもな傾斜	70～90度
シーズン	通年（真冬は寒さが厳しい）
場　所	京都府相良郡笠置町

笠置は、電車による利用が可能な数少ない岩場のひとつであり、車でのアプローチもシンプルである。

大き目のボルダーが多いがランディングも良く、多彩なプロブレムは初級者から上級者まで楽しむことができる。

▶**アクセス**／JR関西本線笠置駅より徒歩5分。車では、大阪からは国道163号線で1本。京都からは国道24号で南下し163号へ。

▶**キャンプなど**／岩場周辺では不可。河川敷の笠置キャンプ場には駐車場、トイレあり。駐車には清掃維持管理費（一人300円、二人以上一台500円）が必要。

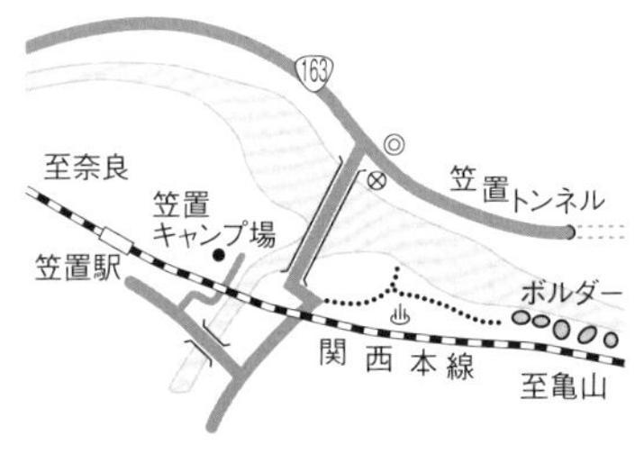

■**下流エリア**

マリブ

① ビール箱　5.9　6級
② イージースラブ　5.6　9級
③ マリブ　5.10a　5級 ★★
④ オハイオ　5.9　6級

エメラルドカンテ

⑤ エメラルドカンテ　5.12b初段＋（大垣国久）

地蔵岩

石仏が彫られているので自粛が妥当と思われる。

⑥ 地蔵カンテ　5.11a　2級（大垣国久）

ボート横ボルダー

⑦ ワルツ　5.9　6級
⑧ ボート横ボルダー　5.6～5.9
⑨ カヌー　5.10c/d　3級
⑩ カヤック　5.11b/c　1級

フィネス

⑪ 本家笠置　5.12a　初段（小出智彦）
⑫ フィネス　5.10b/c　4級　★★
⑬ ワンハンドフェイス　5.6　9級

マントリングロック

⑭ はみ金サーブ　1級
⑮ お目覚めマントル　1級
⑯ あまご　二段（黒住樹人）
フレークのSDから⑮へ。

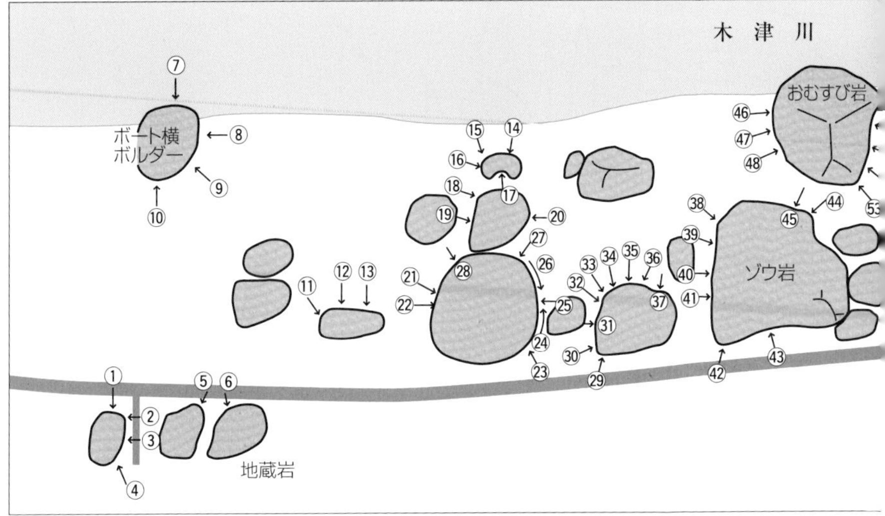

⑰ おやすみマントル　5級

のっぺりカンテ

⑱ のっぺりカンテ　5.10c 3級　★★★

⑲ イージーウェイ　5.6　9級

⑳ ビギナースラブ　5.6〜5.7

大ハング岩

㉑ ガリ　四段（村岡達哉）
フェイスの左下から登り㉒に合流。

㉒ 南裏の大ランジ　1級 ★

㉓ グレイス　2級　★★（東秀磯）

㉔ ミティゲーション　二段 ★（柴沼潤）
㉓から㉕へリップトラバース。

㉕ ジャンピングヒールフック　4級 ★★★

㉖ 獄門　三段 ★（尾川信博）
㉔とは反対側のリップをトラバース。

㉗ 大ハング左フェイス　7級

㉘ 大ハング右フェイス　7級

キケンフェイス

㉙ キケンフェイス右　5.10d 2級

㉚ キケンフェイス　5.10c　3級

㉛ キケンフェイス左　5.10d　2級

㉜ トンネルホール右　5.7　8級

㉝ トンネルホール　5.9　6級

㉞ トンネルホール左　5.10b　4級

㉟ 赤いきつね　5.11b　1級 ★

㊱ 黄色い博多　5.11b　1級 ★★（小出智彦）

㊲ 鮎 初段(安達弓月)
地ジャンで初段。 しないと二段。

■中流エリア

ゾウ岩

㊳ 七タボタ餅　5.11c 1級 ★★（有友義博）

㊴ スーパークロスライン　5.11a 2級

㊵ ゾルレン　5.9 6級　★

㊶ ザイン　5.8 7級

㊷ ユーロビート　5.11a/b 2級＋ ★（辻岡強）

㊸ オレンジページ　5.11b 1級（辻岡 強）

㊹ バタフライ　5.11b/c 1級（東 秀磯）

㊺ ビギン　5.6 9級

おむすび岩

㊻ テンプテーション　5.7　8級

㊼ 南裏ライン　5.10c/d　3級

㊽ ツイスト　5.11b/c　1級

㊾ ビギナーライン　5.6　9級

㊿ 大垣バリエーション　5.11b/c　1級

51 スーパースラブ　5.11a/b　2級＋

52 林ライン　5.10b/c　4級

53 建部ライン　1/2級

元祖笠置

54 元祖笠置　5.11c/d　1級＋（小出智彦）

扇岩

55 ハイスーパースラブ　5.11b/c　1級

56 ハイスーパースラブ側面　5.10c/d　3級

57 キャンサー　5.10b/c 4級 ★

a 梅の宿　二段

b 呉春　1級

c 嶋岡フェイス　2級 ★

ベロー

58 ベロー　3級

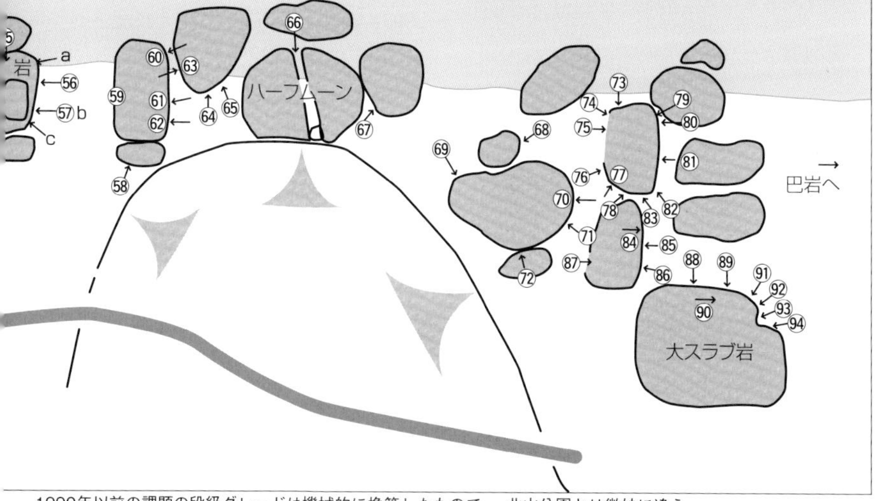

1990年以前の課題の段級グレードは機械的に換算したもので、 北山公園とは微妙に違う。

マスタード

(59) ReBirth　五段 ★（倉上慶大）
エリア中流にあるビッグボルダー。 フレアしたシンクラックをたどる。

(60) パール　5.12a 初段（大垣国久）

(61) カスタード　5.10d 2級　★（辻岡 強）

(62) マスタード　5.11a 2級 ★（大垣国久）

水際作戦

(63) 水際作戦　5.10c/d　3級（東 秀磯）

(64) 北山さんちのぜんざい　5.9 6級

(65) レスリー　5.10b/c 4級

ハーフムーン

(66) ムーンクラック　5.10d 2～3級
水量の少ない時期しか登れない。

(67) バリーフェイス　5.10a～5.10d

■上流エリア

魔界マントル

(68) 魔界マントル　5.11a 2級 ★（小出智彦）
下流の岩とのスキマにパルピンククラック（1級）、その右にあしか（ワイド1級）あり。

クリオネ

(69) ヘルプ　5.10a　5級

(70) チャイルドスラブ　5.12a 初段 ★（大垣国久）

親父スラブ　初／二段（黒住樹人）
(70)のシットスタート。 (70)の一歩目の右足のホールドを両手で持ってスタート。

クリオネ　三段 ★（黒住樹人）
親父スラブのスタートから左上し、 (71)の核心につなげる。

(71) すみません登り方忘れました　5.11d 1級＋ ★（黒住弓月）

(72) 練習スラブ　5.6 9級

ジーザスクライストロック

(73) ムーンライトフェイス　5.11d 1級＋（大垣国久）

(74) スーパーカンテ　5.11b 1級 ★★

(75) へっつき虫　1級 ★★（黒住樹人）

シオマネキ　三段（尾川信博）
(75)のSDスタート。

(76) ボルダーライク　5.6 9級

(77) トランキライザー　5.10c/d 3級 ★

(78) オープンチムニー　5.9 6級

(79) モアパワー・トゥ・ミー　5.12a 初段（大垣国久）

(80) ジーザス　5.10c/d

(81) クライスト　5.11a　2級 ★（東 秀磯）

(82) ジャンプ・オブ・ジョイ　5.10c 3級 ★★

(83) 空間チムニー　5.10d 2級

バカボン岩

(84) 親指君　初段 ★★（草野俊達）

尊敬　三段 ★（足立星斗）
(84)のSDスタート。

(85) 豆餅　三段+ ★（尾川信博）
発破でできたホールドで登る。

(86) バカボン岩トラバース　5.10d　2級

(87) プッチドミ（うなぎ）初段 ★（黒住樹人）
リップの一段下の水平ホールドからスタート。

すぐる君　三段 ★（宇佐美友樹）
さらに一段下の縦ホールドからスタート。

大スラブ岩

(88) 右マントル　5.10b 4級

(89) 左マントル　5.10c 3級

(90) 大スラブ岩トラバース　5.8 7級

(91) ライトホワイトスラブ　5.7 8級

(92) ブラックスラブ　5.6 9級

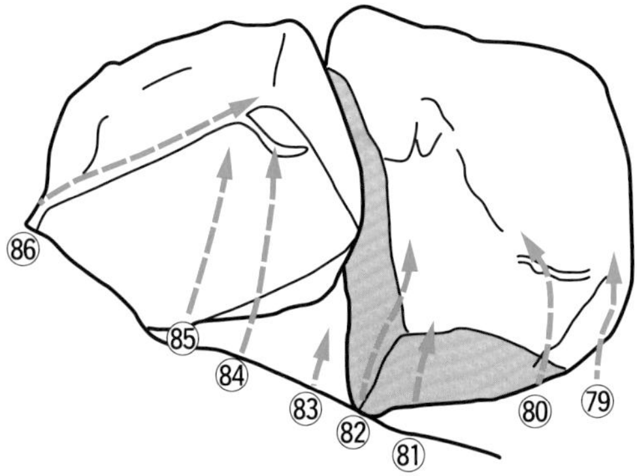

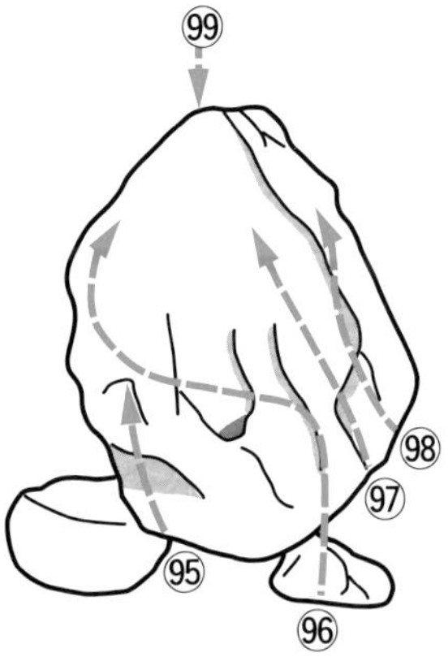

93 レフトホワイト　5.6 9級
94 コーナー　5.5 10級

巴岩

95 巴岩直上　初段 ★
96 バグダッドカフェ　5.11b 1級 ★★（東秀磯）
97 コーリングユー　5.10d 2級 ★
98 9号　5.10b 4級
99 巴クラック　初段

獄門（三段）

ReBirth(五段)

69 六甲 北山公園 KITAYAMA-KOEN

D A T A	
岩　　質	花崗岩
おもな傾斜	70〜90度
ルート総数	約50本
シーズン	通年(真夏は条件が悪い)
場　　所	兵庫県西宮市

▶**アクセス**／阪急甲陽園駅より徒歩15分。
▶**キャンプなど**／不可。トイレは緑化植物園にあり。

概　要

北山公園のボルダーは1980年代初頭より登られ、岩と雪105号ボルダリング特集での発表時にはおもだった課題のほとんどができあがっていた。大阪、神戸から近く、交通の便も良く多くのクライマーに利用されてきた。

[オノゴロ岩]

a **美蕃登**　初段
ルーフのワイドクラック。

b **スクナビスコ**　4級
一歩だけのスラブ課題。

c **天沼矛 3級**
aの反対側を左右の岩を使って登る。

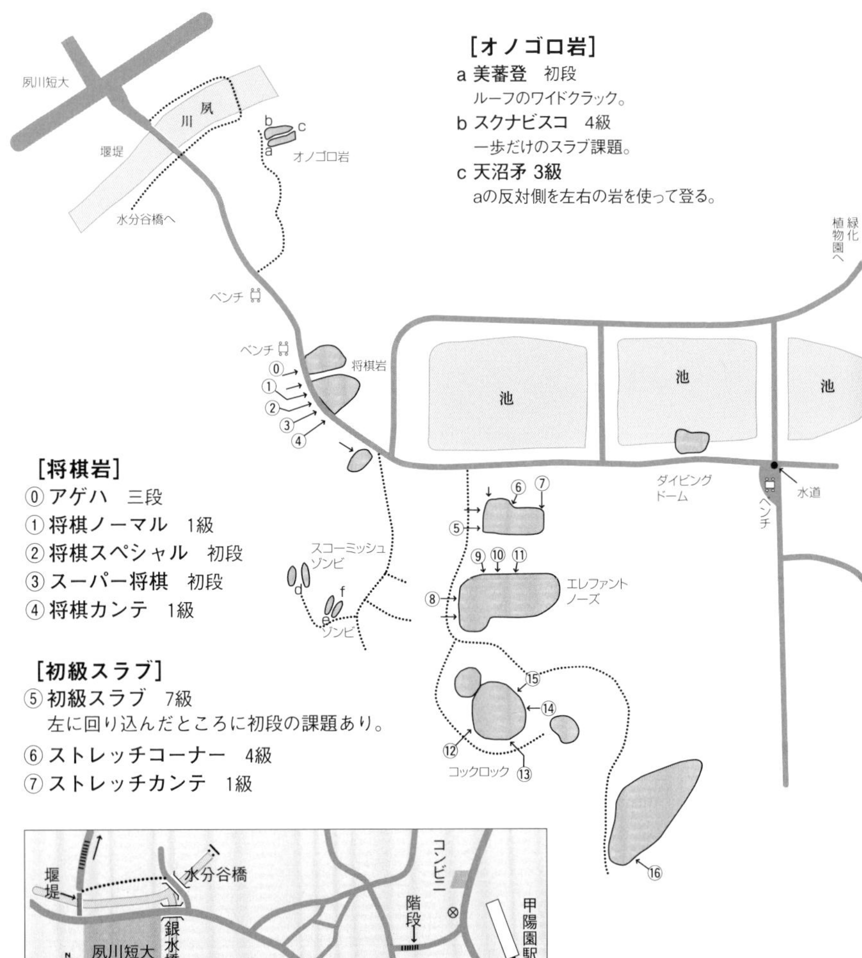

[将棋岩]

⓪ **アゲハ**　三段
① **将棋ノーマル**　1級
② **将棋スペシャル**　初段
③ **スーパー将棋**　初段
④ **将棋カンテ**　1級

[初級スラブ]

⑤ **初級スラブ**　7級
左に回り込んだところに初段の課題あり。

⑥ **ストレッチコーナー**　4級
⑦ **ストレッチカンテ**　1級

[スコーミッシュゾンビ]
d スコーミッシュゾンビ　2級
　スタートが悪いので、要スポット。

[ゾンビ]
e ゾンビ　1級
　穴倉から這い出てくる課題。
f 天岩戸　2級
　左右の岩を使って登る。

[エレファントノーズ]
⑧エレファントノーズ　3級
⑨ペロー　初段
⑩サーティ　1級
⑪ガンフォー　初段 ＊

[コックロック]
⑫スラブ　4級
⑬カンテ　4級
⑭フレーク　4級
⑮コックロック　2級
⑯ヒクイノクス　1級

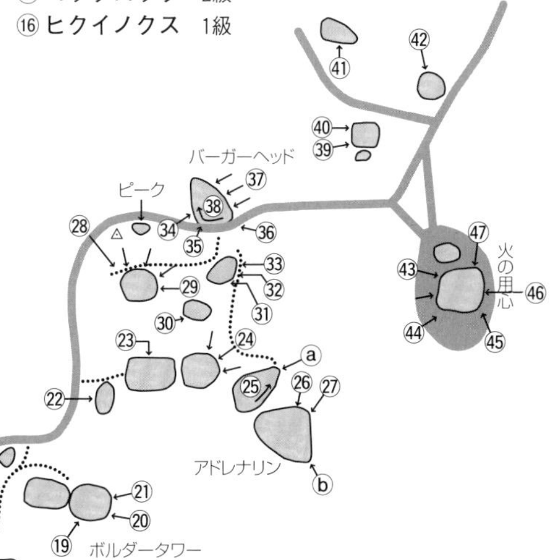

[スベリ台]
⑰スベリ台　10級
⑱股フックカンテ　3級

[ボルダータワー]
⑲ピクニック　2級
⑳インステップフック　5級
㉑ザ・フレーク　9級

[バットマンクラック周辺]
㉒ホールドアップ　2級
㉓バットマンクラック　3級
㉔フェイス　4級

[アドレナリン周辺]
ⓐシャークハング　3級
㉕シャークトラバース　2級
㉖アドレナリンスラブ　二段
㉗アドレナリンカンテ　2級
ⓑアドレナリンマントル　1級

[のり弁当ロック]
㉘ウマノリカンテ　4級
㉙テーブルトップ　初段

[弁当岩]
㉚ショーモナイカンテ　2級

[木下フェイス]
㉛左カンテ　6級
㉜中央　3級
㉝右ライン　4級

[バーカーヘッド]
㉞ワンムーブ　5級
㉟ホールド　6級
㊱ヒールフック　5級
㊲スラブ　6級
㊳バーカーヘッドトラバース　初段

[インシュリン]
㊴インシュリンフェイス　2級
㊵インシュリンカンテ　2級

[テーブルロック]
㊶テーブルロック　6級 ？

[時をカケル少女]
㊷時をカケル少女　3級

[火の用心]
㊸火のカンテ　4級
㊹右カンテ　2級
㊺スクラッチ　2級
㊻火の用心ノーマル　4級
㊼火の用心フェイス左　1級

70 六甲 保塁岩 HOURUI-IWA

D A T A	
岩質	花崗岩
おもな傾斜	90度
ルート総数	約50本
シーズン	通年
場所	兵庫県神戸市灘区

▶**アクセス**／六甲ケーブル山上駅より徒歩10分。車は表六甲ドライブウェイを上がり、記念碑台より東へ5分で無料駐車場。徒歩6、7分。マルコーセミナーハウスの敷地内には入らないように。

▶**キャンプなど**／不可。トイレはケーブルカー駅にあり。

概要

保塁岩は芦屋ロックガーデンとならび、国内で最も古くからクライミングが行われていた岩場である。エリアは大きく東稜、中央稜、西稜の3つに分かれるが、ルートは中央稜と西稜に集中している。

70年代後半より、多くのルートがフリー化されてきたが、それとともにいくつかのルートで、おもにガバホールドをたたき落とすチッピングが行われてきた。「役者」、「檜のフェイス」などがそれで、オリジナルルートは消滅している。

そういう忌まわしい部分を持つ岩場ではあるが、今も昔も初中級者の練習場として多くのクライマーに利用されている事実に変わりはない。なお、ほとんどのルートでナッツ・カム類が有効である。

西稜

① チャイチャイ 5.10a 8m ★
② 山本カンテ V＋ 25m
③ 左ルート V＋ 25m
④ ノーマルルート Ⅳ＋ 25m
⑤ 直登ルート Ⅳ＋ 25m
⑥ 西稜ハング V＋ 10m ★★
⑦ 西稜ハングVar1 5.10a 10m
⑧ 西稜クラック V 10m ★★
⑨ 西稜ハングVar2 5.10c 10m

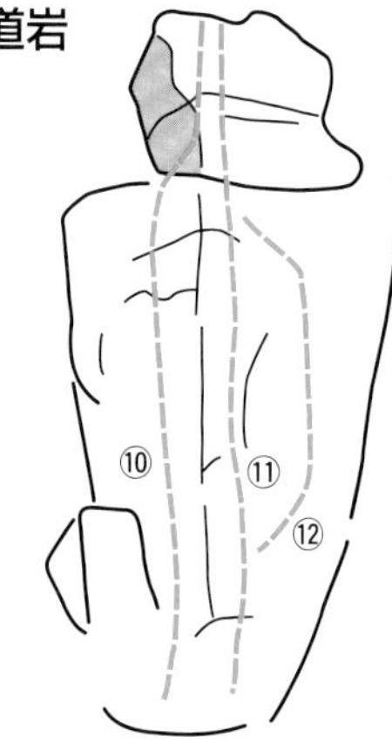

中央稜西面

⑬ スリーパーホールド　5.11b 20m ★★
最新ルート。ボルト6本（最後は裏側のリングボルトを使用）。 下部は自由に。

⑭ ジグザグクラック　5.9＋ 25m ★★★
⑮ サンデイフェイス　5.10c 25m
⑯ マディコーナー　5.9 25m
⑰ サラマン　5.9＋ 20m
⑱ ナンバブラザーズ　5.9＋ 20m ★
⑲ 役者　5.11a　25m
⑳ ハチの巣コーナー　5.10a 25m ★
㉑ コズミックライン　5.10a 25m ★★★
㉒の上部バリエーション。ハング下を左にトラバースして、空間に突き出たフレークを登る。ダイレクトは5.10c。

㉒ スカイフレーク　5.9 25m ★

帰り道岩

西稜上部の広場から中央稜にトラバースする途中にある岩。

⑩ さんぽみち　5.11b 12m ★
⑪ みちくさ　5.10d 12m ★
⑫ 帰り道　5.10b 12m ★

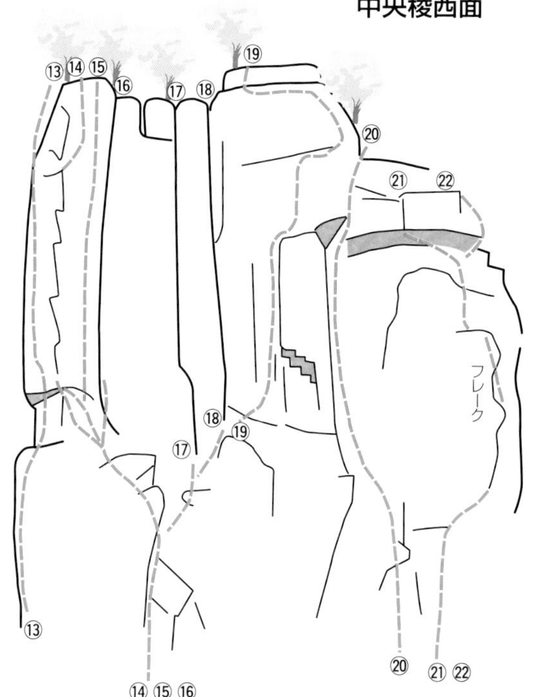

中央稜南面下部

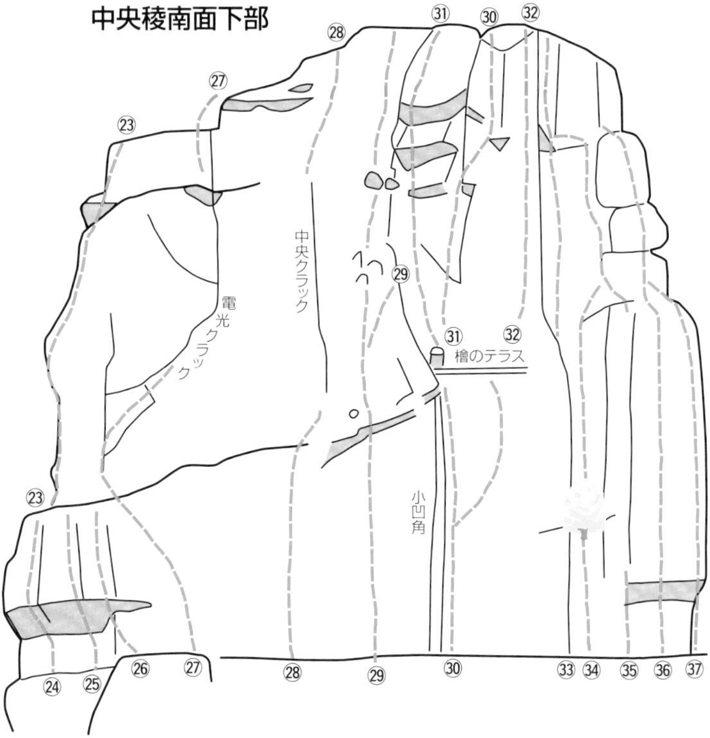

電光クラック
中央クラック
檜のテラス
小凹角

中央稜下部南面

㉓ **枯れ木のカンテ**　Ⅴ－ 8m
㉔ **大ハングルート**　5.12（Tr.）6m★
非常に困難なルーフクラック。
㉕ **大ハング中央クラック**　Ⅵ＋ 18m★★
レイバックからハンドジャムで抜ける。
㉖ **大ハング右**　Ⅴ＋ 4m
㉗ **電光クラックルート**　Ⅳ＋ 15m ★★
大ハング上のテラスまではフェイスを左上して取り付く。 電光クラックから凹角状のクラックを登り終了。

㉘ **中央クラックルート**　Ⅴ＋ 18m ★
㉙ **檜のフェイス**　5.11c/d 8m
㉚ **凹角ルート**　Ⅳ＋ 20m
㉛ **2段ハングルート**　5.10c？
㉜ **カンタレス**　5.11a 10m
㉝ **キープレフト**　5.9 20m
㉞ **ルンゼルート**　Ⅳ 20m
㉟ **右クラックルート**　Ⅳ 20m
㊱ **カンテ横フェイス**　Ⅴ＋ 20m
㊲ **右カンテ**　Ⅲ＋ 20m

中央稜下部東南面

㊳ **イカワフェイス**　5.9 10m
㊴ **右カンテウラルート**　Ⅵ＋ 20m
㊵ **下降路左フェイス**　Ⅴ 10m
㊶ **凹角**　Ⅲ　15m

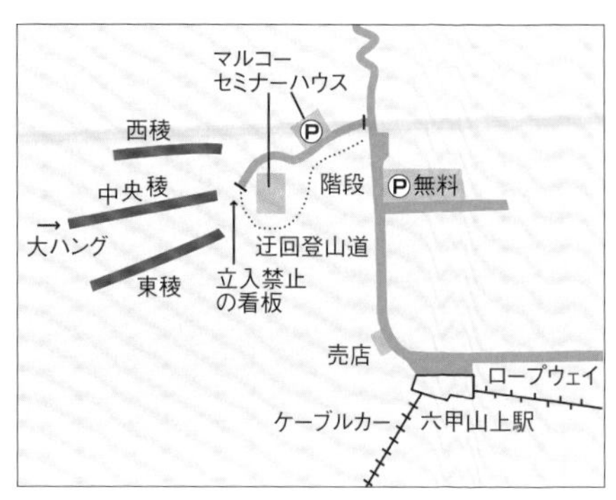

サルカニフェイス

㊷トラバース〜フェイス　Ⅵ− 10m
㊸サルカニフェイス上部　Ⅵ− 12m
㊹サルカニフェイスダイレクト　Ⅵ＋ 20m
㊺サルカニカンテ　Ⅴ 20m

中央稜東面

㊻チビッコフェイス・ハング　Ⅴ− 10m
㊼チビッコフェイス・真ん中クラック　Ⅲ 10m
㊽チビッコフェイス・右ルート　Ⅲ＋ 10m
㊾左カンテライン　Ⅴ−　9m
㊿斜上クラック　Ⅴ−　9m
51 直上ルート Ⅴ−　9m
52 ビスケットチムニー　Ⅳ＋ 10m
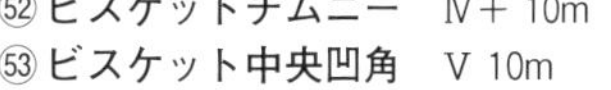
53 ビスケット中央凹角　Ⅴ 10m
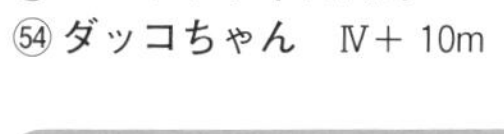
54 ダッコちゃん　Ⅳ＋ 10m

東　稜

Ⅳ− 50m

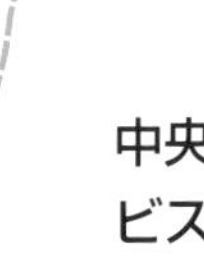
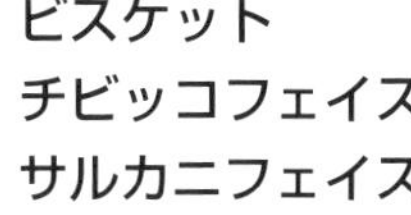

サルカニフェイスは展開しているので実際とは違う

71 裏六甲 不動岩 *FUDO-IWA*

DATA	
岩質	凝灰岩
おもな傾斜	90度
ルート総数	70本以上
シーズン	通年
場所	兵庫県神戸市北区

▶**アクセス**／JR福知山線道場駅より徒歩15分。車は基本的に控えたい。
▶**キャンプなど**／不可。水、トイレは駅にあり。

概要

不動岩は駅からのアプローチが近いということで古くから登られてきた。岩質はあまり良好とはいえないが、部分的に傾斜の強い部分があり、時代ごとに関西を代表するといって過言でないルートが発表されてきた。惜しむなくは多くのルートでチッピングが行われたことだが、近年はそれもおさまったようだ。限定ルートも多いが、これも人気エリアの宿命といえるのかもしれない。プロテクションは古いものもあり、岩質を考えると、むやみにフォールできないルートもある(2006年よりリボルトが行われている)。

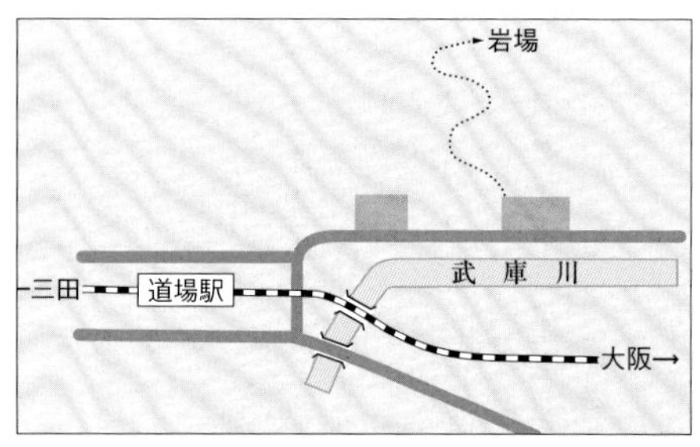

西壁

①ホワイトチムニー　V 15m
②メドゥーサの首　5.12a 15m ★★
③エイリアン　5.9 15m NP
④ハードダンシング　5.11d 15m ★★
⑤ダンシングシバ　5.11a ★★
⑥夕凪　5.11c 15m ★★★
⑦ちょっとかぶりん　5.11a/b 20m
⑧ラストコンサート　5.11b限 ★★
⑨タイム・ハズ・カム　5.10a
⑩たんつぼ小僧　5.11d ★★★
⑪松ノ木リッジ　V

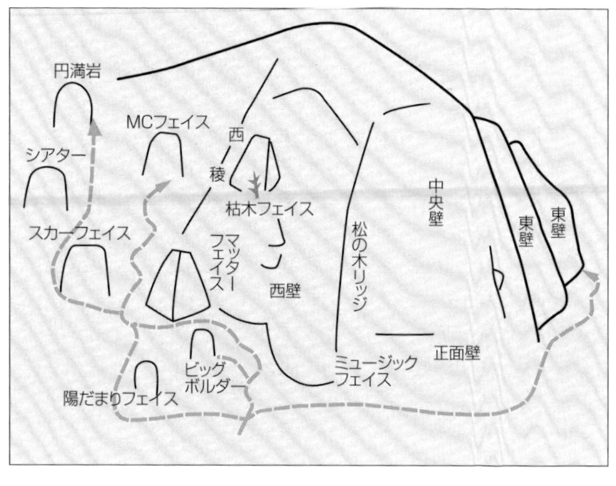

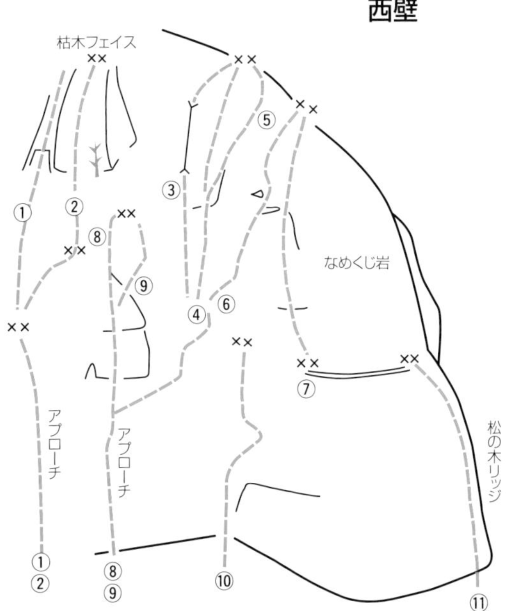

ミュージックフェイス

⑫ジュピター　5.7 限
⑬パフ　5.9
⑭イエスタデイ　5.10b 限

正　面　壁

⑮リトルボーイ　5.10c限　20m
⑯チエちゃんのお尻　5.11a限　20m
⑰なめくじ　5.10a 20m　NP ★
⑱小熊物語　5.11d限　20m ★★★
⑲ワンマンショー　5.11d　25m
⑳カーテンコール　5.12b限　25m
㉑タイコ　5.11c　25m ★★★
㉒ペガサス　5.11a　25m ★★★
㉓金太郎飴　5.11a　35m
㉔Yクラック　5.10a　35m
㉕サイアン　5.10a　35m
㉖ミート＆ポテト　5.10a　35m

中央稜・正面壁

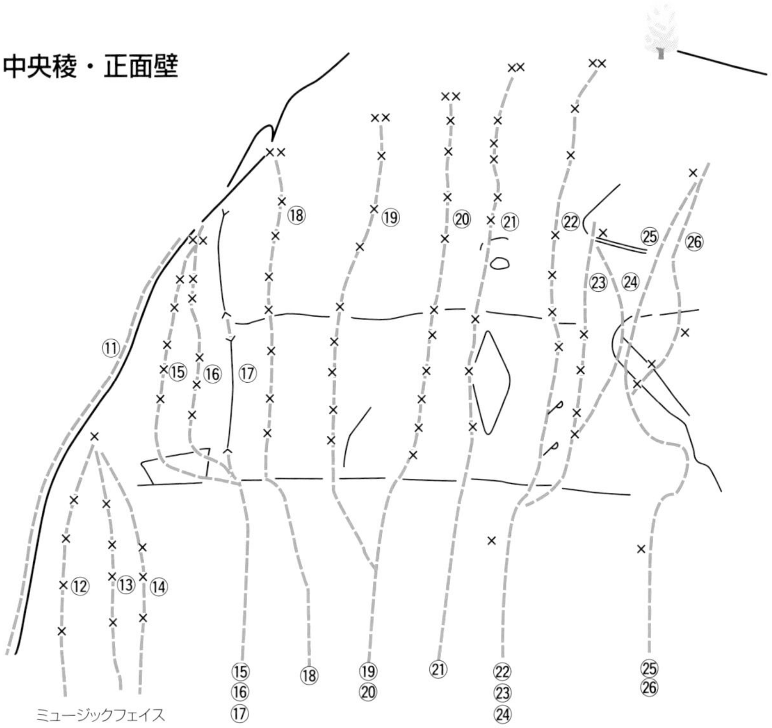

ミュージックフェイス

東壁

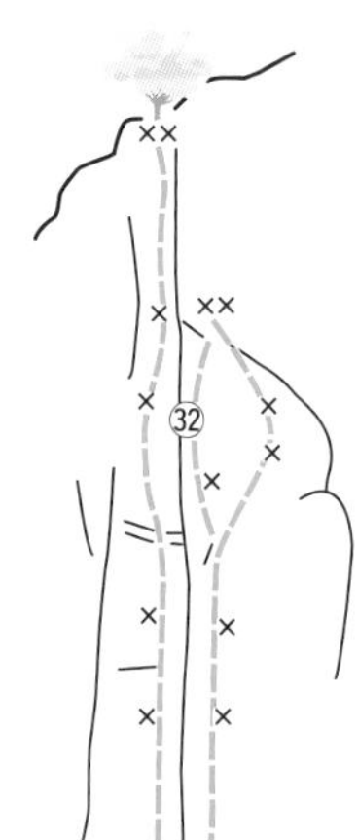

東稜

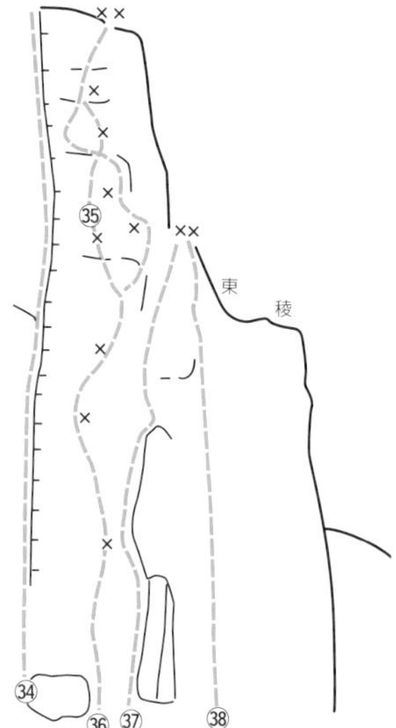

東　壁

㉗ハスラー　5.10c 35m
㉘ハーケンルート　Ⅴ＋ 35m
㉙重箱　5.9 30m
㉚菱形ハング　Ⅳ＋ 30m
㉛ハチの巣ハング　Ⅴ＋ 30m
㉜あばたもえくぼVar.　5.10d限 15m ★★
㉝あばたもえくぼ　5.10c限 15m ★★★

東　稜

㉞砂かぶり　Ⅳ＋ 30m
㉟冬虫夏草　5.12b 30m ★★★
㊱ウリウリ　5.11d 30m
㊲ナンバブラザーズ　5.10a 18m ★★
㊳ベガ　5.10b 18m ★

マッターフェイス

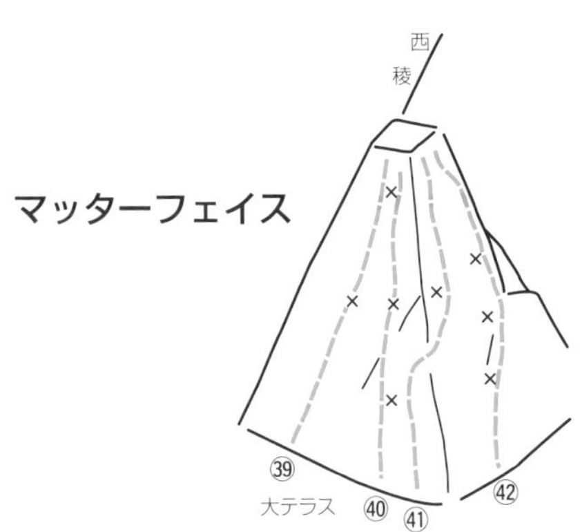

マッターフェイス

㊴北太平洋　5.10c限 10m
㊵南太平洋　5.11c ★★ 10m
㊶サザンクロス　5.12a 10m
㊷マイマイ　5.12a 10m

ビッグボルダー

㊸パドゥドゥ　5.11a 13m ★★
㊹卒業試験　5.10c 10m
㊺イカサマ師　5.11c 10m
㊻マイティジェット　5.10 c　10m ★★
㊼アヒルのお尻　5.9 10m

スカーフェイス

㊽ハングルート　5.10a
㊾ご懐妊　5.10a
㊿クライミングフェアー　5.10b
51マジックショー　5.11b ★★
㊿の限定。 上下ともカンテを使わない。
52王様気分　5.10c
53殿様気分　5.10c
54スパイダーマン　5.11a
55犬と笛　5.11b
56バッチギ　5.10 c
57レイボーカンテ　5.11a
58喜望峰　5.10 b

ビッグボルダー

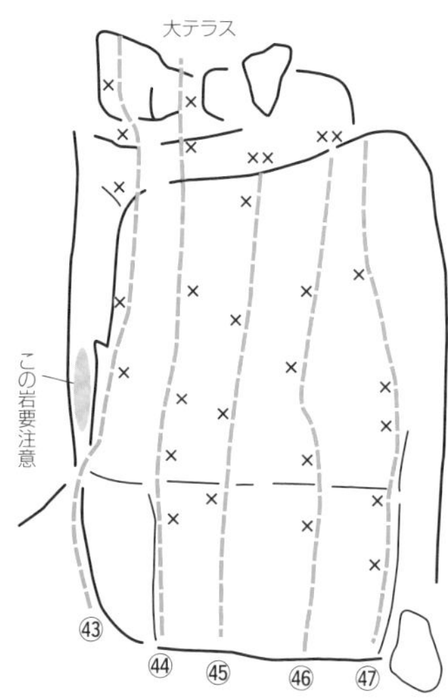

スカーフェイス

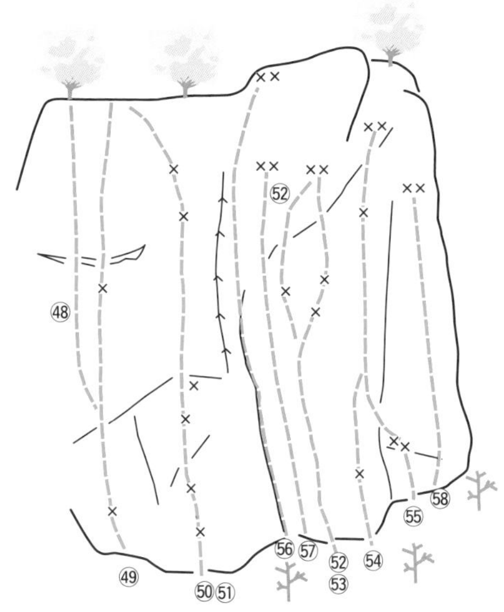

MCフェイス

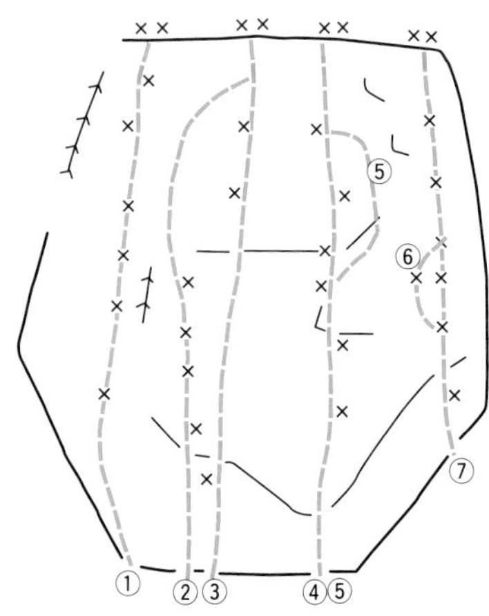

正面壁・ミート&ポテト 5.10a 写真＝新田育夫

MCフェイス

①さよならサーティ 5.11b 15m
②スプリングサーティ 5.10c 15m ★★
③スプリングサーティVar. 5.11a限 15m
④ルンルンサーティVar. 5.11a 15m
⑤ルンルンサーティ 5.10b 15m
⑥サーティストーリー 5.9 15m
⑦サーティストーリーVar. 5.9 15m

陽だまりフェイス

陽だまりフェイス

①小癪 5.10b限
②めだかの学校 5.6
③春の小川 5.9
④SOCHI 5.10b NP
⑤ダンス・ダンス・ダンス 5.10c
⑥おきばりやす 5.10c
⑦ぽかぽか 5.8
⑧マンサク 5.9

東壁を登る辻 まい　写真＝好日山荘

冬虫夏草 5.12bを登る鈴木俊建　写真＝好日山荘

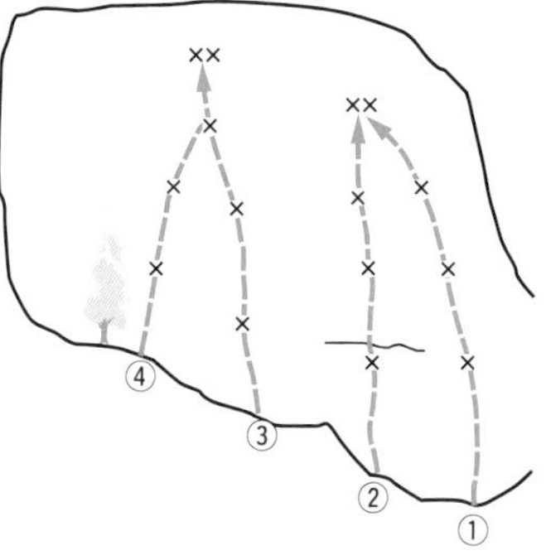

円満岩

①よっこいしょ　5.5
②円満カンテ　5.10a
③よいこ　5.6
④めばえ　5.5

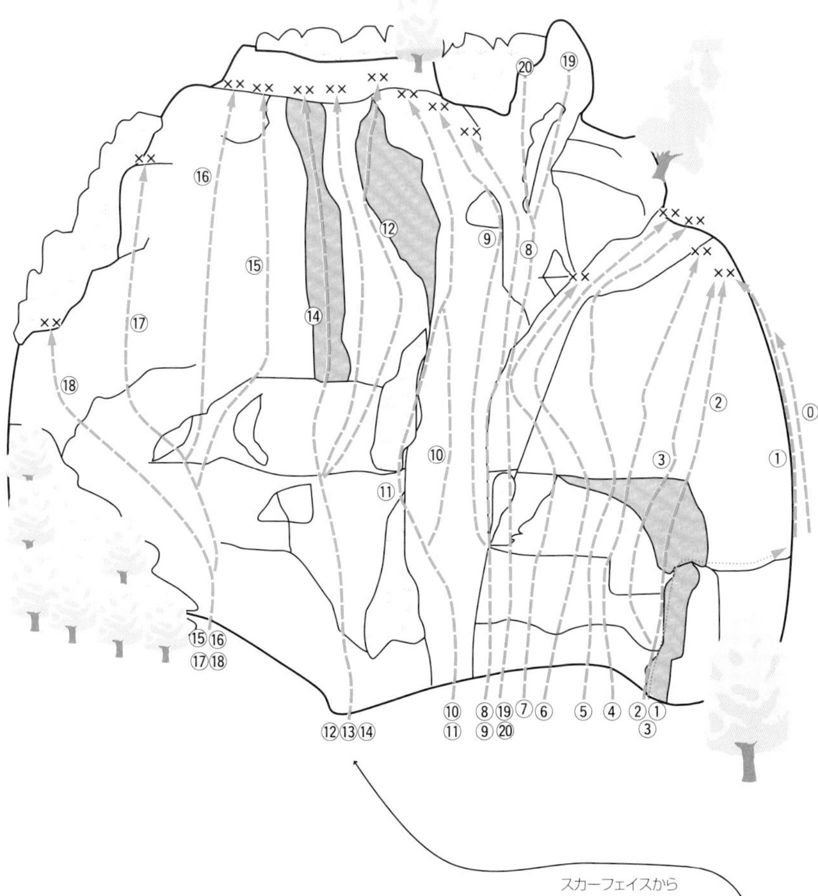

シアター

⓪ ゼロ番　5.6　B3
①走れさっち　5.6 B3
② ずっこけぽんた　5.11a B5
③ 私の彼は左利き　5.11a B5
④ 風呂屋の番台　5.10a B9
⑤ 空飛ぶ円盤　5.10a B7
⑥ 狐の嫁入り　5.9 B8
⑦ バレンタインドリーム99　5.8 B8
⑧ ルートココ　5.11b/c B9
⑨ 春一番　5.11b B8
⑩ ドレミファドン　5.11a限 B7
⑪ いんちきカンテ　5.6 B9
⑫ 春月（しゅんげつ）　5.6 B7
⑬ ぽっぽドリル　5.7 B7
⑭ 石中魚（せきちゅうぎょ）　5.7 B6
⑮ 夕焼けぽんぽん　5.9 B7
⑯ 風薫る5月　5.7 B8
⑰ 倦土重来　5.7 B5
⑱ マイちゃん　5.6 B5
⑲大ナタ　5.10c　B10
⑳ナタデココ　5.9　B9

72　裏六甲　烏帽子岩 EBOSHI-IWA

D A T A	
岩　　質	凝灰岩
おもな傾斜	80〜90度
ルート総数	50本以上
シーズン	通年
場　　所	兵庫県神戸市北区

▶**アクセス**／JR福知山線道場駅より徒歩15分。車は駐車場所が限られるので注意。
▶**キャンプなど**／不可。水、トイレは駅にあり。

概　要

不動岩の北西に位置する、烏帽子岩、駒形岩、2つの岩場は、通常「烏帽子」と呼ばれている。

過去に人工ルートが若干拓かれてはいたが、本格的なフリールートの開拓は1987〜88年に坂口秀樹を中心に行われた。ハイグレイドこそないものの、取り付きやすさと明るい雰囲気で、休日ともなるといつも初心者から中級者で賑わう岩場となっている。

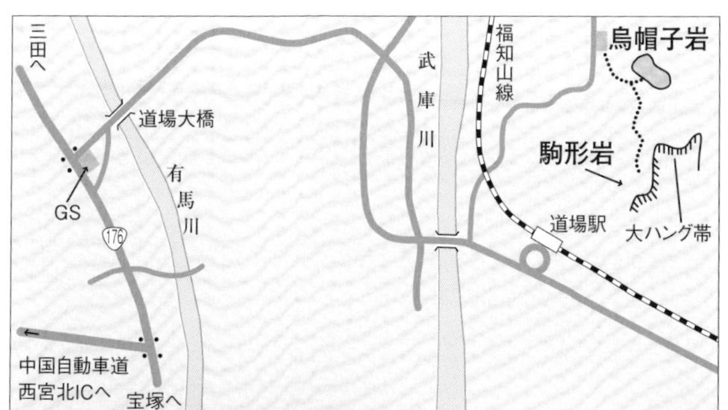

タイムトンネル 5.10aを登る尾川智子　北山真撮影

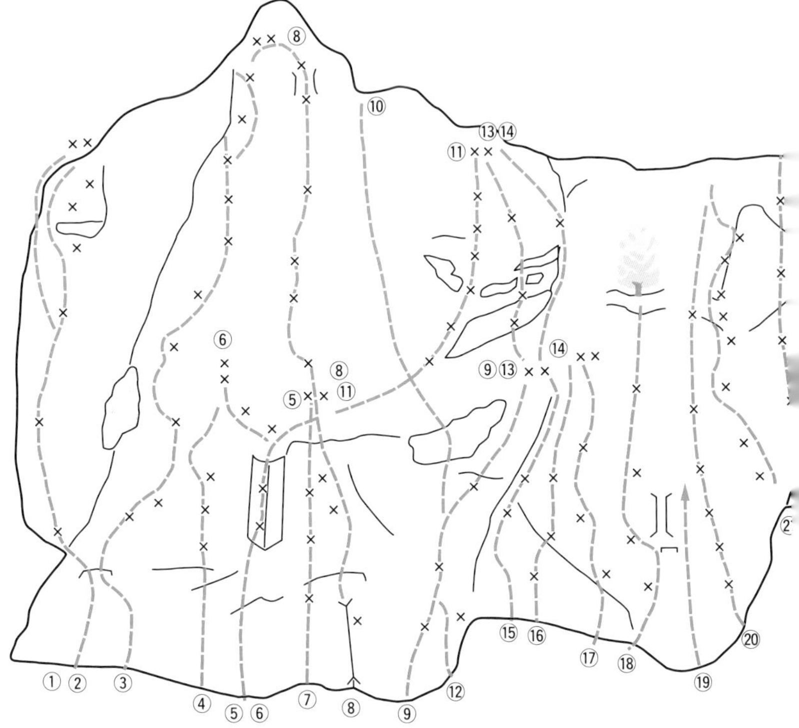

烏帽子岩

①熊カンテ　5.10a

②希望　5.10d

③太陽がいっぱい　5.9　★★★
スラブ入門ルート。 60mロープ使用。

④北山・林ルート　5.11c
細かいホールドのスラブ。一部③にかなり接近するが、 ホールドは共用しない。

⑤アフターバイト　5.9 ★

⑥アフターバイトダイレクト　5.9 ★★
従来のアフターバイトから上部左のフェイスに継続するルート。

⑦すきま風　5.10b

⑧タイムトンネル　5.10a　★★★
下部のムーヴだけでもおもしろいが、ぜひ上部まで抜けてほしい(60mロープ)。

⑨寄ってらっしゃい　5.11a ★

⑩まいど　5.10c　B9本

⑪シーズ・ソー・デリケイト　5.11c

⑫盛り上がろう　5.11b　★★
2本目のクリップまでが核心。オンサイトできたらすばらしい。最後のクリップのあと左に逃げない。

⑬タキシードボディ　5.11c ★★
烏帽子にあって貴重なかぶりルート。最後まで気を抜かないで。

⑭屋根の上のバイオリン弾き　5.10c

⑮ジャスティス　5.11a　★★★
パワークライマーならお買い得。烏帽子に来たら、これは登りたい。

⑯ラマーズ　5.12b ★
デッドポイントの連続。

⑰ウィング　5.10c　★★
ワンムーヴのグレイドなので、きついと感じる人も多いのでは…。リーチのない人は一本目のクリップも要注意。

⑱サピエンス　5.10c

⑲子供だまし　5.10b　B4本

⑳ハーフ＆ハーフ　5.10a

㉑ゴールドフィンガー　5.10a ★★
上部の穴がおもしろい。ボルト間隔も近いので安心して取り付ける。

㉒イナバウアー　5.10b　B5本

㉓イジわるおヨネ　5.10b

㉔アルゼンチリ　5.10b

㉕いないいないバア　5.10a　B5本

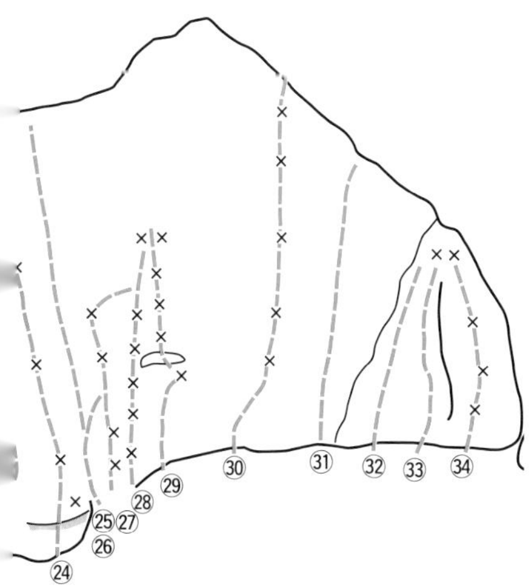

㉖瞳を閉じて　5.10a
㉗おばあちゃんのボタボタ焼き　5.10b
㉘おじいちゃんのドタドタ落ち　5.11a
㉙タフ　5.10d　★★★
　“関西最難の10d”　が定着している。
㉚プリティカンテ　5.10c ★
㉛しろうと　5.10a　B3本
㉜ブルート　5.10b　B2本
㉝オリーブ　5.12a B1
㉞ポパイ　5.10b限 B3
右のカンテは使わない

[右奥壁]
㉟帰って来たヨッパライ　5.8　B5
㊱凹状ルート　5.7　NP＋ピトン1
㊲エイトマン　5.8　B4
㊲′エイトマンVar　5.7　B2
㊳パッシブ　5.9
パッシブプロテクションで登ってください
㊴竹取物語　5.9　B4
㊵ヌリカベ　5.10 c　B4
下部も左右に逃げないで
㊶まいるどセブン　5.7　B3
㊷馬耳東風　5.8　NP
㊸ジパング　5.10b　B5
㊹東方見聞録　5.9　B4
右へ回り込んだ壁のコーナー
㊺東風吹かば　5.10c　B5
㊻ブッシュミルズ　5.10 a　B 2
ボルト通りに登れば10 a 右に逃げれば5.8〜5.9

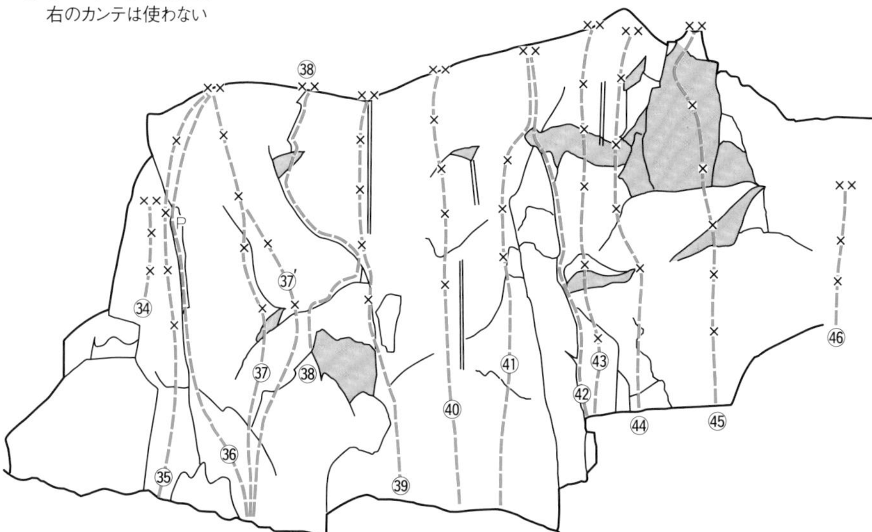

駒形岩

① みにくいアヒルの子　5.10b
② よもぎパン　5.11a Tr.
③ 緑の光線　5.9
④ ひまわり　5.10a
⑤ イミグレーション　5.9
⑥ イグジット　5.9
⑦ トランジット　5.9 NP
⑧ 斜陽　5.9 ★★★
出口の高度感が抜群。
⑨ スラップスティック　5.11d ★★★
斜陽から分かれて、細かいホールドで右上する。
⑩ プロミネンス　5.11b ★★★★
関西を代表する一本。この岩場に来たらこれを登らなければ…。
⑪ スリーハーフD
5.11c
⑫ プロD　5.10d ★★ NP
プロミネンスの核心を右にエスケープ。上部のクラックが濡れていることが多い。
⑬ プロMINI　5.11c ★★
下部のワンムーヴが厳しい。
⑭ プロV　5.12a ★★
左のカンテは使わない。
⑮ 北斗の拳　5.12a ★★★
手の平の大きさが影響する。 ピンチ一発。
⑯ ビッグディッパー　5.11b ★★
北斗の拳の核心部を右にエスケープ。18のボルトにいったんクリップ、上のホールドを取ったらロープをはずして左に戻るというのが一般的。落ちないように慎重に。
⑰ ボトムライン　5.12a ★★★
下部のワンムーヴが極端に難しい。
⑱ フィギュアヘッド　5.11b★★★
中間部がおもしろい。 上部はレイバック。
⑲ サイレント・ティアーズ　5.11a ★★★
出だしのムーヴに一癖。 上部にも核心あり。
⑳ もうかりまっか　5.11a
㉑ ぼちぼちでんな　5.10b
㉒ フキのトウ　5.10b
㉓ チンケなボルト　5.10b
㉔ 百合の花　（グレイド不明）B4本
㉕ あきまへんわ　5.9 B3本

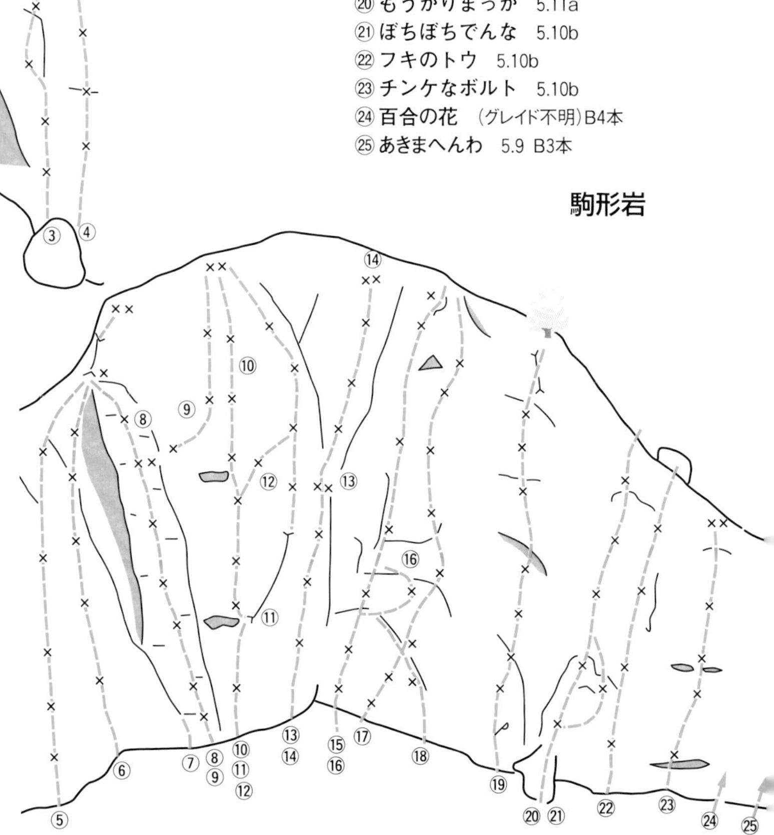

日本100岩場 東海・関西

北陸

Hokuriku

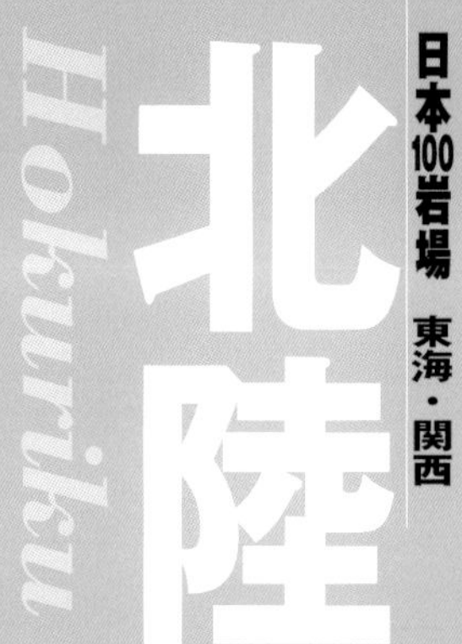

石川県
富山
雑穀谷
富山県
金沢
東尋坊
白峰ボルダー
福井
福井県
門ヶ崎
敦賀

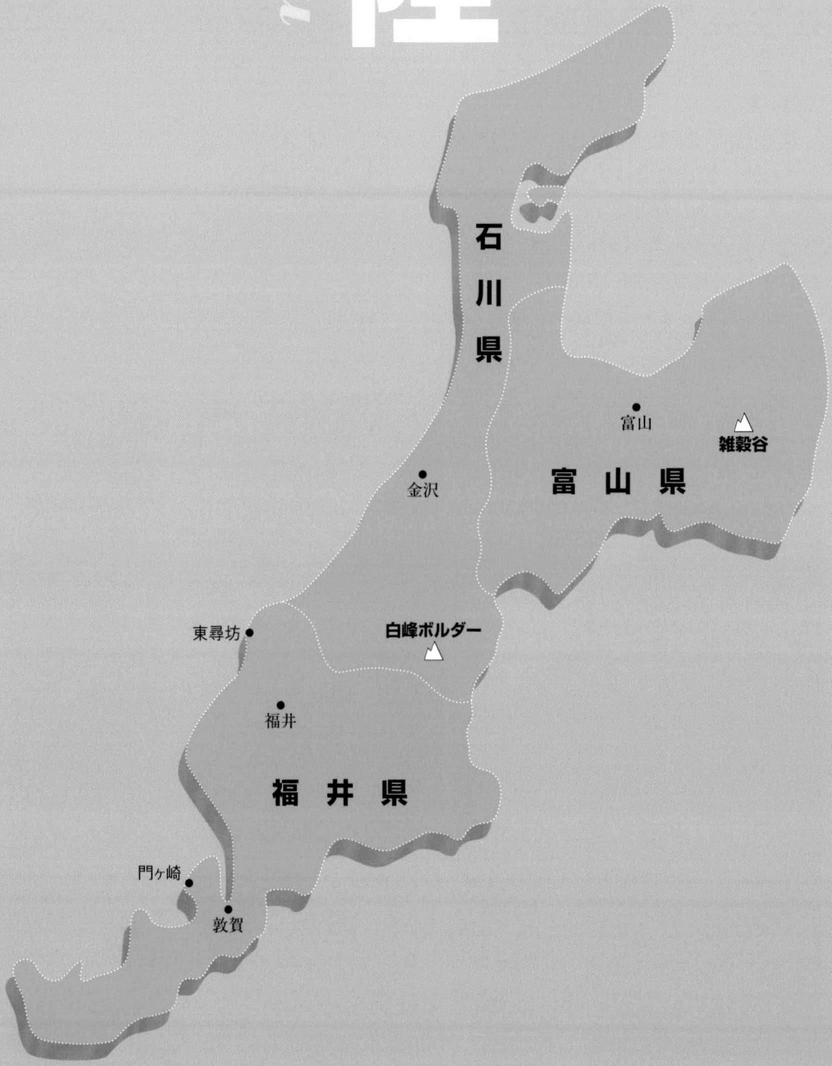

73 富山 雑穀谷 ZAKKOKUDANI

D A T A	
岩質	花崗岩
おもな傾斜	90度
ルート総数	約50本
シーズン	4月上旬～11月末
場所	富山県立山町

▶**アクセス**／立山称名道路、桂台料金所から車で3分。岩場のすぐ横に駐車可能。

▶**キャンプなど**／岩場前の広場で可能。川の水も飲用可能と思われる。トイレは称名滝駐車場、桂台料金所、立山駅で

概　要

雑穀谷は1987年「岩と雪」124号で紹介された、富山県では数少ないフリークライミング中心の岩場である。その後忘れられた存在となっていたが、1996～1997年に米島新太郎、川北泰臣によって再開拓され、ルート数50本を越える規模の岩場となった。

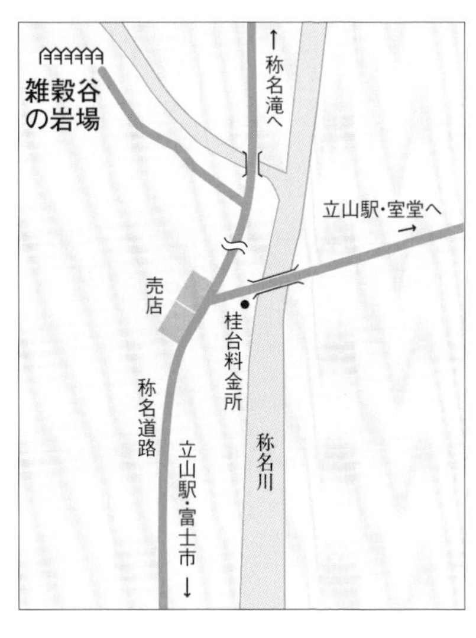

アプローチは0分

ウィリーウィリーを登る米田慎一　米島新太郎撮影

※はクラシックルート

A・Bフェイス付近

①ストレートフラッシュ　5.8＋ ※
②ガミガミスラブ　5.10a（川北）
③Bフェース（4ピッチ）　5.8、5.8、5.7、5.9 ※
④ヨネヤンのスラブ　5.9
⑤無名ルート
⑥ちょっと危ないアレート　5.10
⑦はる名山美人　5.10＋
⑧ラブラブホテル雑穀　5.10 ★
⑨別天地大ディエードル　5.9
⑩別天地の神道　5.11 ★★★

オラッチャロック左

①堰堤ルート　5.9 ★
②30代クラック　5.10a ★
③小川山へ行こう　5.10a
④エレファントマン　5.11c（川北）
⑤高岡ハイキングクラブ　5.9
⑥セレナーデ　5.11b ※
⑦プレリュード　5.10a※
⑧登龍門　5.11a ★
⑨地獄行き　5.12a
⑩ウィリーハイキングクラック　5.9

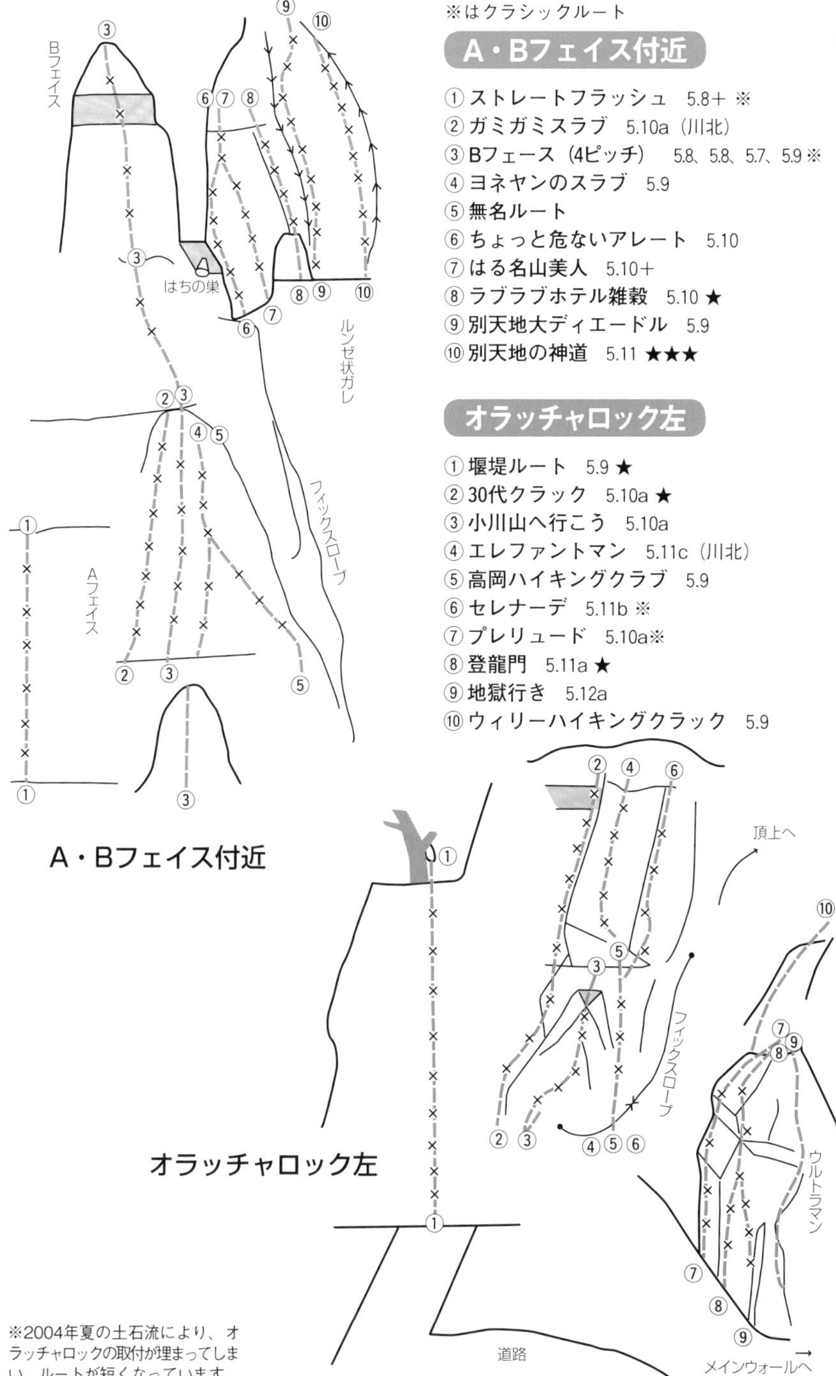

※2004年夏の土石流により、オラッチャロックの取付が埋まってしまい、ルートが短くなっています。

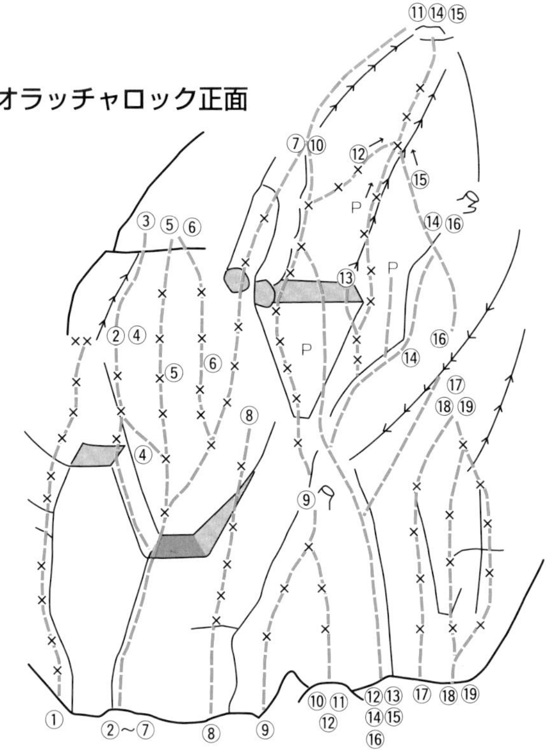

オラッチャロック正面

①ウルトラマン(スーパーカンテ)　5.12a（浦野）
②スーパークラック　5.10 ★★★★ ※
③ウィリー見学　5.10c
④バットマン　5.10a ※
⑤ウィリーウィリー　**5.12c（川北）**
雑穀最難。
⑥ザ・スラブ　5.12（川北）
右側に限定あり。
⑦新・白壁　5.10a
⑧サワコ　5.12a ★★ ※
『岩と雪』124号ではターザンとなっていたフィンガークラック。（吉野、村松）
⑨おまけ　5.9
⑩不二越　5.10a ★ ※
⑪天望　5.7
⑫雑穀物語　5.11a ★
⑬アタックNo.1　5.12a ★
雑穀にはめずらしく前傾し、ムーブ、パワーともに要求される。
⑭ジョーズ　5.10+ ★★★★ ※
⑮天覧　5.11a ★★
ジョーズから続けて登るとカッコイイ。
⑯ジョーズ見学　5.10a ★★
ジョーズができない力なしクライマーはこれ。
⑰新サンセット　5.10a（川北）
⑱テス　5.11c（川北）
⑲チャック　5.10a ★★ ※

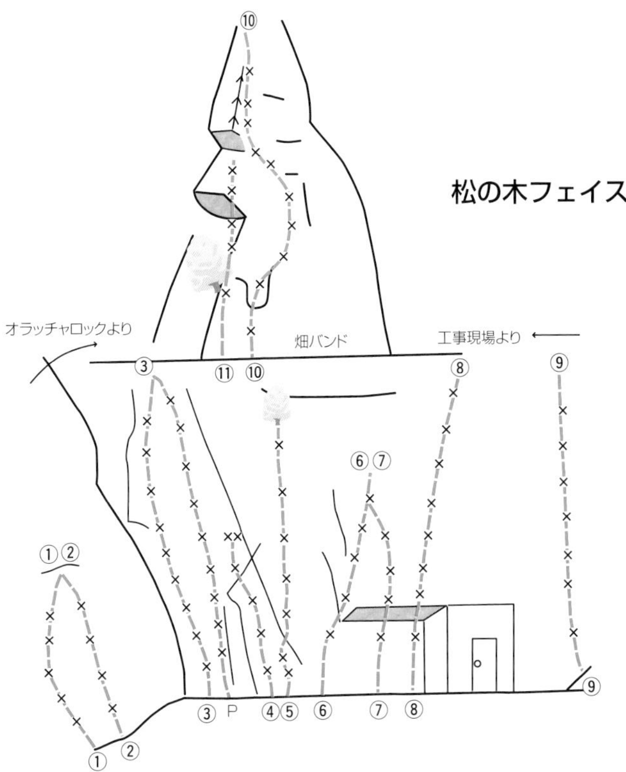

松ノ木フェイス

①甦るスラブⅡ　5.10a（川北）
②甦るスラブⅠ　5.8（川北）
③五十嵐記念　5.10+
④タジヤン50　5.9
⑤ブラック　5.10c
⑥ゲッコー入門　5.9
⑦一人前のクライマー　5.11-
⑧ドア横ハング　5.10-
⑨てんかちゃん　5.10+
⑩卒業　5.10
45mの長いルート。
⑪松ノ木ハングダイレクト　5.10

雑穀物語を登る川北泰臣

74 石川 白峰ボルダー SHIRAMINE-BOULDER

D A T A	
岩　　質	集塊岩
おもな傾斜	100度
ルート総数	約30本
シーズン	4月上旬～11月末
場　　所	石川県白山市

▶**アクセス**／東京から＝関越～上信越～北陸自動車道金沢西IC～国道8号～国道157号。約5時間45分。名古屋から＝東海北陸道白鳥IC～国道158号～国道157号。約3時間。大阪から＝名神～北陸道福井北IC～国道416号～国道157号。約4時間。

▶**キャンプなど**／緑の村キャンプ場＝テント持ち込み700円＋1人1泊400円。☎0761-98-2224 近くに天望の湯あり650円。市ノ瀬キャンプ場＝1人1泊300円。☎0761-98-2121 近くの永井旅館で入浴可600円

【白峰観光協会】http://www.siramine.com/

▶**注意**／岩場は国立公園内にあり、以下の事項に留意すること。

・岩場周辺の環境を守る
・ゴミの持ち帰りを徹底する
・キャンプは決められた場所で行う
・焚き火は厳禁
・岩場では晴れていても、山頂で激しい雨が降り、手取川が増水して激流となることがある。川の水位、山奥の天候に十分注意して避難するかの判断は早めに。水位の変化がはげしいので、車は安全な場所に駐車すること
・動植物・鉱物等の捕獲、採集は厳禁
・チョークの跡はきれいに掃除する
・観光客、村の方々に迷惑のかかる振る舞いは慎しむ
・自己責任のもとに安全を見極め行動する。

【市ノ瀬ボルダーにおけるお願い】
・自然保護区であり、岩の上部にかかる植物(ツタ)を引き抜かない等、環境保護を徹底する。
・ボルダリング後の岩場の掃除を徹底する。
・一般観光客には立ち入りを禁止している場所なので、目立つ行動はさける。

【百万貫岩エリアにおけるお願い】
・過去に大水害の歴史があり、村には百万貫岩に対し信仰的な想いをいだいている方もおられる。不快感を与えるような行動は避けること。
・百万貫岩は石川県指定史跡名勝天然記念物であり、ボルダリングは控えたい。

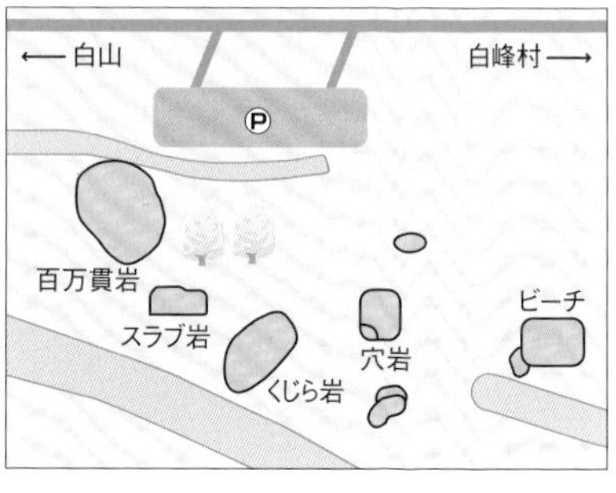

穴岩の穴 1級/初段を登る小山田大　吉原勝利撮影

スラブ岩

① 3級
② 4級
③ 8級

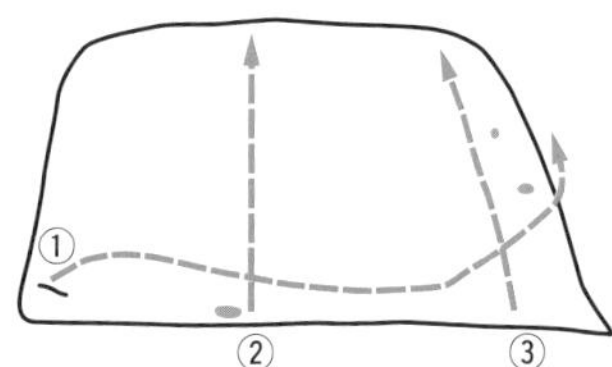

くじら岩

① 5級
② イルカ　2級
③ くじら（SD）　1級
④ くじスラ　2級
⑤ 3級

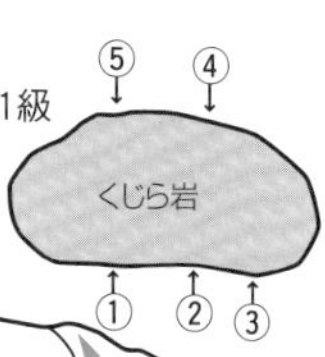

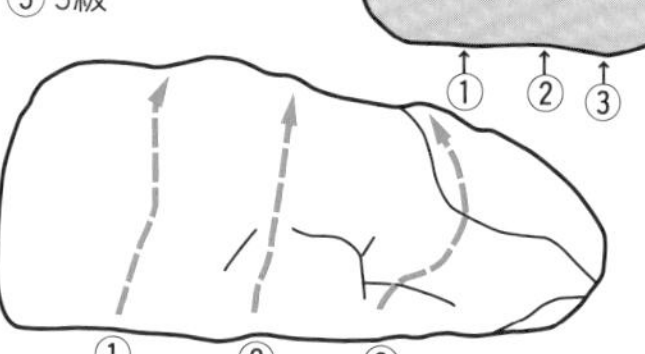

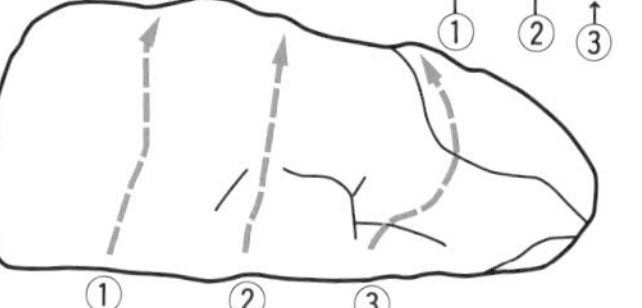

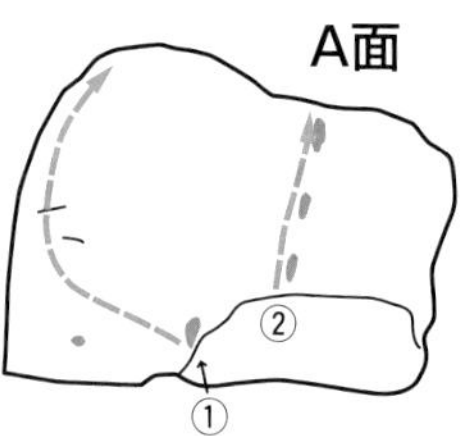

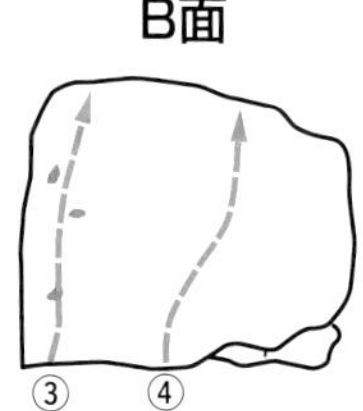

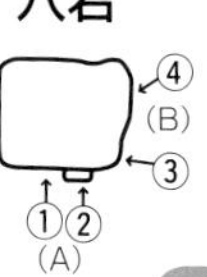

穴　岩

① 穴　(SD) 1級/初段
② 10級
③ 3級
④ 2級

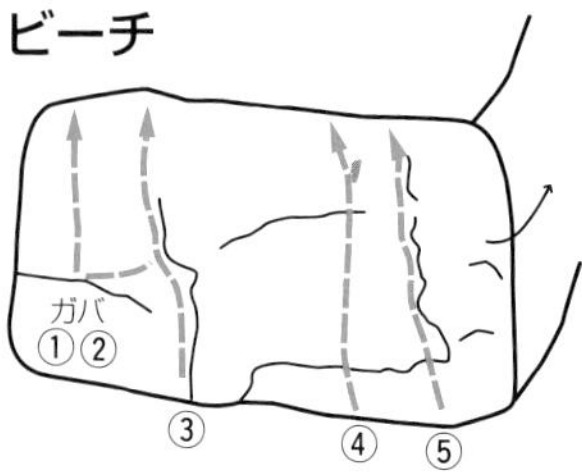

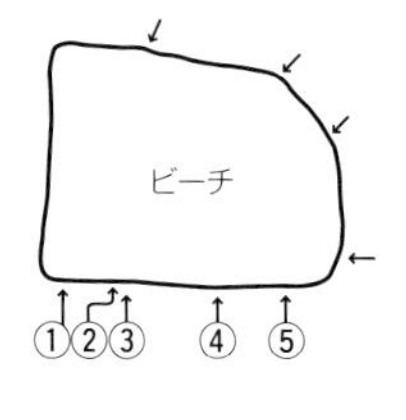

ビ　ー　チ

① 1級
② 1級
③ 2級
④ 1級/初段
⑤ 4級（もろい）

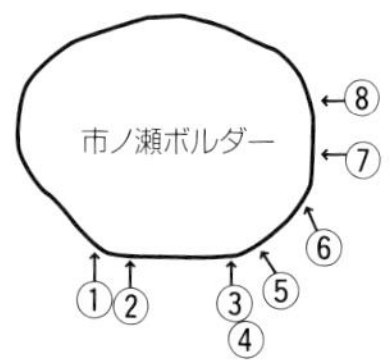

市ノ瀬ボルダー

① 2級
② 1級
③ 涼　(SD)　三段
　左手2本指ポケットよりスタート
④ (SD)　二段
⑤ (SD)　1級/初段
⑥ 5級
⑦ 2級
⑧ 2級

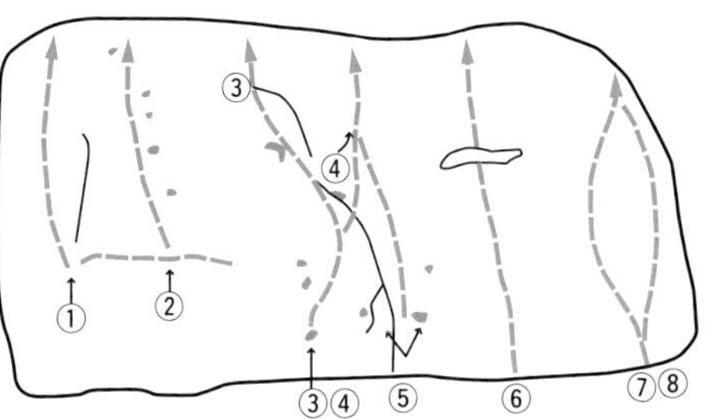

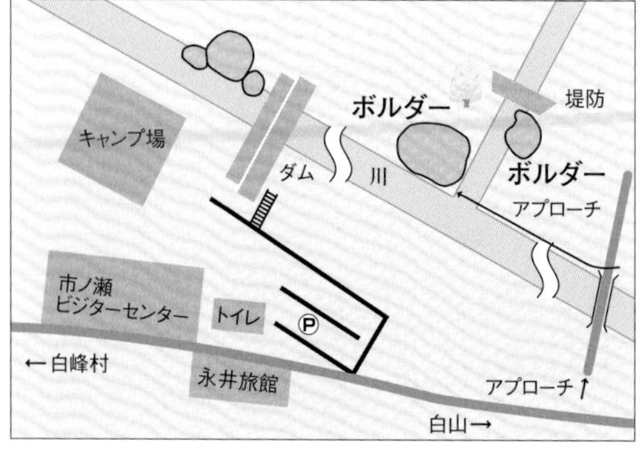

立岩

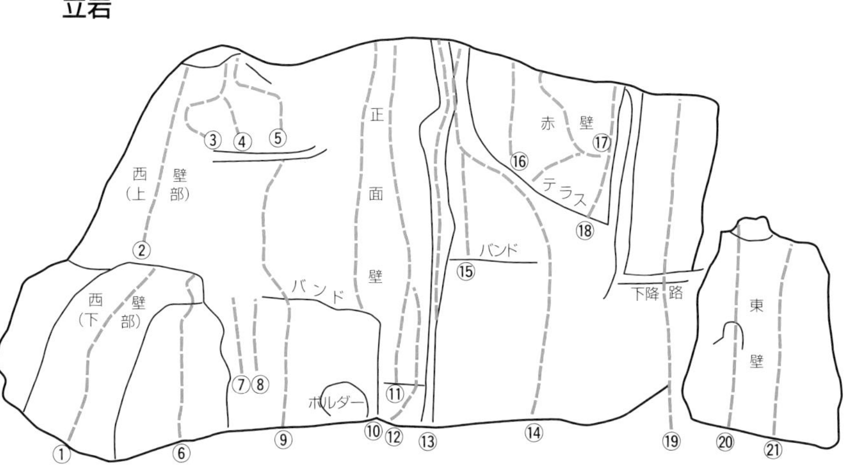

豊橋　立岩

チャートの岩場としては、かなり大きなものといえるだろう。最初に紹介されたのが「山溪」の1976年3月号ということで、かなり古くから利用されてきたことが分かる。プロテクションは老朽化しているものも多いので注意が必要。

アクセス＝JR東海道線新所原駅より徒歩20分。東海道線の北側を平行して走るバイパスの北側に位置する。立岩神社(南側)の駐車場は利用しないこと。北側の駐車スペースを利用。スペースが限られるので、乗り合わせるなどしていただきたい。資料＝1987年(岩と雪124号)

■Aフェイス

①西ノ壁下部　Ⅲ　15m
②西ノ壁上部　Ⅳ　15m
③コズミックルーフ レフト　5.9 6m
④同センター　5.10b/c 6m
⑤同ライト　5.9　6m
⑥西のハング　5.10b/c 10m
⑦無名クラック　V 6m
⑧クラックルート　5.9 6m
⑨学芸大ルート　V 30m
⑩二段ハング　V 30m
⑪森ルート　5.10b/c 30m
⑫フェブラリーステップ　5.10a/b 30m
⑬チムニールート　Ⅲ 30m
⑭チムニー右ルート　Ⅲ 30m
⑮無名　V　5m
⑯レッドゾーン　5.11c/d 10m
⑰スカイバレー　5.11c/d 10m
⑱コーナー　5.11a/b 10m
⑲下降路ルート　V＋ 15m
⑳東のクラック　5.10a/b 10m
㉑東の壁　V 8m

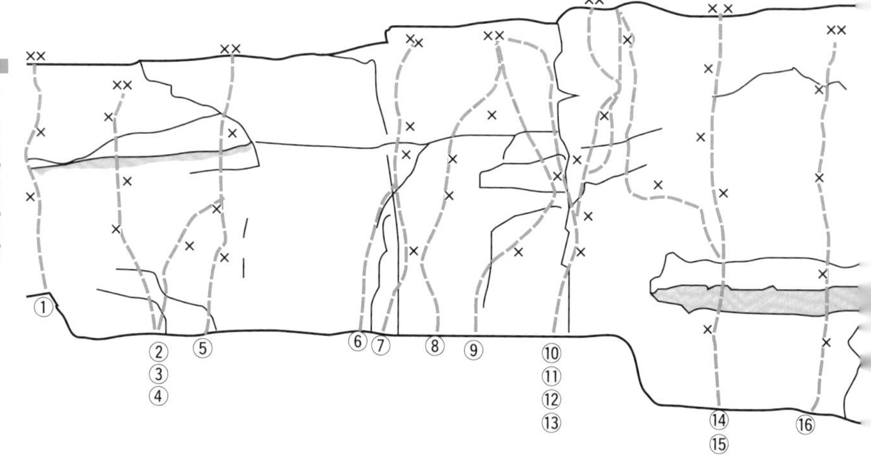

春日井　定光寺

高さ8～10㍍とスケールこそないが、アプローチの便利さもあって昔から登られてきた。1970年代にはすでにフリーを意識したクライミングがなされてきたと聞く。対岸の「大壁」は岩が脆く、事故も起きているので登らないこと。

アクセス＝JR中央線「定光寺」駅下車徒歩10分。玉野公園内。春日井市営駐車場より徒歩5分。資料＝1987年(岩と雪123号)

①**すみっこセブン**　5.10a
限定ルート。7手で終了点。クロスムーブが連続。S水平ガバ、2水平、3上ガバ、4左上縦、5上水平、6右上斜、7左上テラス。限定なしは5.9。

②**おちばハング**　5.10b ★★
人気入門ルート。核心はハング下とハング越え。

③**スーパーおちばハング**　5.11a
全ホールド限定。S左パーミング、2フルリーチでシワ、3左水平、4ハング下の小水平、5ハング上棚、6左上水平、7テラス。

④**おちばダイレクト**　5.10c
②に行かず右斜上する。

⑤**かれはハング**　5.12a ★
悪いホールドが連続する。

⑥**ゴールドフィンガー**　5.12b
あまい縦ホールドから一気にゴールドフィンガーを取りに行く。上部は⑦に合流

⑦**マスター**　5.10c ★★
傾斜95度の人気ルート。

⑧**サークルK**　5.11b
中間のあまいホールドと、上部水平ホールド間のフルリーチが核心。

⑨**Kマート**　5.12a
あまい縦ホールドを右手で取った後、左手を薄いホールドへクロス。右上へトラバース。

⑩**セブンイレブン**　5.10c
クラックから左に抜ける。

⑪**ウルトラセブン**　5.11a ★★
クラックから右フェースへ。カンテは使わない。

⑫**ウルトラの父**　5.11c
⑪の限定ルート。三角ガバから水平ホールドを取らず、左手アンダーで右へ。最上部は右のボルト跡から左上のガバへ。

⑬**ウルトラの母**　5.12b
⑫をさらにグレードアップ。最上部でボルト跡を両手で持ち、真上の棚を一気に取る。

⑭**ジョーカー**　5.12c
⑮のハング上から⑬に繋げる。ハング上は右の壁を蹴り三角穴へ。

⑮**ミスターリーチ**　5.11b
ハング直上ルート。

⑯**Yのスペシャル**　5.12a
ハング突破にはボルダームーブが不可欠。右のガバは使わない。

⑰**凹角**　5.9+/5.10a
ウォームアップに。右コーナーのガバは使用しない。

⑱**大ハング**　5.10c
左側からハングを越える。3ピン目より左側のホールドは使わない。

⑲**ムーヴ12**　5.11d

⑳**中ハング**　5.10b
上部は逆層が続くカンテライン。

㉑**小ハング**　5.9+
脆いので注意。

㉒**バッカス**　5.7
小ハングに行かず右上する。小さいホールドは欠けるので注意。

㉓**ムーブ10**　5.10a

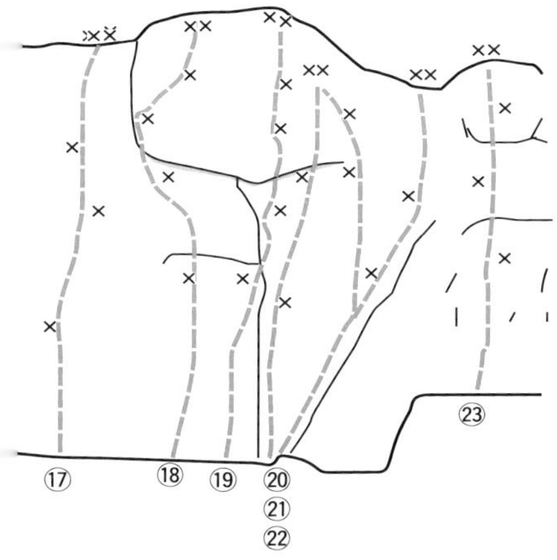

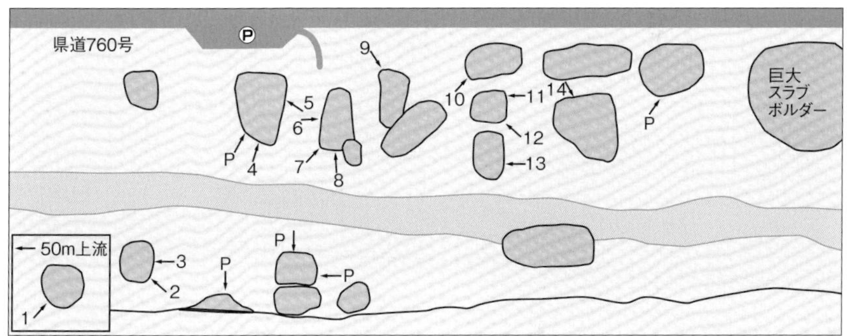

南紀　魚飛渓

銚子川・魚飛峡は1999年に鈴木真史が最初に登ったと思われる。

岩質は花崗岩だが、河原にあるため磨かれていてフリクションは悪く、ホールドも少ない。課題の半分以上がマントル系という特殊なエリアである。季節は秋から春。

アクセス＝伊勢自動車道を使うのが便利で早い。勢和多気で降りて国道42号線を尾鷲市方面へ。海山町の相賀を抜けるとすぐに銚子川があり、そこを渡らずに右折。川沿いにあがっていくと二股になっているので、左へ行くとすぐにボルダーが見えてくる。

① 飯山課題　1級
② ゲンカンテ　1級/初段
③ ロヒッチスラブ　3級
④ バギラッティスラブ　初段/二段
⑤ 地ジャン（ジャンプスタート）　4級
⑥ 楽々スラブ　8級
⑦ のっこしカンテ　2級
⑧ 右からスタート　2級
⑨ どうでもよい　5級
⑩ 泣きを見る　4級
⑪ シャーク　3級
⑫ 地ジャンマントル　1級
⑬ マントル　1級
⑭ ピカ（ジャンプスタート）　2級

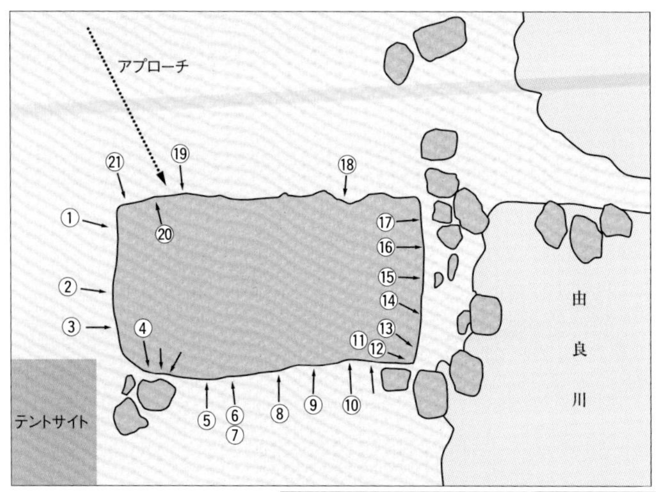

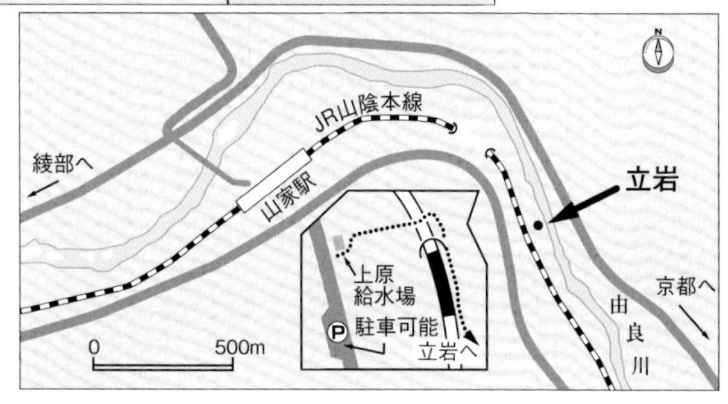

山家　立岩

京都府綾部市近くの由良川河畔の岩塔。岩と雪最終号にカラーで紹介され話題となった。ルートは短いものが多いが、川沿いの高い場所に位置するため、高度感がある。

アクセス＝国道27号線で綾部市の手前、山家の信号で由良川を渡る。JR山家駅を過ぎ踏み切りを渡り広い道路へ合流。しばらく行くと山側に駐車スペースあり。給水場の脇からトンネルの上を越え川に向かって踏み跡を行く。資料＝1995年（岩と雪169号）

① **リーチアウト**　5.11a　B（ボルト）3
② **エゴサポニン**　5.10b　B4
③ **ローズィー**　5.11a　B3
④ **由良川ハング**　5.12a　B3
⑤ **クラック**　5.10a　B1＆ナッツ
⑥ **一筆啓上**　5.11b　B4
⑦ **追伸**　5.11c/d　B6&F#2
⑧ **ア・リトル・レイン**　5.12b　B3
⑨ **カスミ**　5.12d / 13a　B4
⑩ **夏がいい！**　5.11a NP
⑪ **シケイン**　5.11a　B4&F
⑫ **クリスタル**　5.12b　B3&F
⑬ **ワタリガニ**　5.11b　B7＆F＃11/2
⑭ **オペラグラス**　5.11b/c　B6
⑮ **すでに日は暮れて**　5.11d B4
⑯ **秋一番**　5.10c　B1＆NP
⑰ **センリュウ**　5.10c　B2
⑱ **オン・ザ・スプーン**　5.13a/b　B3＆F＃2
⑲〜㉑ **ザ・ノース・フェイス**　5.9〜5.10　B2

裏六甲・武庫川ボルダー ハワイアン岩

武庫川(むこがわ)にかかる武田尾橋の下にある巨大ボルダー。JR宝塚線武田尾駅より徒歩5分とアクセスは良好。比較的近くに駐車場もある。スラブの上にはリングボルトがあり、相当昔から登られていたようだ。

ボルダーとして開拓されたのは2012年3月頃から。2016年頃より濱田健介、中川翔一、一宮大介などにより高難度が追加された。やさしい課題はほとんどなく、高さもあるので上級者向きといえよう。

■ハワイアン岩　下流面

①**アンチェイン**　初段（中林早人）
スローパーを駆使する課題。最後まで気が抜けない。

②**ロコモコ**　二段（中林早人）
かなり低い左右カチでスタート。テクニカルなトラバースで③に合流。

③**ハワイアンチェーン**　初段（宇都宮直希）
左手ルーフのカチ、右手ルーフのアンダーでスタート。

④**オーバーフローイング**　三段（中川翔一）
ルーフ最奥のガバでスタート、③に合流。

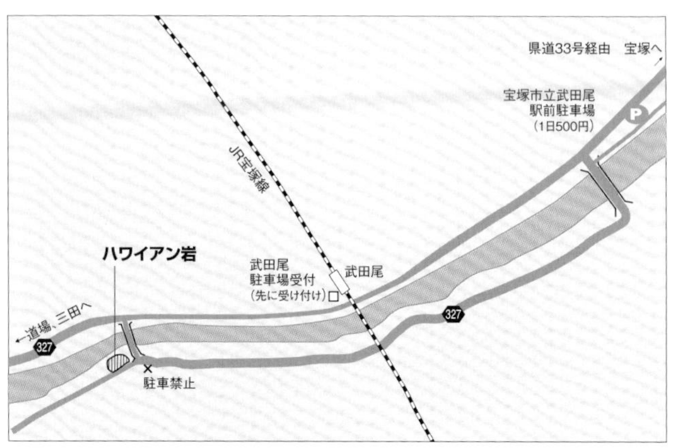

■ハワイアン岩　川側

⑤Chilled Out Midnight　二段（一宮大介）
発表時四段。工事により下地、スタート位置が変化した。

⑥ラフロイグ　三段（濱田健介）
工事により下地、スタート位置が変化。

■ハワイアン岩　上流面

⑦晩酌　二段（濱田健介）
⑧と同じアンダーでスタートし強傾斜のフェイスを登る。

⑧セカンドフィル　初段（濱田健介）
豪快な下部からバランシーな上部へ。

⑨アーリータイムズ　2級（東海 学）
SDからピンチアンダーとつなぐ。上部は少し右に出た後直上。

⑩シェリーバット　1級（田原 優）
SDスタート後、豪快な左へのトラバース。

⑪シャンディガフ　1級（木元勇太）
⑩と同じスタート。3手目のマッチから直上。

■ハワイアン岩　スラブ（山側）
⑫5級　⑬4級　⑭2級　⑮5級

Chilled Out Midnight(二段)を登る濱田健介

笠形山　壁岩

姫路市の北、グリーンエコー笠形の敷地内に位置する凝灰岩の柱状節理。1999年から2000年にかけてはりま山岳会、岩と雪の会こぶしのメンバーなどによって開拓された。長いルートが多いので下降には注意が必要。

アクセス＝播但有料道路の神崎南インターより案内板に注意してグリーンエコー笠形（入村料200円）へ。一番奥の駐車場へ。笠形山への登山口から登山道を通らずに直登気味に杉の植林の中を上がる。植林地帯の最上部から左側にトラバースして行くと、沢筋にあたる。岩場はその沢の上部にある。取り付きから30分程度。

① うす情け　5.11b ★★
② はじめまして　5.10c ★★
③ ステミングバックファイアー　5.11b ★★★
④ 象のしわ　5.9 NP
⑤ もだえ　5.11c ★★
⑥ 昇天　5.11b/c
⑦ 象の鼻　5.10b ★★★
⑧ 象のひたい　5.10a/b ★
⑨ さよならシティライフ　5.10a NP
⑩ 右往左往　5.11a ★★
⑪ なごり雪　5.10a ★
⑫ アプローチ　5.8
⑬ 誘惑　5.12a ★★★
⑭ 中年クライシス　5.10c/d ★★
⑮ 不惑　5.11b/c ★★★
⑯ 悟り　5.10b

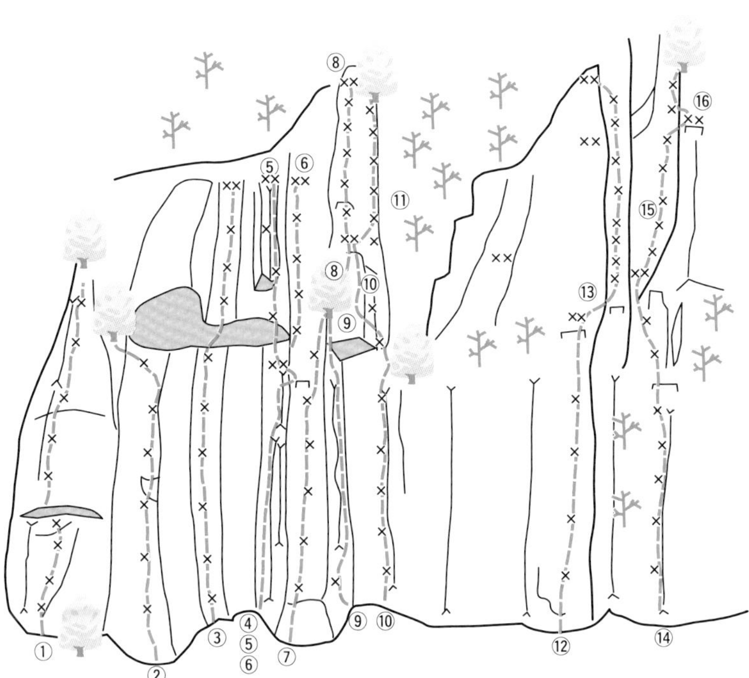

大台ヶ原　千石嵓

以前は、アルパインの場として関西のクライマーには知られる存在であった千石嵓(せんごくぐら)だが、1995年にオールボルトのフリーのマルチピッチルートとしての「1995サマーコレクション」が拓かれ、脚光を浴びた。2002年にはやはりオールボルトの「サンダーボルト」が開拓されている。

入山申請が必要

アクセス＝大台ヶ原駐車場より約60分。駐車場よりシオカラ谷方面へ10分下った所から(左側に鳥獣保護区の看板あり)右側の踏み跡に入る。左よりの尾根を10分ほどたどると小鞍部、左下の涸れ沢を下る(40分)。シオカラ谷の出合に降りきり、5分ほど右にトラバースした所が取付。さらに5分ほど進むと、サマーコレクションの取付のある大コーナー。天候の急変に注意。装備はヌンチャク20本程度、50m以上のロープ、ヘルメット、水と食料。

シーズン＝4～5月および10～11月。南面で夏は暑い。秋がベスト。11月末～4月下旬は大台ヶ原ドライブウェイが閉鎖されるため入山できない。

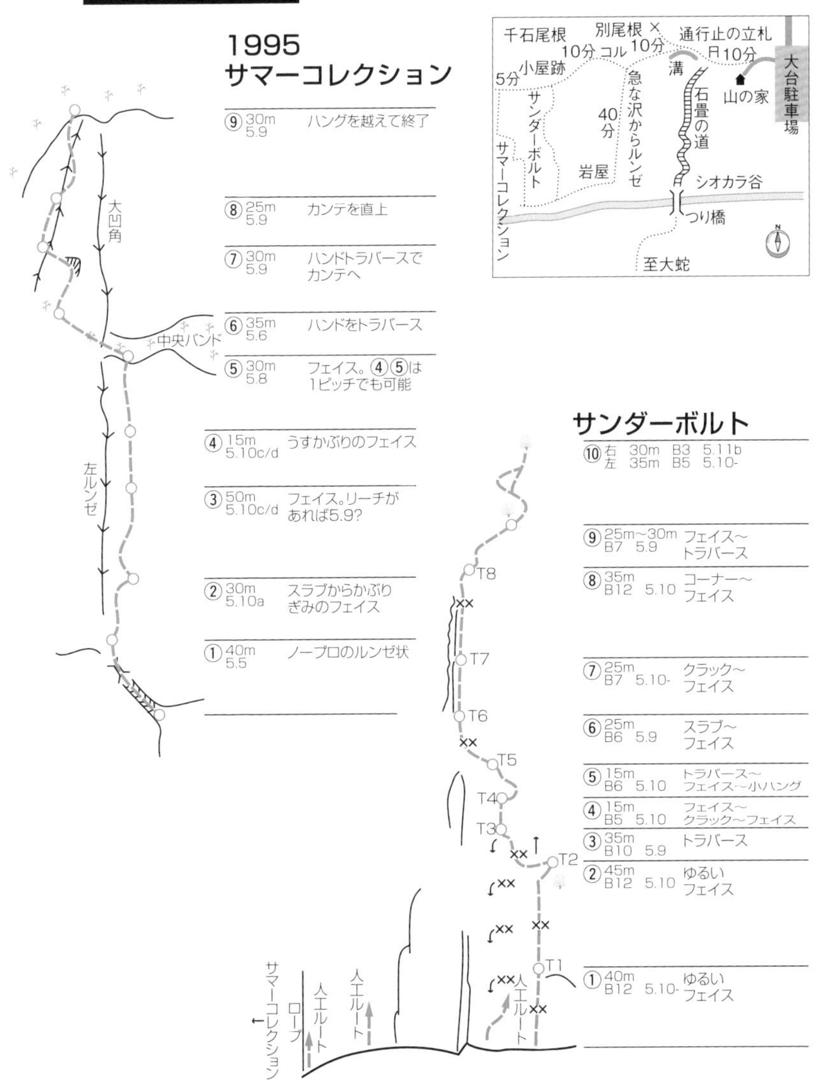

七面山　七面山南壁

Long Hope 12P 5.11- 450m

2017年～2019年で、大薮皓平が小峰直城、仙田裕樹などのパートナーとともに開拓。

D　A　T　A	
岩　質	チャート
標　高	1150～1600m
おもな傾斜	85度、時々ハング
向　き	南面
季　節	４～６月、10～11月が好ましい。日照時間を考えると春のほうがいいだろう。降水量は11月が少ない。
場　所	奈良県五條市

▶**アプローチ**／　国道168号線より釈迦ヶ岳登山口の駐車場方向へ進み、途中の分岐（宇無ノ川）の駐車スペースよりアプローチ開始。林道歩き、沢歩き、急登を経て七面山南壁の基部に至る。大阪・名古屋方向からの場合、奈良県五條市のスーパー「オークワ」が24時間営業なので、そこで買い出しするのが便利。ここから先は物資の調達はできない。麓に大塔温泉「夢乃湯」があるが、閉店時間が早く、なかなか入れない。

五條市街から林道入口まで50分、そこから関西電力奥吉野発電所まで20分、さらに10分ほど行ったところに駐車する。

林道歩き：駐車場から中ノ川出合のつり橋まで40分、林道終点（遡行開始ポイント）までは、もう30分。

沢歩き：林道終点から片口谷出合まで70分、片口谷出合から涸沢（七面沢出合）まで40分。水量が少ないときは膝下までの渡渉が断続的に続く程度で、沢登り要素はない。桷川ノ滝のみ高巻きで通過する。

急登歩き：七面沢出合から岩壁基部までは沢筋から尾根を忠実にたどり50分、赤いビニールテープが目印。距離は短いが、標高差が300m程度あって、思ったよりしんどい。

▶**装備**／　登攀装備はクイックドロー16本。内訳は、８本は12cmスリング、６本は30cmスリング、２本は60cmのアルパインドローくらいの配分がいい。ナチュプロは不要。ビレイ点がすべてボルトなのでP.A.S.があると快適。寒暖差が大きいため、服装は慎重に判断したほうがいい。

▶**下降路**／　七面山と主脈のコルへ出て、東面を流れるルンゼを下れば右岩壁東端に出て、そこから基部をトラバースして岩小屋へ帰ったという記録もあるが、不確実である。最も確実と思われるのは、七面山東峰より大峰主稜線の楊枝ヶ宿小屋まで歩き、そこから谷を忠実に下って七面沢出合まで下るルートだ。

楊子ヶ宿小屋西側の広い谷に入ると、しばらく続くガレ沢に沿って下りる。ケルンと矢印がある所で左側の低い尾根を登り、左隣の谷に入る。ブッシュの多い谷を下り、ガレ沢に変わる地点で別の大きな沢と合流する。小さな滝が出てくるので、ラペルかクライムダウンすると七面沢出合に到達する。

もしくは同ルートの懸垂下降で基部に到達することもできる。

▶行程／登攀目安7～8時間。下降目安1～2時間。

※R&S084号参照

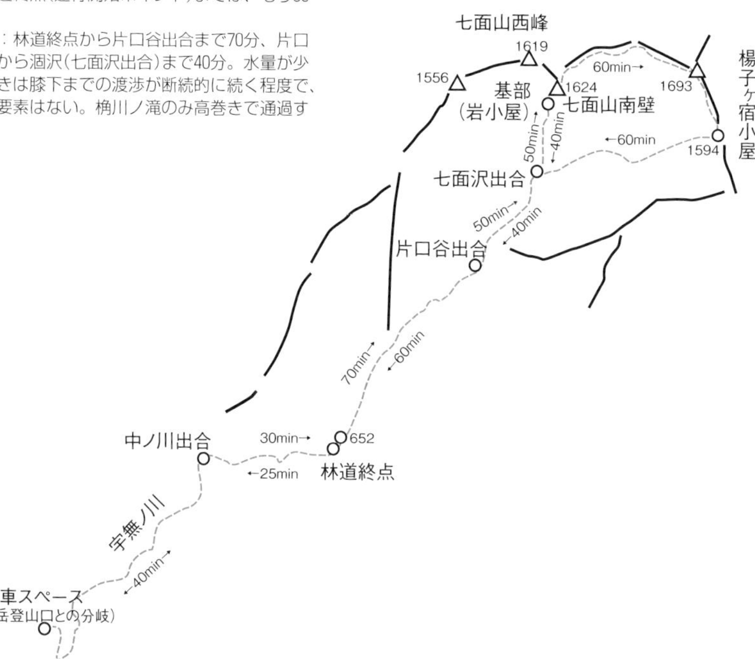

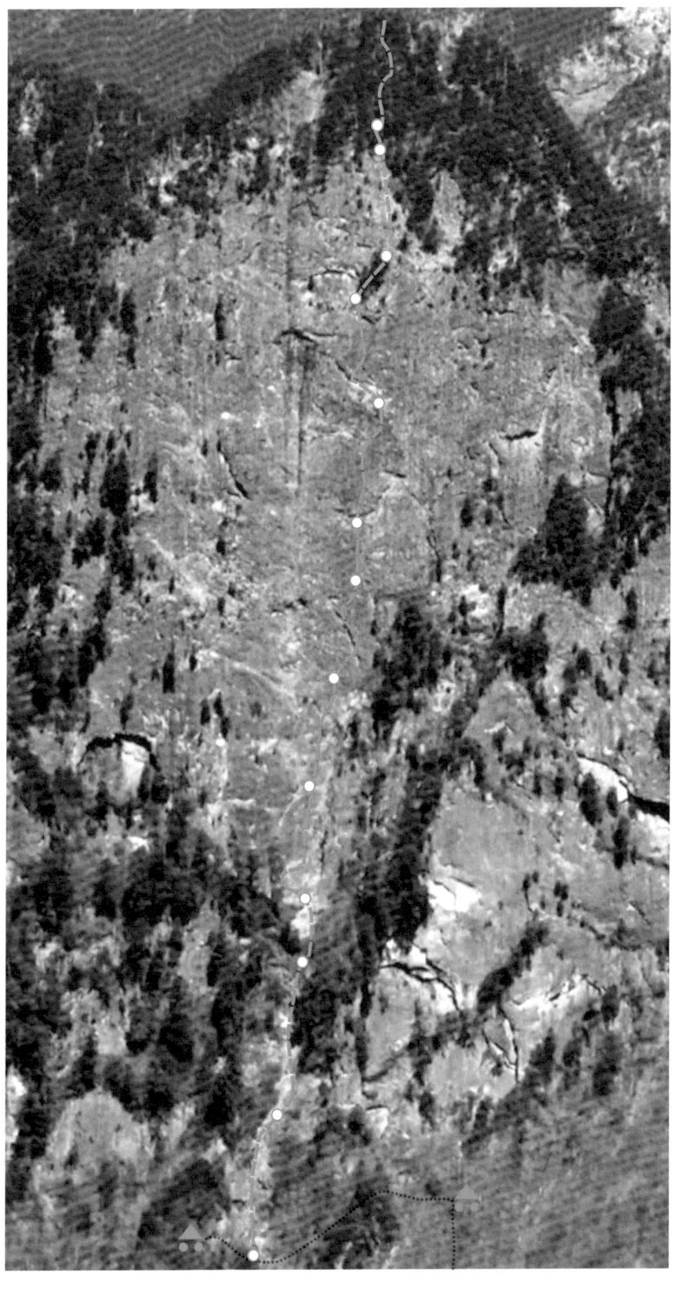

Cont. 50m

⑫ Cont. 10m B1

⑪ 5.10- 48m B15

⑩ Cont. 25m B2

⑨ 5.10 45m B16

⑧ 5.11- 50m B16

⑦ 5.10- 25m B8

⑥ 5.10 30m B12

⑤ 5.10+ 40m B10

④ 5.11- 45m B12

③ Cont. 5.8 30m B0

② 5.8 48m B9

① 5.10- 52m B12

岩場一覧と資料 (さらにその他の岩場を含む)

岩=岩と雪　C=クライミングジャーナル　R=ROCK&SNOW　F=Free Fan

愛知県

石巻山（登攀禁止）　岩=124、143
岩谷観音
豊田市足助町、KANNON CRACK 5.12c 1本のみ。登攀自粛中。　岩=122,129
岩谷堂　岩巣山山頂付近にボルダーが点在。　岩=123
定光寺（188ジー）　岩=123
立岩（187ジー）　岩=124,131
豊田（30ジー）　岩=124,144,149,157 C=36 R=52,58
鳳来(6ジー)
岩=129、135 C=36 R=1、2、6、12、21、23、36、37
南山
豊田市外の北東。古くから親しまれている男岩、女岩とフリー化により再生した八間の岩場がある。　岩=124

岐阜県

フクベ（94ジー）　R=30、33、39、58
鬼岩公園(登攀禁止)　岩=123
瑞浪屏風岩（25ジー）　岩=123
笠置山（72ジー）　R=44,87

三重県

御在所・藤内壁（110ジー）　岩=141,142,153,169
R=69,76,82,86
小岐須渓谷・屏風岩　岩=122
小岐須渓谷・椿岩（133ジー）　R=1
大内山・唐子川ボルダー
大内山駅より4km。　岩=147
白嵓（136ジー）　岩=147,150 R=2,8
ナサ崎(138ジー)　F=76
楯ヶ崎（142ジー）　岩=139,145 R=2
魚飛渓（189ジー）　R=17
名張・MCの岩場（自粛中）　岩=118,125

和歌山県

白崎海岸(自粛中)
岩=139,146,152,154,156,169
日ノ岬
ルート数150本。　山と溪谷98年2月号
奇絶峡ボルダー
田辺市の北。　R=2
白浜
三段壁のほかに2ヶ所が開拓されている。　岩=169 C=21 R=2
太地の岩場
ルート数8本。　R=2

奈良県

大野の岩場・室生の岩場
どちらも溶結凝灰岩の柱状節理。
香落渓・小太郎岩　岩=150
生駒・千光寺 鼓岩　岩=126,141 C=26
生駒・夫婦岩ボルダー　岩=142
天理・国見山ボルダー　C=21
吉野・柏木(掲載自粛)
岩=129,152,159,162,165,166,169 R=9 F=74
七面山南壁（196ジー）　R=84

滋賀県

芹谷屏風岩(144ジー)
岩=135,138,145,150,151,154
彦根市佐目・八畳岩
彦根ICより車で20分。犬上川のハイボルダー。岩=135
桐生辻
田上山地のハイボルダー郡。 12本が発表。　岩=151
天神川周辺
湖南アルプスの花崗岩エリア。　C=19
大津・木戸川のボルダー
大津岳志会のメンバーが手がけた。40あまりのプロブレム。C=23
千石岩（147ジー）　岩=127
獅子岩
比良山系。ローカルなゲレンデもフリー化によりルート数も増えた。 11クラスまで。　C=38 岩=135
比良・長城岩　岩=158
比良・鵜川　岩=145
リトル比良
ボルダリングと5.11クラスのルート。　C=42 R=12

京都府

金比羅山（153ジー）　岩=127
笠置ボルダー（158ジー）　岩=140　R=58
小泉川源流・立石
長岡京市。　岩=128,133
山家・立岩（190ジー）　岩=169
鹿倉山・天狗岩　R=52

大阪府

小和田山
能勢町の府境近く。　十数本。　岩=130
行者山
能勢町にある硬砂岩の岩場。禁止問題が起きた。岩=133
剣尾山・弁慶岩
能勢町の岩場で5.10クラス中心に6ルート。　岩=132
摂津峡
高槻市内で観光地でもある。水成岩のボルダー。岳人=84年7月　岩=105,121
医王岩
こじんまりしたフェイス系エリア。　岩=121
石澄川の岩場
池田市。　阪急箕面駅の北西約1.5キロ。　岩=121
哮塁雅(タケルガ)の岩場
私市駅からも近い高さ50mの岩場。　C=6　岩=101
私市・獅子窟寺ボルダー
花崗岩のビッグボルダーでトップロープ。　C=25
交野山
山頂付近のボルダー。観音岩とコジキ岩の2ヵ所。岳人=82年12月号
高尾山(自粛中)
山頂周辺のボルダー。10m以上のものもある。フェイスが中心。　岳人=82年9月、83年9月　岩=105,129
二子岩　ルート数12本。　岩=144号
河内長野
滝畑にあるボルダー。　C=20
河内長野・横谷の岩場
一徳坊山の陰にある花崗岩のスラブ。
槙尾山　岩=169　R=11,12

兵庫県

羽束川ボルダー　R=56,58
六甲・仁川渓谷の岩場

80年代からフリー化された。 パール岩が崩壊。
六甲・北山公園（162ﾍﾟ）　岩＝137　R=31,58
六甲・保塁岩（164ﾍﾟ）　岩＝143
六甲・極楽渓
ルート数6本。 岩＝144
六甲・目神山
北山公園に隣接するトップロープによるボルダリングエリア。岩＝132
六甲・荒地山
関西ボルダリングのクラシックエリアだが、震災で多くの岩が倒壊。 岩＝79,105
六甲・甲南バットレス
阪急岡本駅から徒歩約20分。八幡谷入口からすぐ左にある。
六甲・蓬莱峡
超クラシック。花崗岩の岩塔の景観はピクニックの名所としても知られている。
裏六甲・武庫川
花崗岩の小岩峰が多い。 高座岩、新岩が知られている。 岩＝127
武庫川ボルダー（191ﾍﾟ）　F=55
裏六甲・不動岩（168ﾍﾟ）　岩＝144,143,158,161　R＝1
裏六甲・烏帽子岩（175ﾍﾟ）　岩＝138,166,167　R=11　＝赤本
裏六甲・百丈岩
六甲・蝙蝠谷（登録制）　C＝46 岩＝145
六甲・妙号岩

雪彦山の岩場
不動岩や保塁岩とともに古くから関西クライマーに親しまれる。 岩＝93,94　C＝17　R=1　R=51
高御位山
加古川市と高砂市との境界に位地。 C＝20
加西・古法華の岩場（入山禁止）
笠形山・壁岩（194ﾍﾟ）　フリーファン＝29号
姫路・小赤壁（遊歩道立入禁止）　岩＝156　R=4
姫路・山神社　R=25、29

富山県

親不知・深谷
浜風スラブに10本のルート。 岩＝150
雑穀谷（180ﾍﾟ）　岩＝124　R=1、46
青海（新潟県）　岩＝159,167

石川県

白峰ボルダー（184ﾍﾟ）　R＝15
白峰天狗壁
百万貫岩近くの、れき岩壁 岩＝150

福井県

東尋坊（登攀自粛中）　岩＝99　C＝8
敦賀半島・門ヶ崎
NPにより5本のルートが拓かれた。 岩＝166
蘇洞門の岩場
若狭湾の有名な観光地。 花崗岩の侵食崖。 岩＝101

堡塁岩を登る林照茂　写真＝飯山健治

北山 真
Kitayama Makoto

【編者プロフィール】

1952年9月8日生まれ。高校時代からシンガー&ソングライターとして活動。その後プログレッシブロックを志向し、1978年アルバム「新月」を発表。30歳で音楽活動を中止し、クライミングを開始。全国の岩場を訪れ、200本以上のルートを拓く。1987年より『岩と雪』編集部に勤務、休刊までの8年間デザイン、編集に従事する。1992年よりJFA（日本フリークライミング協会）において国内のシリーズ戦"ジャパンツアー"を主宰。1997年、音楽活動を再開し「光るさざなみ」を発表、半年後世界発売。1998年より現在まで『ROCK & SNOW』編集部勤務。

著書＝「フリークライミングのススメ」「ヤマケイ登山学校・フリークライミング」「日本フリークライミングルート集」「登山技術全書・フリークライミング」（以上山と溪谷社刊）

【資料提供者】

伊藤雅晴　伊藤光徳　磯部大助　市原喜与治　稲垣智洋　大藪晧平　尾崎基文　上中成介　木村伸介　河野誠一　小山田大　白子鉄也　杉野 保　杉山克行　鈴木邦治　鈴木俊六　鈴木真史　宗宮誠祐
武田斉太郎　田中周兵　徳永数生　永井久雄　奈木昌彦　新田育夫　服部 隆　濱本勝博　林 照茂　東 秀磯　東川邦和　福留浩平　増井行照　松井一也　松波直哉　山岡人志　米島新太郎　若林伸一郎

＊雑誌、単行本、インターネットへの無断転載、コピーを禁止します。

＊クライミングは常に危険が伴うものです。ひとりひとりが自分の安全、そしてパートナーの安全を自分が守るのだという意識を持って行動してください。本書を読んで万が一事故を起こされても、編者、発行人、発行所は責任を負いかねます。なお、クライミングをされる方は山岳保険等に加入されることをお薦めします。

＊本書の売り上げの一部は、JFAの環境整備事業に使われています。

装丁・AD●奥谷 晶
デザイン・DTP●玉井美香子
地図・図版●林 智彦
（以上クリエイト・ユー）

ISBN978-4-635-18089-4

＊落丁・乱丁などの不良品は送料小社負担でお取り替えいたします。
＊定価はカバーに表示してあります。

© 2020 Yama-Kei Publishers Co.,Ltd. All rights reserved.
Printed in Japan

2020年9月1日　初版第1刷発行

編　者　北山 真
発行人　川崎深雪
発行所　株式会社 山と溪谷社
〒101-0051 東京都千代田区神田神保町1丁目105番地
■乱丁・落丁のお問合せ先
山と溪谷社自動応答サービス☎03-6837-5018
受付時間/10:00-12:00、13:00-17:30（土日、祝日を除く
■内容に関するお問合せ先
山と溪谷社☎03-6744-1900（代表）
■書店・取次様からのお問合せ先
山と溪谷社受注センター
☎03-6744-1919　FAX 03-6744-1927
https://www.yamakei.co.jp/
印刷・製本所　大日本印刷株式会社